PSICODRAMA
O forro e o avesso

Dados Internacionais de Catalogação na Publicação (CIP)
(Câmara Brasileira do livro, sp, brasil)

Perazzo, Sergio
   Psicodrama : o forro e o avesso / Sergio Perazzo. — São Paulo : Ágora, 2010.

Bibliografia

1. Psicodrama I. Título.

10-05481   CDD-150.198

Índice para catálogo sistemático:
1. Psicodrama : Método psicanalítico 150.198

EDITORA AFILIADA

Compre em lugar de fotocopiar.
Cada real que você dá por um livro recompensa seus autores
e os convida a produzir mais sobre o tema;
incentiva seus editores a encomendar, traduzir e publicar
outras obras sobre o assunto;
e paga aos livreiros por estocar e levar até você livros
para a sua informação e o seu entretenimento.
Cada real que você dá pela fotocópia não autorizada de um livro
financia um crime
e ajuda a matar a produção intelectual em todo o mundo.

PSICODRAMA
O forro e o avesso

SERGIO PERAZZO

PSICODRAMA
O forro e o avesso
Copyright © 2010 by Sergio Perazzo
Direitos desta edição reservados para Summus Editorial

Editora executiva: **Soraia Bini Cury**
Editora assistente: **Salete Del Guerra**
Assistente editorial: **Carla Lento Faria**
Projeto gráfico, capa e diagramação: **Acqua Estúdio Gráfico**
Imagem da capa: **Jorge Barrios/Wikimedia Commons**
Impressão: **Sumago Gráfica Editorial**

Editora Ágora

Departamento editorial
Rua Itapicuru, 613 — 7º andar
05006-000 — São Paulo — SP
Fone: (11) 3872-3322
Fax: (11) 3872-7476
http://www.editoraagora.com.br
e-mail: agora@editoraagora.com.br

Atendimento ao consumidor
Summus Editorial
Fone: (11) 3865-9890

Vendas por atacado
Fone: (11) 3873-8638
Fax: (11) 3873-7085
e-mail: vendas@summus.com.br

Impresso no Brasil

Para Rosana Gonçalves Ferreira,
a Rô, que abastece continuamente
a minha reserva de amor, de paixão
e de solidariedade.

Para a Clara,
claro enigma,
clara rima,
doce solução.

AGRADECIMENTOS

A meus pacientes, alunos, supervisionandos e orientandos,
fonte inesgotável de perguntas e respostas,
verdadeiros protagonistas do saber psicodramático,
em que o que menos conta sou eu.

A Albor Vives Reñones,
Aníbal Mezher,
Devanir Merengué,
Camila Salles Gonçalves,
Marília Josefina Marino e
Sylvia Ferraz da Cruz Cardim,
que toparam embarcar comigo
num prefácio compartilhado.

À Rosa, pelos 25 anos
de datilografia (o que é isso mesmo?)
e digitação.

Ao que à primeira vista possa parecer, forro e avesso não são, aqui, sinônimos. Muito pelo contrário. Forro como estofo, substância, base, calor e acolhimento. Avesso, o outro lado, a questão e a crítica, a exposição nua da costura, do chuleio, o contraponto da bainha, da linha e do nó que sustentam a face oculta do botão que escancara a face oculta da lua, que a encaixa na casa reta fechando as duas metades da vestimenta. Avesso que revela o risco do bordado.

Sei não, forro e avesso apenas partes distintas do mesmo casaco que me agasalha e me protege do frio das convicções vazias e das palavras vãs que nada dizem do que eu vejo e do que eu sinto. Sinalização do nada. Placas enferrujadas de beira de estrada apontando caminhos sem volta.

SUMÁRIO

Prefácio compartilhado 13

Parte I
ATUALIZAÇÕES NECESSÁRIAS

Introdução I 31

1. Cerimônia de casamento: psicodrama, possibilidades e perspectivas para o futuro 33
2. Que teoria, de que psicodrama? 39
3. Equívocos da teoria e seus excessos 57
4. Tele 68
5. Provérbios de Salomão: o processo psicodramático 75
6. Transferência e personagem 96
7. Conjunto transferencial: desmontando o poder simbólico (ensaio sobre ensaio) 102
8. A realidade suplementar: redirecionando a transferência 106
9. Itabira e a coprotagonização 123
10. Sobre iniciadores 131
11. A cartola do mágico: a técnica se cria e se recria, não se avia e nem se copia 143
12. A etapa de aquecimento inespecífico 164
13. A direção de grandes grupos: atos psicodramáticos 186

14. Mr. Multilock: quando o paciente trava 232
15. A supervisão psicodramática 252
16. O começo do fim 274

Parte II

MISCELÂNEA: PRATO FEITO (notas, reportagens, reflexões)

Introdução II 299
17. Breve história do psicodrama no Brasil: um ponto de vista 301
18. O primeiro congresso a gente nunca esquece 305
19. História do Congresso Ibero-americano de Psicodrama 307
20. A organização de congressos de psicodrama 319
21. P de política e de proximidade 357
22. Sobre o viver 362
23 Pequenos assassinatos 364
24. A ética no ensino de psicodrama (roteiro redondo de uma
mesa quadrada) 372
25. De raspão: tele e sexualidade (rabiscos de beira-página) 374
26. Prova de alfaiate: a vida resgatada por meio do luto 376
27. O *power point* do psicodramatista 381
28. Inconclusões 387

Bibliografia 395

PREFÁCIO COMPARTILHADO

Albor Vives Reñones
Aníbal Mezher
Camila Salles Gonçalves
Devanir Merengué
Marília Josefina Marino
Sylvia Ferraz da Cruz Cardim

I

Fazer um prefácio. Fazer um prefácio que tente contemplar a amplitude de artigos vários, de um escopo amplo e, principalmente, de uma enorme organização de saberes sobre, de e com o psicodrama. Escrever um prefácio para um amigo que desde meus primórdios pôde ler cuidadosamente o que eu escrevia, e com quem sempre tive a alegria de trocar figurinhas sabendo-me respeitado. Tarefa sempre no limite do "creio que não sairá bom" – mas nem por isso a deixamos de lado. Não se recusa um convite de um amigo, não se recusa um convite para dizer algo sobre um conjunto de textos como este, mesmo sabendo da impossibilidade de dizer tudo.

Pronto, já estamos no primeiro tópico do prefácio: leitor, este é um livro grande e ao mesmo tempo um grande livro. Grande pelo volume de informações, grande pela amplitude de temas que se desenvolveram, grande pela importância de ver alguém como o Sergio debruçar-se sobre tantos assuntos, organizando-os, compilando o que se escreveu sobre eles e fazendo sua costura cuidadosa e sempre muito generosa sobre a produção.

Forro e avesso. É um título certo. Ao longo de uma prolífica carreira, o Perazzo sempre foi o grande mapeador do que se fazia no Brasil em termos de produção escrita. Leitor cuidadoso, apontava os autores e contribuições sobre os temas que focava, permitindo que o leitor interessado em se aprofundar soubesse *quem, onde* e *o que* havia escrito sobre conceitos que muitas vezes traziam confusão e múltiplas interpretações.

Mas não era apenas como compilador que o Sergio atuava. Ele também foi um dos que criaram e desenvolveram a teoria psicodramática, por isso forro é um nome muito apropriado. Há estofo aqui, há recheio, há a costura feita de dentro, há o acabamento, por isso forro. Mas não é só forro, acolhimento e gostosura. É também avesso. Avesso a quê? Avesso de quê?

Começo pelo último capítulo da parte 1. Misto de desabafo, chute no balde e tristeza acumulada, ali está um Sergio menos otimista, menos compassivo e mais cansado – diria de saco cheio, esperando não criar confusão com a expressão chula. Depois de anos acompanhando a produção psicodramática, o Sergio chega a um ponto em que pergunta: "Ô gente, vamos parar de nhem-nhem-nhem e *fazer* psicodrama?" O título – O começo do fim – é de certo catastrofismo, mas aponta para a direção precisa de onde está o movimento psicodramático hoje: rumo ao fim.

Porque perdemos a criatividade, o frescor e o risco, e repetimos mantras morenianos, mantras a Moreno e mantras de outras linhagens, mas não criamos mais. E isso porque somos psicodramatistas...

Claro que a reação foi furiosa. Defensores da verdade psicodramática se erigiram rapidamente, defendendo o psicodrama, acusando o Sergio de uma visão muito parcial etc. etc. etc., bradando que ninguém ouse criticar nem Moreno, nem o psicodrama e nem os psicodramatistas, que se for um profissional de outra formação é um desinformado, desqualifiquem-no, e se for alguém "de dentro" desqualifica-se por ter afirmado que o rei está nu. Esse é o começo do fim, infelizmente.

E é ótimo que ele tenha sido incluído após trabalhos cobrindo temas tão importantes quanto tele, transferência, realidade suplementar ou aquecimento, mostrando que não há como desviar o olhar da bunda do rei, ela está ali.

Mas não estou de acordo com tudo que o Perazzo escreveu. Os teatros de Impromptu – que incluem o teatro espontâneo, o de reprise, o playback e o teatro de criação – surgiram em um momento em que o psicodrama pôde recuperar sua origem teatral, mas são mais que isso. Surgiram para dar um alento ao peso quadrado que o psicodrama já carregava ao tentar tornar-se sério e sisudo, científico e comprovável. Nada contra isso, sou dos que defendem a clareza conceitual e a coerência de ação vinculada à teoria. Mas o psicodrama já ali, na década de 1990, estava dando mostras de repetição e esterilidade. Os teatros de Impromptu vieram para trazer novas luzes, ares, movimento e criação para o corpo enrijecido.

Foram relegados ou ao entretenimento bonitinho, gostosinho e queridinho, ou à margem como experimento muito forte e indigesto, agressivo e politicamente incorreto. Não se aproveitou (ou pelo menos não se assumiu) o que esses movimentos traziam como contribuição: era na criação de formas que o psicodrama necessitava aprofundar-se, na criação de modos de operação, na criação artística e de meios plásticos para fazer os psicodramas, na criação de narrativas que ampliassem o que já se sabia desde o patamar verbal.

Como sou e fui um dos que conceberam o teatro de criação, sinto-me confortável para discutir isso aqui sem causar melindres, mas contribuindo exatamente para o que o Sergio faz muito bem: a diversidade de opiniões, coisa por sinal que pouco se vê na seara teórica, com cada um defendendo seu bastião.

Mas não é só compilar e organizar, criar entendimentos e apontar contribuições. O Perazzo, como já havia demonstrado no Croemas, é um contador de histórias. Ele nos faz "ouvintes" que acompanhamos atentos aos causos e desdobramentos das suas narrativas, que vêm ilustrar, trazer outros dados, complementar as organizações teóricas feitas.

Há mais. A segunda parte é feita de algo muito raro, poderíamos chamar de embriões de vários próximos artigos e capítulos, verdadeiros *work in progress*, nos quais temos a oportunidade de ver o autor esboçando suas primeiras impressões sobre temas e aspectos que possivelmente serão desenvolvidos depois, são pequenos aperitivos.

Assim é o Perazzo, essa variedade de textos e assuntos, generoso com quem lê, organizado e organizador, paciente no garimpo de textos e contribuições. O leitor pode agora juntar-se aos que tiveram o prazer de ler suas contribuições!

Albor Vives Reñones

II
PSICODRAMA: O FORRO E O AVESSO. HISTÓRIAS DA CLÍNICA

Para Nietzsche, "o autor tem direito ao prefácio, mas ao leitor pertence o posfácio". O livro já começa original, com prefácio composto por seis posfácios elaborados por privilegiados leitores...

Formalmente, as histórias publicadas se assemelham a crônicas, contos e ensaios da nossa tradição cultural. São transformações literárias de acontecimentos da prática clínica do autor, inspiradas em vivências de sessões de "psicoterapia", quando se constituem relações tão delicadas.

Nelas o "paciente" vivencia seus dramas pela fala (transformações discursivas) ou por dramatizações (transformações cênicas).

O "psicoterapeuta psicodramatista" torna-se um participante especial da vida dessas pessoas, confidente que acolhe seus segredos mais íntimos e perturbadores – e que, como diz o fado, nem às paredes elas confessam...

Escrever sobre esses acontecimentos demanda engenho e arte. Se o estilo é o homem, Sergio revela neste livro sua preferência por prosa poética, em que são vazadas suas histórias. Com isso, quantos sentimentos, associações e reflexões são induzidos.

Noutra perspectiva, há uma inversão de papéis em que os leitores tornam-se confidentes do escritor. Ele se torna protagonista do livro, narrador-pensador de tantas outras histórias com múltiplos personagens, fugazmente protagonista dos seus dramas sobre temas essenciais à existência humana.

Eis um grande desafio para o autor, que sobreviverá no registro, na memória e em ressonâncias de sua obra segundo seu talento literário. Exemplo bem-sucedido foi o de Freud, que ganhou em 1930 o prêmio Goethe de língua e literatura alemãs, com estilo elogiado inclusive por Thomas Mann e Einstein.

Confesso o prazer e o enriquecimento advindos da fruição desses textos.

Meu voto e esperança é que essa forma de pensar o psicodrama pegue e frutifique...

Aníbal Mezher

III

Nunca é demais lembrar que uma psicoterapia é bem mais que o conjunto de técnicas que propiciam ao paciente oportunidades de transformação na direção de seu projeto existencial. As técnicas são indissociáveis de fundamentos teóricos, que são, por sua vez, baseados em práticas inaugurais. Um terapeuta psicodramatista suficientemente bom não precisa tornar-se um investigador teórico, um pensador, para ser um profissional confiável. Mas precisa conhecer a teoria pressuposta por sua prática, a relação entre uma e outra. E tudo me leva a crer que conhecer as reflexões daqueles que se dedicam a pesquisar o campo dessa relação faz parte de sua formação interminável.

Psicoterapeutas psicodramatistas, precisamos de pensadores do psicodrama. Sergio Perazzo é um pensador do psicodrama. Contribui para que tenhamos estofo e conheçamos os riscos de nosso ofício. É o que sua autoapresentação poética, no início do livro, já me faz reconhecer, mais uma vez. Nela, a leveza da escrita introduz o leitor em árduas caminhadas, na apreensão de percepções que não evitam momentos penosos. Ao contribuir para que alcancemos novas perspectivas, o autor retoma questões sobre a especificidade do psicodrama e de suas teorias, e sobre o modo processual dessa psicoterapia.

Sem rejeitar a ousadia moreniana no temário da transferência e sem aderir a Freud simplesmente, o autor apresenta-nos perspectivas para renovarmos o olhar sobre o humano fenômeno transferencial. Algumas delas, a partir do modo pelo qual o associa com as noções de realidade suplementar e de personagem. Faz que estas sejam postas a operar na releitura crítica de velhos conceitos. Assim, novas luzes vêm despi-los de nossos 'pré-conceitos' acalentados pela repetição enganosa que os congela e transforma em pós(tumos)-conceitos.

Vale a pena estudar neste texto, por exemplo, a releitura crítica da situação psicodramática central e dos sentidos da protagonização e dos emergentes grupais. Também com generosidade, Sergio Perazzo percorre e nos faz assistir a impasses vividos pelo diretor do psicodrama, tais como aquele produzido por "fantasias coinconscientes grupais", situado em evento histórico. Vale salientar que se refere a algo que se dá no âmbito da supervisão, atividade indispensável na construção da possibilidade de um sujeito tornar-se psicodramatista.

O escrito tem sua face de depoimento, permite-nos adentrar o universo da longa e profunda experiência do autor. Toma forma ensinando e criando visões da prática, desenvolvendo a teoria da técnica. Revisita as funções do diretor psicodramático e as técnicas fundamentais, fazendo-nos admitir "duplo que te quero duplo". Temas difíceis de abordar – para alguns ou para muitos –, tais como a irritação com o grupo por parte do diretor e os equívocos de direção, não são evitados. Também não se exime de reproduzir suas posições na querela atual e vital a respeito da formação em psicodrama dentro da universidade, seu início auspicioso e problemas que atualmente se refletem na formação dos alunos.

Sergio Perazzo dialoga com inúmeros colegas, às vezes abrindo-nos diálogos quase íntimos, às vezes resenhando enunciados de livros dos que são autores, dialogando também com estes. Aliás, faz o campo do psicodrama interagir com autores de outros – por exemplo, da arte literária, da música. Estende suas conversas até composições de Noel Rosa e Orestes Barbosa.

Estamos, além de tudo, diante da história da vida profissional do autor, que, a meu ver, é inseparável da história do psicodrama brasileiro e de todo psicodrama ibero-americano, dado seu investimento na realização de encontros e congressos que nos levaram a trocas estimulantes e celebrativas. Ele compartilha e nos diz que "o compartilhamento devolve ao protagonista a consciência de que seu Drama privado é apenas parte do Drama coletivo do grupo ao qual ele também pertence, o diretor incluído – diretor esse sempre inacabado em seu processo contínuo de construção e reconstrução". Leitora-protagonista, encontro reconhecimento. Sergio Perazzo finaliza seu livro com "Inconclusões". Vejo aí sua postura de pensador não dogmático, condizente com seus percursos de indagação ética. Está entre os autores que resgatam a eficácia do método psicodramático, sua legitimidade como psicoterapia e, sobretudo, sua dignidade. Mostra sua diferença essencial em relação a simulacros resultantes dos excessos de banalização e academicização, se me permitem o neologismo infeliz, que em breve será dispensável.

Camila Salles Gonçalves

IV

A pergunta feita por J. L. Moreno em 1933, entre as duas grandes guerras mundiais, *Quem sobreviverá?*, ainda faz eco no final da primeira década do século XXI. Mas inevitavelmente outras questões, impostas pelo mundo complexo em que vivemos, podem ser feitas: *Como sobreviveremos?*, ou, ainda, *Sobreviver a quê? O que ou quem nos impedirá de sobreviver? Por que sobreviver e não simplesmente viver?*

Sim, sociedades em crise, indivíduos marcados pela instabilidade, todavia de diferentes dimensões das que começamos a enfrentar após o fim da Segunda Guerra Mundial com implicações evidentes para as relações pessoais e grupais. A partir das décadas de 1960 e 1970, uma revolução nas relações amorosas e familiares, com acirradas discussões tendo como foco a mulher, a sexualidade, raça e cor, desvelou a complexidade dos vínculos já não mais centrados apenas na luta de classes.

O advento da Aids, questões ligadas ao meio ambiente, as sexualidades cada vez mais disparatadas, as drogas utilizadas em larga escala, mais velocidade pensada como um valor positivo, as migrações, o fim das chamadas grandes utopias, a internet perpassando as relações humanas e produzindo novas "realidades", a imagem e a sociedade do espetáculo conduzindo vidas, o consumo como referência... enfim, muitas transformações recolocam a pergunta de Moreno sobre o que seria a sobrevivência contemporânea, muito possivelmente diversa da referida em 1933.

O psicodrama atravessa décadas acompanhando seres humanos em suas convulsões, oferecendo teoria e técnica. Nessa travessia, recebe ou não o reconhecimento dos poderes vigentes que abençoam ou amaldiçoam ações, práticas, parcerias, novidades. Tantas vezes julgado como simples técnica adaptativa, noutras como teoria incipiente, plástica o suficiente para ser qualquer coisa. Mas também disruptiva e transformadora, crítica por focar a criação e a espontaneidade, moderna por se presentificar em qualquer hora e local, corrosiva por não se dobrar ao bem-comportado academicismo.

Sergio Perazzo, observador atento, mais uma vez no intenso *Psicodrama: o forro e o avesso* focará indivíduos e grupos com a costumeira competência. Se o mundo mudou desde então, os seres humanos mudaram bem menos. Perazzo fala da *sensibilidade humana*, das questões do amor, da vida, dos conflitos e das construções em uma multiplicidade de temas que se enroscam e se desdobram. Por isso nosso querido autor é um dos mais renomados teóricos do psicodrama brasileiro, sendo traduzido e respeitado em outros países.

O leitor poderá (re)descobrir o teórico, o historiador, o memorialista, o psicodramatista, o poeta, o contador de histórias. Será difícil não se confrontar com o polemista, muito generoso tantas vezes, irritado outras, mas logo depois muito paciente, bem-humorado, crítico, carinhoso com seus pares, mas batendo sem piedade em outros momentos. Enfim, com um ser humano aberto em sua sensibilidade para com todos os afetos. O jovem estudante terá um sem-número de dicas, segredos e macetes do fazer psicodramático. O teórico poderá se surpreender com olhares diversos daquele óbvio dos manuais – e com certa frequência é possível que discorde do autor. Memórias lastreadas em experiências de décadas no consultório, em dezenas de congressos brasileiros e internacionais como participante ou organizador, em instituições de psicodrama. E uma inquietude de garoto inconformado com conservas culturais que o cerceiam e que sufocam a humanidade próxima. O leitor vai deparar com um Sergio-Dioniso pelo extra/vazamento poético, por certa desorganização antiacadêmica de seu texto, mas também com um Sergio-Apolo (1, 1.1. 1.1.3....) beirando o acadêmico (!!), tal o grau de organização de suas afirmativas.

Assim, com a honra de prefaciar tão interessante autor junto de outros tão interessantes personagens do universo psicodramático, é quase uma desfeita não produzir alguma polêmica, sinal de saúde e vitalidade. Afinal, no meu entender, a *sobrevivência* está associada à capacidade de enfrentar desafios e, dessa forma, se fortalecer. Tenho proposto, faz alguns anos, a ideia de um *psicodrama nômade* que passeie pelas teorias sem se desfazer de sua identidade nem de seus pressupostos.

Perazzo reclama de uma teoria da imaginação a ser construída. Por que, penso eu, o psicodrama, caso nômade, não pode se aproximar de Sartre, de Bachelard, de Durand, de modo mais consistente? Dirão alguns que são filósofos/pensadores que não "combinam" exatamente com o projeto socionômico, por mais que se tente. Talvez.

Não conheço também nenhuma pesquisa que, de algum modo, "passeie" próximo de Cornelius Castoriadis, que pensa a sociedade como produto de uma instituição imaginária. Todas essas investigações demandariam tempo, muito tempo, que apenas uma pesquisa acadêmica poderia produzir. A polêmica aqui retoma a dicotomia entre o trabalho psicossociodramático construído juntamente com a teoria e a pesquisa acadêmica, que no meu entendimento amplia a sobrevivência do psicodrama. Para citar apenas dois exemplos, temos as teses de mestrado, posteriormente publicadas, de Alfredo Naffah Neto (*Psicodrama: descolonizando o imaginário*, Plexus, 1997) e de Wilson Castello de Almeida (*Psicoterapia aberta*, Ágora, 2006). Ambas são obras seminais para o psicodrama brasileiro. Teríamos de produzir uma teoria da imaginação para além dessas já descritas? Se sim, penso que precisamos produzir grupos com essa função urgentemente ou estimular mais psicodramatistas a realizar pesquisa acadêmica – que, por ter caráter psicodramático, já é uma outra coisa.

Muitos conceitos no psicodrama não conseguem ganhar mobilidade quando descritos. O mais óbvio exemplo é o conceito de papel. Se ele tem razão de ser nas relações, quando descrito isoladamente ganha uma "essência" que desfigura todo o projeto moreniano. *Bem*, dirão alguns, *Moreno já fazia a mesma coisa*. E é verdade. Seríamos nós, psicodramatistas contemporâneos, quem deveríamos romper com esse limite?

O conceito de papel de fantasia, por exemplo, parece não estar impregnado por nenhum vínculo ou experiência do ator. (Aliás, vínculo e relação no psicodrama é uma mesma coisa?) Mesmo o papel imaginário, descrito no final da década de 1970 por Naffah, tem sempre um caráter individualizante como se não estivesse mergulhado em uma cultura que despreza e aceita possibilidades para indivíduos e grupos, controlando sempre. Ou seja, a ideia de transferência não consegue se descolar de uma prática individualizada quando os aprisionamentos são coletivos. As culturas não estimulariam determinadas atitudes e reprovariam outras, produzindo brechas coletivas entre realidade e imaginação? Evidentemente que sim. Não seríamos ainda mais revolucionários na teoria – e consequentemente na prática – se conseguíssemos descrever conceitos que denotariam plasticidade e mobilidade, trânsito entre o indivíduo e a sociedade?

Perazzo estimula essas polêmicas, e agradeço seu persistente trabalho nesses anos todos. Precisamos, no entanto, de mais teóricos que dramatizem, que escrevam, que façam pós-graduação e se voltem para outras práticas modificadas que... Tudo isso construirá um psicodrama vivo no século XXI, que mescle entusiasmo e estudo.

Gosto da ideia de sobrevivência no sentido de continuidade no tempo e no espaço, de persistência por mais vida. Penso sinceramente que o psicodrama necessita de embates sem medo. Nesse sentido, Sergio Perazzo é um grande sobrevivente, pois se cria e se recria sempre. Como um trapezista que pula, nem sempre com rede...

Devanir Merengué

V

Agradecida pela oportunidade de ser uma das parceiras psicodramatistas a apresentar o novo livro do amigo Sergio, compartilho a experiência com a palavra, rica de "saber e sabor" que a obra desperta.

No título provocador, o autor já nos alerta, por meio das belas metáforas que fertilizam seu pensar, que o que nos agasalha com um mundo de sentidos tem um estofo a ser perscrutado... Campo de suporte ao visível, traz o aconchego de uma territorialização (o psicodrama como visão de ser humano e de mundo – o forro) e também os "nós", os que incomodam, o desenho rústico que convida a retomar – refazer as costuras desse território que não pode se furtar ao alerta de que também sua tessitura é atravessada por linhas de força da contemporaneidade, correndo riscos de se fazer conserva, descaracterizar-se – o avesso.

Traz o psicodrama para o palco do pensar, abre assim um lugar em que podemos exercer o papel de metapsicodramatistas, voltando nosso olhar para a construção comum: o que é mesmo o psicodrama? Quem somos nós? Que psicodramatistas queremos formar? Como tem se dado nossa prática na clínica, na escola, nas organizações? O que tem acontecido em nossos congressos? De que fala nossa história? Histórias...

Quebrando os contornos dos habituais modos de construção de conhecimento sacramentados pela civilização ocidental, "filosofia, ciência ou arte", em seu estilo transbordante e apaixonado, nem por isso menos perspicaz, a obra faz um convite à reflexão em que nos reconhecemos nos "duplos" do autor, expressando o que ainda não foi formulado em palavras, em "espelhos" nos quais podemos nos reconhecer ou podemos oferecer uma contraimagem, já preparando "inversões de papel", posicionando-nos em outros lugares...

Não há lugar para a indiferença, nos desafios postos, ao nos voltarmos para o psicodrama como *movimento* que agrega tantos de nós. Nele vivemos as tensões entre o instituído e o instituinte, o que requer tempo de amadurecimento para lidar com o plano político-institucional, num olhar para o seu interior – mas comprometido com o resgate do lugar do "humano", numa sociedade que pede por transformação, num olhar para quem estamos a serviço. Como *teoria* a ser revisitada, considerando o esforço de produção contemporânea, num voltar-se para os fenômenos que originam a rede conceitual moreniana feita de grandes ideias – força. Como *metodologia e técnica*, caminhos de intervenção no real, vivido em coconstrução, que corre o risco de se desfigurar diante de reducionismos aligeirados tão ao gosto do "mercado".

De protagonista-autor, Sergio se faz ego-auxiliar do leitor iniciante ou já caminhante no psicodrama, remetendo-o para que ocupe seu próprio palco reflexivo, busque sua própria voz.

Aí encontramos o *Sergio educador*. Seus alertas contra o academicismo não se configuram um abrir mão dos espaços conquistados na Universidade, como à primeira vista o polêmico Capítulo 16, O começo do fim, pareceu aos que o receberam para comentar... Novas perspectivas se abriram no momento em que nossos cursos de formação, antes recolhidos à "sombra do alternativo," passaram a fazer parcerias com instituições de ensino superior. Na fértil produção que acontece, podemos dizer a que viemos e recriar o que engessa – mesmo que os que se dispõem à luta precisemos desenvolver táticas de guerrilha e, ocupando espaços de poder (ser), subverter as quantitativas metas da Capes e justificar diante da ABNT as mudanças que faz sentido realizar.

Abre-se assim a possibilidade de quebrar a palavra burocratizada, a palavra morta, modos de ser cristalizados – antítese do apelo que faz Moreno e sua obra: resgatar a espontaneidade-criatividade.

Fica o convite para a realização de um teatro espontâneo imaginário:

Viajamos no tempo e estamos nas proximidades de Atenas... 387 a.C. Avistamos os jardins de Academus, assim denominado em homenagem ao herói grego que se destacou na guerra de Troia (século XII a.C.). Os campos são sagrados, estão sob a proteção da deusa da sabedoria Palas Athena... dizem que por ali ainda passam as musas... o óleo produzido pelas oliveiras, recolhido em ânforas, untou e protegeu os corpos dos guerreiros e dos participantes dos jogos olímpicos.

Uma construção se destaca: chamada AKADEMEIA, reúne mestres e discípulos. Infindáveis diálogos ali acontecem dentre os que se dizem *filon-shophos*, amigos da sabedoria e que se dedicam a várias áreas do saber... Platão, discípulo de Sócrates, a fundou... Aristóteles a frequenta ainda.

Não muito longe, na encosta do morro, avista-se também uma construção diferente que desce encosta abaixo e termina num platô – ali está um palco. THEATRON (lugar onde se vê), costumam chamá-lo. Dedicado ao deus Dioniso, hoje está vazio e convida a que sejam trazidos dramas para ser encenados...

Que personagens cada um assumiria? O desafio é trazer a Academia para o palco... recriá-la, convida o psicodramatista.

Apolo e Dioniso, lá do Olimpo, sorriem... A vida é celebrada!

Marília Josefina Marino

VI

Psicodrama: o forro e o avesso é um testemunho vivo da história do movimento psicodramático e do percurso particular de um autor que abre e compartilha conosco a intimidade de suas reflexões, de suas histórias, o diálogo com seus pares, os embates, as inspirações, os encantos e desencantos.

Este livro de nosso veterano Sergio Perazzo é um acontecimento. Dimensão que abre para nós leitores um lastro duradouro de trabalho e reflexões. Seu estilo combativo, mordaz e apaixonado confirma sua voz. Da epígrafe às inconclusões, acompanhamos o esforço laborioso e necessário que nos possibilita a apropriação criativa de um discurso proferido em dado domínio do saber instituído e a consciência do aspecto político inerente às nossas escolhas e ações, e nos convida a rever nossa posição de sujeito, nossas alianças, o lugar em que nos situamos e do qual depreendemos nossa fisionomia e voz.

Dois movimentos se entrelaçam: o psicodrama como afirmação de uma atitude coerente com seus pressupostos por um lado e por outro uma reflexão sobre sua inexorável institucionalização. Aqui, o lugar não se traduz pelo número afixado à soleira de um endereço inequívoco, tipo páginas amarelas, nem deve nos encerrar em uma circunferência imóvel que apenas delimitaria a mera extensão de um território e sua defesa como propriedade. É convite ao diálogo com toda uma tradição que nos precede e constitui, e a resposta ainda e sempre inconclusa, mas contundente, dada pelo autor a essa mesma tradição na qual se insere.

"Atualizações necessárias", a primeira parte do livro, redesenha os traços e as pegadas de sua trajetória e elaboração conceitual, a revalorização e articulação do arcabouço teórico prático do psicodrama, os livros visitados, as peças-chave colhidas cá e lá na elucidação dos mistérios para a sistematização de um pensar que teriam suas núpcias mais fecundas nestes instantes de inflexão em que a prática cria teoria e, de modo inverso, a teoria redimensiona nossa agilidade na intervenção, orientando o fazer psicodramático. Perazzo nos alerta para o risco fácil da mera reprodutibilidade da técnica como caminho aparentemente seguro, conhecido passo a passo, que nada cria de novo, amputa a criação, forja cópias disciplinadas e inseguras perante o instrumento psicodramático por excelência, a ação dramática, sua força expressiva, manejo e processamento.

"Miscelânea: prato feito (notas, reportagens, reflexões)", a segunda parte do livro, descentra focos que circunscrevem regiões que se compõem e se decompõem para dar visibilidade ao percurso do autor e matéria de expressão para suas ideias, reflexões, sentimentos e compreensão de mundo. Misto de dicas diversas em campos variados de atuação do psicodramatista inserido em sua comunidade e de momentos de distensão para o exercício de seu sotaque carioca em suas bem-humoradas crônicas de forte inspiração rodrigueana. Alfaiate da linguagem! Afeito aos cortes bem montados, Sergio provoca e analisa como algumas tendências são meras atualizações de modas ultrapassadas travestidas pela roupagem *fashion* dos aparatos tecnológicos contemporâneos. Reedição de nossos prejuízos?

A costura. O fio invisível que alinhava forro e avesso, estofo e crítica, nos apresenta a vida como ela é, nossas histórias, este contar e recontar de nós mesmos, aquilo que acredito nos constitui como singularidades e dá ao psicodramatista a base para ser um produtor de histórias alheias... Uma rua como aquela, nossos livros amados e talentos cultivados, aquele cheiro de infância perene, o conjunto de tipos e personagens que nos habitam ou pedem passagem, nossa verdade psicodramática e poética como Sergio nos relembra tantas vezes neste livro. Região da experiência a que temos acesso por intermédio do desenvolvimento de um órgão onírico, para além da anatomia, esta que apodrecerá, às vezes em caixões antecipados em vida, e recoloca sonho, devaneio, fantasia e imaginação de mãos dadas com a criação, inserindo-a, enfim, no domínio das doutrinas psicológicas que se propõem a pensar o humano e suas potencialidades.

Talvez aqui se situe nosso enlace sociométrico, nossa mutualidade positiva, que justifica para mim tão ilustre convite para participar deste prefácio compartilhado. Sim. O apreço pela criação e a realidade do palco psicodramático como espaço vivo de seu exercício devem levar em conta o papel central da imaginação e sua articulação com os demais elementos do corpo teórico do psicodrama. Afinal, se uma teoria da imaginação e da fantasia se faz incipiente no psicodrama, como defende explicitamente o autor, o recado já nos fora dado há quase um século por Moreno ao pai da psicanálise, mestre incontestе em sua época, em um diálogo vivo e ainda atual: "Eu começo onde o senhor deixa as coisas. O senhor vê as pessoas no ambiente artificial do seu gabinete, eu as vejo na rua e nas casas delas, em seu ambiente natural. O senhor analisa os sonhos das pessoas. Eu procuro dar-lhes coragem para que sonhem de novo. Ensino às pessoas como brincar de Deus".

Sergio Perazzo nos oferece tantas outras entradas. A vasta extensão das questões apresentadas neste livro revela profundidades que redesenham à sua maneira a geografia psicodramática e nos convidam a habitar regiões diversas. Vida e morte. Maré incessante que avança e se retrai diante dos imperiosos rochedos esculpindo saídas. Como éramos seis os convidados para este "prefacilhado"..., procuro tão somente iluminar retalhos deste casaco longamente tecido em mais de 30 anos de vasta experiência do autor. Casaco camarim, onde nos colecionamos, onde toda uma vida se concentra em um bolso invisível pousado como um coração, em uma linha que trabalha pacientemente o caseado de um botão. Louco desvario que anseia a invenção de novos mundos. A roupagem do psicodramatista e o lugar de nossas aventuras e proezas imaginárias, exercícios de futuro que sutilizam as pesadas estabilidades do real e do instituído.

Ao futuro brindamos estas aberturas inconclusas e a contribuição do livro *Psicodrama: o forro e o avesso* com que Sergio Perazzo nos presenteia.

Sylvia Ferraz da Cruz Cardim

PARTE I ATUALIZAÇÕES NECESSÁRIAS

INTRODUÇÃO I

Como no fado, nem às paredes confesso. Que uma parte, não mais que pedaços de mim. Sem o saber, textos esparsos, semeados por aí em congressos ou não congressos, publicados ou não. Ordenados apenas pela lógica de meu processo de maturação lenta como psicodramatista. A carne cozinhando preguiçosa bem longe da brasa. Para também assar por dentro sem chamuscar. Tudo posto em ordem, o sentido das coisas se faz coerente e, enfim, domado. Foi achar o encaixe do mosaico. Meu casamento com o psicodrama, minha visão do como a teoria se articula (até aqui só publicado em espanhol pelo Teo Herranz). São exemplos.

Descobri que o processo psicodramático só se entende com a recolocação da transferência e com a roupagem nova da realidade suplementar e do conceito de personagem. Modos de ver e de integrar prática com teoria: o conjunto transferencial, a revalorização da espontaneidade e da criatividade em suas implicações técnicas, no que deveriam ser mais evidentes. Coprotagonizações.

E, então, aquelas coisas todas que venho dizendo e demonstrando há tantos anos e que me perguntam: *Onde está escrito isso? Não está.* Agora está. Sobre a articulação entre iniciadores e sua consequência prática; o detalhamento da etapa de aquecimento inespecífico em que tudo começa, com conceitos renovados; a direção de grandes grupos e de atos psicodramáticos; a supervisão, a criação de novas formas de aplicar a técnica. Enfim, sobre ousadias psicodramáticas.

Quis dar a este conjunto um tom coloquial de compartilhamento. Não só teorizar. Não só discutir. Não só estabelecer pontes entre o que se convencionou teoria e a prática do fazer técnico. Quis contar ao mesmo tempo como descobri. Como errei. Como verifiquei. Como transformei. É, sim, parte do meu legado dos muitos anos em que teimei no caminho deste doce encanto. Por vezes nem sempre tão doce assim.

Por isso esta parte se encerra pelo começo do fim. Nem teoria, nem técnica, nem método, mas uma declaração de princípios. Transgressora? Ideologicamente entendida por mim como psicodramática? Um sussurro político que reafirme aquilo que me mobiliza defender?

Olhando bem no fundo, não passa de uma declaração de amor. Uma velha paixão sempre renovada. Com a convicção plena de que nunca nos abandonamos. O psicodrama e eu. O psicodrama e você. O psicodrama e nós.

1. CERIMÔNIA DE CASAMENTO: PSICODRAMA, POSSIBILIDADES E PERSPECTIVAS PARA O FUTURO[1]

Há mais ou menos dois meses recebi um convite de casamento da filha de um velho amigo meu que, há muitos anos, foi morar numa cidade distante.

Fui tomado de emoção, pois a noiva, numa época em que eu não tinha filhos e achava que não podia tê-los, então com 3 anos de idade, brincava alegremente comigo, enchendo minha casa com sua infância quando vinha me visitar.

Comprei uma gravata nova, desci do avião e me postei nas primeiras filas junto à passagem central da igreja do tempo do Brasil colônia, a mesma a que, há 32 anos, compareci como padrinho de casamento de meu melhor amigo de infância e que ficava localizada nos fundos do hospital da faculdade onde estudei e me formei, fazendo parte de um cenário cotidiano que marcou profundamente a minha vida.

Vivia um misto de saudade, expectativa e alegria, num sentimento de abertura de um estado de compartilhamento, presente nos meus olhos, na disposição do abraço, no ritmo do meu coração.

Depois de um longo atraso, a cerimônia começou, se alongou e terminou, do mesmo jeito que os últimos quatro casamentos a que

---

1. Trabalho apresentado em mesa-redonda em Jundiaí, com a presença e participação de René Marineau, psicodramatista canadense considerado o biógrafo mais completo de Moreno, 1999.

compareci no ano passado, ou seja, estritamente regida por uma nova liturgia extravaticano.

O coro não se contentava com um sensível e delicadamente sonoro quarteto de cordas, muito recheado que estava de metais wagnerianos triunfalistas, mais para trombetas do Apocalipse do que para sussurros angélicos. Em vez do frufru de saias de tias e amigas nervosas à guisa de introdução, a parafernália de fios e refletores dos operadores de vídeo.

A cada movimentação na porta da igreja, uma torção de pescoço que descobria, primeiro, uma legião de padrinhos de lotar a igreja, todos imóveis aguardando as ordens de marcha do diretor de TV.

Só depois de completado o percurso até o altar, o câmera e os iluminadores em marcha a ré, é que apontava a troupe seguinte: as damas e daminhas de honra na mesma trajetória tecnologicamente orquestrada, só começando a andar ao entrar em foco para a posteridade.

Somente após longos *takes* e tomadas de cena, entrava, enfim, a noiva, protagonista que seria de uma forte emoção coletiva, transformada em imagem televisionada para uma contemplação posterior eletrodoméstica.

Descobri naquele momento, em que minhas sensações e sentimentos se desaqueciam, que eu não tinha sido convidado para um casamento, mas para um *set* de filmagem, algo distante da consciência de todos nós, embora definitivamente incorporado em nosso comportamento coletivo. Talvez o próximo convite me viesse pela internet musicado por trombetas.

Por analogia, na ausência de uma bola de cristal, prever o futuro do psicodrama não deixa de ser um exercício inútil de adivinhação. O futuro do psicodrama é o seu presente e o modo como regemos a sua liturgia. Disso dependerá a direção dos ventos capazes de enfunar ou não suas velas no sentido de novos descobrimentos.

Eu me sinto no psicodrama, muitas vezes, como naquele casamento, quando a aparência se sobrepõe à essência, sempre que nossa verdade psicodramática e poética não sofre a "re-cocriação" da conserva.

Anseio pelo dia em que Moreno seja menos citado e mais incorporado, de modo que seu sopro, mais mil sopros de tantos mil outros psicodramatistas, seja naturalmente parte de meu sopro vital.

Ouço psicodramatistas perguntarem, até em congressos, qual o destino da psicoterapia grupal (ou, mais especificamente, sem mencioná-la, da psicoterapia psicodramática de grupo), em vez de simplesmente realizá-la, exercitá-la, aperfeiçoá-la, teorizá-la, praticá-la, incentivá-la entre seus alunos – a única forma de perpetuá-la consistentemente e, portanto, bem divulgá-la por seus resultados concretos, única via capaz de fortalecer a crença em sua eficácia e pertinência.

Um fatalismo de Corão com que se aceita, sem resistências, como imposições individualistas de uma ordem econômica de um mundo cada vez mais globalizado, o isolamento humano e seu consumismo empobrecedor, deixando escapar justamente as contradições homem *versus* grupo, solidão *versus* compartilhamento, conserva *versus* criação/cocriação, o *crème de la crème* do trabalho psicodramático em suas vertentes terapêutica, educacional e comunitária.

Leio afirmações de psicodramatistas desacreditando o desenvolvimento e até a existência da teoria do psicodrama, justificando uma leitura psicanalítica ou outra qualquer, porque insistir nos conceitos psicodramáticos seria tentar tirar leite de pedra, em vez de, por exemplo, contribuir para a construção de uma teoria da fantasia e da imaginação – ainda incipiente no psicodrama e perfeitamente articulável à teoria da espontaneidade-criatividade, à teoria de papéis e à socionomia e seus ramos.

Luto contra a insistência em reduzir a teoria do psicodrama a uma teoria psicoterápica de desenvolvimento e a uma psicopatologia *psicodramática*. É evidente que, além de reduzir a sua visão teórica, ignorando completamente a articulação entre suas partes, tal redução não dá conta de explicar consistentemente a prática psicodramática educacional e comunitária.

O movimento relativamente recente, pelo menos no Brasil, de incrementação do teatro espontâneo criado por Moreno, veio lançar uma aragem de renovação e uma confusão conceitual ao psicodrama praticado entre nós.

Se, por um lado, esse movimento veio se opor (com muita propriedade, aliás) à ênfase excessiva dos anos 1980 na psicoterapeutização do psicodrama brasileiro, seu grande mérito foi recuperar a noção de que toda e qualquer modalidade de psicodrama tem origem no teatro espontâneo moreniano.

Por outro lado, sendo sua proposta, em suas apresentações práticas, a de uma produção cultural com propósitos meramente criativos e estéticos, a falta de compreensão de sua finalidade acabava por reduzi-lo a uma espécie de psicoterapia de segunda categoria.

Na verdade, até a formulação de uma nova nomenclatura, proposta por Aguiar, em que o psicodrama passa a ser visto como uma forma de teatro espontâneo, custou-se a discriminar formas diferentes, terapêuticas e *não terapêuticas*, vamos dizer assim, do teatro espontâneo.

Numa outra direção, uma maior penetração do psicodrama nas universidades, o discurso teórico acadêmico acabou levando, em alguns momentos, a uma rigidez excessiva do psicodrama, contrariando, às vezes, uma terminologia universalmente consagrada. Um transplante sem anestesia.

Assim, o psicodrama, *lato sensu*, vem sendo chamado de teatro espontâneo pelos *teatrólogos espontâneos* e de socionomia por alguns *acadêmicos* ou *pretendentes a acadêmicos*.

Tanto num caso como no outro, seria o equivalente a chamar, nesta altura dos acontecimentos, Coca-Cola de Sprite, como sugeriu jocosamente Merengué em uma perspectiva crítica, em um encontro de professores de psicodrama. Mudar o nome da marca, criando uma enorme confusão entre seus consumidores.

O que quero dizer com isso é que a discussão de tópicos fundamentais da teoria e da prática psicodramáticas nem sempre leva em conta a transformação da essência de um conceito com base em sua historicidade.

A multiplicação de termos novos ou a variação classificatória ou nomenclatural nem sempre se baseia em um estudo aprofundado, não raro resvalando pelo viés da falta de informação ou da pseudoconsagração vaidosa do seu autor. Não é à toa que muitas vezes temos a sensação de que o outro nunca tem razão quando expõe suas ideias sobre psicodrama. *Eu é que tenho.* E isso em um meio em que se prega o encontro. Imaginem se não pregasse! Reaprender a ouvir, em todos os sentidos, antes de falar, para que nossa discussão seja sinônimo de crescimento. Sem isso não há futuro para o psicodrama.

Politicamente tal situação fica bem patente, no que diz respeito ao Brasil, no plano internacional. Apesar de nos constituirmos como país, nunca é demais repetir isso, com aproximadamente cinco mil psicodramatistas que produziram nesses últimos 30 anos cerca de mais de cem livros e mais de mil artigos, além de incontáveis monografias e teses não publicadas, e que possui uma federação nacional (Federação Brasileira de Psicodrama, Febrap) que congrega perto de 50 instituições que dão formação regular de psicodrama, continuamos a não ser ouvidos pelo mundo anglo-saxão, principalmente.

Não são poucas as manifestações de indiferença e de arrogância a que temos sido submetidos no correr de todos esses anos, como se não tivéssemos nada a dizer ou nada a ensinar. Não é surpreendente, por isso mesmo, o fortalecimento do bloco ibero-americano que tem se insurgido contra isso e que até hoje não tem seus livros traduzidos para a língua inglesa, uma excelente forma de conseguir ser ouvido. Enquanto esse estado de coisas permanecer, fica difícil atingir um patamar razoável de verdadeiro compartilhamento psicodramático.

Não temos um general de Gaulle gritando, como em 1967, *vive le Québec libre*, causando um imenso mal-estar nos meios diplomáticos, a ponto de aumentar a fervura das diferenças sentidas pelos franco-canadenses, que puderam ser mais bem ouvidos, em francês e em inglês, apesar de terem votado *não* pelo separatismo, duas vezes, entre Trudeau e o conservador Mulroney.

Para mim, esse é o sentido de uma verdadeira cerimônia de casamento. Ouvir, falar e compartilhar a essência profunda do psicodrama. O que daí decorre é consequência natural desse processo do presente. O resto é exercício vazio de futurologia. Se assim não for, estaremos condenados a repetir, sem fluidez, os movimentos estereotipados de um *set* de filmagem. Não passaremos de imagens vazias e solitárias de nós mesmos. Não teremos vivido um casamento.

2. QUE TEORIA, DE QUE PSICODRAMA?[2]

A indefinição em situar o psicodrama como termo genérico ou termo específico desloca a sua teoria ora pelo patamar de uma nova sociologia, ora pela base de um método psicoterápico, sem deixar de gravitar pelos imprecisos contrafortes de uma forma inédita (?) de viver e de filosofar.

Suas múltiplas aplicações – quer na psicoterapia de grupo, quer na psicoterapia individual bipessoal (mais recente e cada vez mais difundida em alguns países como o Brasil e a Argentina), quer na sua atuação educacional e comunitária, por intermédio de seus métodos de *role-playing*, sociodrama e axiodrama, quer na sua vertente de produção cultural (arte dramática criativa) por meio do teatro espontâneo – criam um enorme desafio: situar, com coerência e abrangência, no plano teórico, se isso é mesmo possível, todos esses desdobramentos da prática psicodramática, em nosso esforço e necessidade de nos agarrarmos didaticamente a algum marco classificatório que nos alivie a angústia do espírito e da alma e que nos reconheça sem titubeios como psicodramatistas.

---

2. Originalmente este capítulo foi publicado em espanhol na abertura de um livro de psicodrama de diversos autores, organizado por Teodoro Herranz – *Psicodrama clínico: teoría y técnica*. Madri: Ediciones Ciencias Sociales, 2004.

Só para dar uma ideia da falta de unanimidade em compreender o que é o psicodrama, basta situar a defasagem que existe entre suas diversas compreensões teóricas e o largo emprego de sua denominação nas suas mais diversas práticas.

Assim, existem espalhadas pelo mundo inúmeras instituições que se autodenominam institutos, sociedades, associações, escolas, federações de psicodrama, e que consideram seus integrantes psicodramatistas. Todas compartilham o mesmo espaço de congressos ou encontros nacionais e internacionais de psicodrama assim entitulados, quer seu objetivo seja a formação, o exercício de uma prática psicoterápica ou educacional ou uma produção cultural ou mista. Essa é a realidade de nossa prática, digamos assim, psicodramática, em que nos identificamos todos como psicodramatistas.

Tendo em vista, portanto, essas múltiplas perspectivas sob as quais o psicodrama pode ser examinado e teorizado, é necessário não perder sua dimensão histórica, situando-o tanto no plano das formulações originais de Moreno, seu criador, quanto na esteira da diversificação teórica, nem sempre convergente, dos psicodramatistas contemporâneos e pós-morenianos.

Garrido Martín, em seu brilhante estudo do pensamento de Moreno, com base em sua obra, destaca, do ponto de vista de uma antropologia psicológica do criador do psicodrama, três aspectos principais que nos permitem compreender com mais clareza a concepção moreniana do homem, sempre visto de forma indissociável em sua dupla dimensão individual e relacional.

O primeiro, que se estabelece no "plano do indivíduo"[3], tem como "seu núcleo antropológico" a espontaneidade, que o próprio Garrido Martín denomina de "substância, a alma da pessoa". O segundo, no plano da relação, é concebido com base no conceito de "grupo-sujeito, que se nutre da 'tele-estrutura'". O terceiro, no plano "pragmáti-

---

3. Todos os conceitos entre aspas desse parágrafo são de Garrido Martín, E. *Psicologia do encontro: J. L. Moreno*. São Paulo: Ágora, 1996.

co", caracteriza-se pela atuação desse "homem, indivíduo e grupo [...] através do 'eu-tangível', [...] o papel".

O homem moreniano, portanto, situa-se no mundo em permanente atuação por meio de um grande repertório de papéis, em que se revela ao mesmo tempo tanto sua dimensão individual quanto sua dimensão relacional. É a integração harmônica entre esses três parâmetros, em constante movimento e mutação e, por isso mesmo, essencialmente dinâmica, que se constitui no único modo de apreendê-lo, compreendê-lo e vivenciá-lo sem segmentá-lo nos compartimentos estanques da nossa compulsão didática ou do nosso furor classificatório.

Ora, se a espontaneidade caracteriza o núcleo antropológico do homem como indivíduo, como que constituindo sua essência, sua alma, também é verdade que, frequentemente, ela é definida como um catalizador para as ações no mundo desse mesmo homem potencialmente criativo.

Desse ponto de vista, considerando que a criatividade é o movimento de expansão, no mundo, que torna visível a espontaneidade, é natural que não se possa compreendê-las senão como um binômio, uma fazendo parte da outra, e daí a utilização do termo "espontaneidade-criatividade", ambas as palavras amalgamadas como algo único.

A criatividade, por sua vez, entendida como um movimento que extrapola o indivíduo porque *sai de si para*, acaba tendo um sentido que é sempre relacional, nem que o seja apenas potencialmente ou indiretamente.

Em outras palavras, tudo aquilo que se cria, qualquer ato da existência, mesmo que aparentemente criado para si mesmo, transforma o próprio criador. Logo, sua criação, ainda que contra sua vontade, deixa de apenas lhe pertencer, de alguma forma chegando ao outro, mesmo que por meio de uma pequena ampliação de seu mundo modificado pelo seu ato criativo. Assim, se a criatividade tem por base a espontaneidade criadora – que supõe a inclusão da historicidade e, portanto, mais elaborada que a espontaneidade instintiva (própria das crianças pequenas e de certos atos do homem primitivo) –, tanto ela poderá ser deflagrada por um viés relacional qualquer, visando uma transformação, quanto constituir, por exemplo, a expressão de um sentimento e de uma percepção particular por meio de uma obra de arte, convidando a um compartilhamento mais indistinto com o outro, ou mesmo na concretização utilitária de um invento ou de um aperfeiçoamento tecnológico para benefício de um outro impessoal e distante.

Por essa cadeia de raciocínio quero enfatizar primeiro que, sendo a dimensão individual um dos parâmetros básicos da compreensão do homem moreniano, é claro que ela é um dos pontos fundamentais a ser teorizado.

Segundo, que sendo a espontaneidade o seu núcleo antropológico e sendo a criatividade parte integrante de um binômio indissociável, tal núcleo antropológico tem de ser compreendido não como só a espontaneidade, mas sim como a espontaneidade-criatividade. Logo, a dimensão individual do homem moreniano só pode ser teorizada por meio de formulações que levem em conta a espontaneidade-criatividade, ou seja, uma teoria da espontaneidade-criatividade, como primeiro pilar básico de uma teoria do psicodrama.

Terceiro, como a noção de criatividade extrapola o indivíduo para o relacional, é evidente a importância da compreensão da sua articulação teórica com a tele-estrutura do grupo-sujeito (ampliando a compreensão do que isso significa), a única forma de não compartimentá-la num plano estanque meramente individual.

Quarto, que tendo o psicodrama a ação dramática como singularidade, a decorrência natural de tal singularidade é a necessidade de teorizar sobre a imaginação e a fantasia que estão constantemente presentes e constituem a base da cena psicodramática. Como essa teorização ainda é incipiente no psicodrama, nada mais natural que reivindicar a sua inclusão justamente nesse ponto em que se desenvolve o estudo da espontaneidade-criatividade, diretamente ligadas, implícita ou explicitamente, à noção de fantasia e de imaginação, fortalecendo seu brilho peculiar.

No plano do homem-em-relação, compreendido dentro de uma te-le-estrutura, a teorização obrigatória torna-se mais complexa por englo-bar conceitos socionômicos tanto derivados da sociometria quanto visualizados pela sociodinâmica, viabilizados por meio dos diversos métodos sociátricos em que eles são comprovados, testados e transformados.

Além disso, o conceito de tele, um conceito sociométrico, vem sendo revisto há alguns anos (especialmente por Aguiar, por Dias Reis e por mim, em tempos diversos, no Brasil) e não pode mais ser entendido como um mero atributo perceptivo ou simplesmente como um conceito oposto à noção psicodramática de transferência. Sua conceituação, construída mais consistentemente à luz da noção de cocriação, imprime à tele um movimento relacional permanente, no qual estão claramente presentes elementos coconscientes e coinconscientes como parte obrigatória desse relacional.

Para estudar o homem-em-relação, Moreno criou uma disciplina, a socionomia, que se ocupa das leis do desenvolvimento social e das relações sociais. Moreno propunha a experimentação com esta *nova sociologia*, que ficasse a salvo de especulações e de meras abstrações, e por isso construiu três caminhos metodológicos que dessem conta da estrutura (a sociometria), da dinâmica (a sociodinâmica) e das transformações (a sociatria) do fenômeno social.

Essa é, portanto, a segunda articulação teórica do psicodrama, considerando a segunda vertente de compreensão do homem moreniano, ou seja, o grupo-sujeito.

Quanto à terceira articulação, aquela a que Garrido Martín denomina pragmática pela atuação do homem-indivíduo-grupo, ela se estabelece por meio da teoria de papéis.

Assim posto, no conjunto articulado homem-indivíduo-grupo (relação)-atuação (papel) corresponde, no plano teórico, à teoria da espontaneidade-criatividade (com inclusão de uma teoria da fantasia e da imaginação, ainda incipiente), à socionomia e seus ramos metodológicos (sociometria, sociodinâmica e sociatria) e à teoria de papéis, como arcabouço do psicodrama.

Algumas perguntas, no entanto, permanecem pairando no campo dessa complexa sistematização:

- Como se articulam entre si essas três vertentes teóricas do psicodrama?
- Em que patamar teórico ficam localizadas as tentativas pós-morenianas de construção de uma teoria de desenvolvimento e de uma psicopatologia, de que são exemplos a teoria do núcleo do eu e a teoria da matriz de identidade?
- Onde se encaixam a teoria da cena e a multiplicação dramática, como suportes teóricos mais recentes?
- Como compreender teoricamente a proposta que situa o psicodrama como um ramo do teatro espontâneo?
- A articulação teórica que movimenta ao mesmo tempo a teoria da espontaneidade-criatividade, a socionomia e a teoria de papéis é suficiente para dar conta, numa compreensão conceitual, das várias dimensões em que o psicodrama pode ser atuado e praticado – ou seja, a psicoterápica (grupal e individual), a pedagógica ou educacional, a comunitária e a de produção cultural (arte dramática criativa)?
- Essa articulação teórica é coerente com a filosofia do momento de Moreno e com o método de ação dramática próprio do psicodrama?

Estas são as razões que me fazem perguntar de que teoria e de que psicodrama estamos falando.

Provavelmente não temos todas as respostas ou as melhores respostas para perguntas tão difíceis, mas é possível refletir sobre elas e tentar elucidá-las com o conhecimento de que dispomos nesta altura do desenvolvimento da teoria do psicodrama.

A ARTICULAÇÃO DAS PARTES DA TEORIA ENTRE SI

Tomando como ponto de partida a cena psicodramática, seja ela originária de um contexto psicoterápico, educacional ou outro qualquer, estaremos sempre diante da maior ou menor fluência do seu desenrolar e de suas consequências, no próprio momento em que ela ocorre, e em tudo aquilo para que ela extrapola.

Sendo o psicodrama, tomado aqui em seu nome genérico, englobando todas as suas possibilidades, sempre derivado do teatro espontâneo moreniano, o estudo do binômio espontaneidade-criatividade se constitui como a própria base de compreensão dessa fluência e de suas consequências.

Levando em conta que para que a cena dramática se realize é fundamental que se compreenda o psicodrama como uma criação coletiva, para a qual concorrem a criatividade não só do protagonista, como também a do diretor de psicodrama, a dos egos-auxiliares e a da plateia, essa fluência só pode ser entendida quando articulada à sua dimensão relacional.

Trata-se, portanto, de um processo de cocriação, tendo por fundamento inicial a espontaneidade-criatividade de cada indivíduo a transformar, conjuntamente, um modo relacional mediado por papéis em algo único e novo, ao mesmo tempo de um e de todos.

Uma consequência óbvia dessa visão é que não basta estudar a espontaneidade como um atributo individual isolado que dê conta da primeira vertente do homem moreniano, mas passa a ser obrigatório, articulando-a à criatividade, ultrapassar as fronteiras da teoria da espontaneidade-criatividade tentando compreendê-las no homem-em-relação, de uma forma dinâmica.

Para isso, torna-se necessário, primeiro, estabelecer os princípios que regem o homem-em-relação, criados por Moreno e oriundos da sociometria, tais como átomo social, grupo, rede social, tele e, segundo, do ponto de vista da sociodinâmica, o entendimento de como tais estruturas se compõem e se movimentam na prática do jogo de papéis, em que estão mesclados elementos tanto coconscientes quanto coinconscientes regendo tais composições e movimentações.

Fica também muito claro que a sociodinâmica nos lança o homem-em-relação, com essa visão, não só por meio dos diversos métodos sociátricos, dos quais os principais são o psicodrama e o sociodrama (de propósito deixo de fora a psicoterapia de grupo, mais genérica), como também o insere diretamente na sua ação-no-mundo, pragmática, por meio da teoria de papéis.

O jogo de papéis do homem-em-relação, por sua vez, se faz presente nos papéis sociais que delimitam sua mais ampla dimensão de mundo. É por meio deles que a concretude de sua espontaneidade-criatividade se manifesta na estrutura de uma rede social, viabilizando seus projetos dramáticos (qualquer ato-ação realizado com o outro que se configura como aquele que desempenha o papel complementar correspondente ou contrapapel num campo sociométrico de escolhas) na direção da cocriação, que inclui sempre a reformulação da substância ou do modo de execução do projeto dramático em questão (tele num sentido mais amplo).[4]

Por outro lado, a cristalização de certos papéis, que permanecem não atuados na fantasia (denominados papéis imaginários por Naffah Neto, em 1979, diferenciando-os dos papéis psicodramáticos), constitui o substrato da transferência (entendida aqui como conceito sociométrico na visão de Moreno, visível por meio do jogo de papéis) que migra como um modo de relação distorcido por intermédio do efeito cacho ou feixe (*cluster*) de papéis.

A categoria de papéis de fantasia, proposta por mim em 1994, vem de encontro à necessidade de definir aqueles papéis que têm origem no plano da fantasia, não necessariamente ligados à transferência (como no caso dos papéis imaginários) e não obrigatoriamente tendo como lócus o cenário psicodramático, como é o caso dos papéis psicodramáticos.

Estes, por sua vez, além de ser definidos por seu lócus, o cenário psicodramático, são também caracterizados por sua função de resgate dos papéis imaginários conservados na fantasia para a sua atuação

---

4. Remetemos o leitor ao estudo pormenorizado sobre o tema realizado por Aguiar em *O teatro terapêutico* e Perazzo em *Ainda e sempre psicodrama* (vide referências bibliográficas).

concreta no cenário do psicodrama, configurando uma realidade suplementar, fazendo ponte com os papéis sociais pela inclusão de um novo modo relacional que se expande pelo efeito cacho ou feixe (*cluster*), extrapolando o cenário e o momento psicodramáticos, um homem-no-mundo-criador-transformado.

Evidentemente, os conceitos de realidade suplementar, papel imaginário, papel de fantasia e papel psicodramático, além de estar aderidos profundamente à noção de espontaneidade-criatividade, nos remetem diretamente ao plano da fantasia e da imaginação, que são o próprio substrato da cena psicodramática. Por isso mesmo, ressaltei, no começo deste capítulo, a importância de articular e de desenvolver conjuntamente com a teoria da espontaneidade-criatividade um referencial teórico consistente sobre as implicações e desdobramentos da fantasia e da imaginação, que dê sentido mais claro às particularidades e ao conjunto do processo psicodramático.

Estando, portanto, do ponto de vista teórico, as formulações da teoria da espontaneidade-criatividade (patamar individual do homem moreniano), da socionomia e seus ramos (homem-em-relação) e da teoria de papéis (plano pragmático da atuação) intimamente imbricadas, não podendo mais ser consideradas em compartimentos estanques, é mais que natural exigir do psicodramatista uma leitura ampla dos fenômenos humanos sempre levando em conta todas essas sutis articulações, no todo e ao mesmo tempo, das quais não deve ser excluído nem o próprio psicodramatista como parte integrante e indissociável desse mesmo processo, o psicodrama sendo sempre entendido como movimento permanente e como cocriação.

AS TENTATIVAS DE CONSTRUÇÃO DE UMA TEORIA DE DESENVOLVIMENTO

A ampla utilização do psicodrama por psiquiatras e psicólogos como uma psicoterapia de ação e, mais recentemente, além da sua forma grupal, o largo emprego da psicoterapia psicodramática individual bipessoal (um paciente e um terapeuta), acabaram criando uma crença de que o psicodrama não poderia ser exercido dessa forma sem uma teoria de desenvolvimento ou sem uma psicopatologia psicodramática, não importa o que isso signifique.

Tal panorama levou a uma pulverização de posições antagônicas que estão muito longe de uma razoável unificação. Há psicodramatistas que utilizam a técnica psicodramática e uma leitura psicanalítica. Há os que utilizam o psicodrama em grupos mas não no plano do atendimento individual. Há quem o empregue em ambos, com leitura psicodramática ou não, utilizando alguma teoria de desenvolvimento ou não, e assim por diante.

As duas tentativas pós-morenianas mais conhecidas de construção de uma teoria de desenvolvimento e de uma psicopatologia psicodramáticas foram as que se convencionou chamar de teoria do núcleo do eu e de teoria da matriz de identidade. O que elas têm em comum e o que elas têm de defasado em relação ao todo da teoria psicodramática?

Ambas têm em comum o defeito de desfocar o psicodrama da sua articulação teórica principal, deixando de lado a ideia de movimento e de cocriação, perdendo de vista a interpenetração dos conceitos originários da teoria da espontaneidade-criatividade, da socionomia e seus ramos e da teoria de papéis, para centrar sua leitura numa perspectiva apenas psicoterápica e psicodinâmica, que mal disfarça a tentativa de repetir, de outro modo, com termos *psicodramáticos*, o enfoque dado pela psicanálise, com muito menos brilhantismo, aliás, à sua compreensão do homem em suas conexões intrapsíquicas.

Essa forma de compreensão não só reduz o psicodrama à sua parcela psicoterápica, deixando de fora suas demais aplicações (educacional, comunitária e como produção cultural, por exemplo), como acaba por reduzir o ser humano a um mero espelho que reflete uma nova convenção de saúde ou doença.

Tal modo de ver está de tal maneira arraigado, que podemos observar reflexos dessa postura em autores indiscutivelmente importantes que nos dão contribuições profundas e de grande peso para o arsenal teórico do psicodrama.

Menegazzo, Zuretti e Tomasini, por exemplo, autores do único dicionário de psicodrama e sociodrama publicado até hoje (apenas em português e ainda aguardando a versão em espanhol), apesar do grande mérito de sua exaustiva pesquisa de altíssima qualidade, deixam de fora de seus verbetes muitos conceitos da sociometria, inclusive as leis sociogenética e sociodinâmica, incluindo, no entanto, vários termos não originários do psicodrama e presentes no vasto arsenal do dia a dia da psicoterapia geral.

Kellermann, em seu livro *O psicodrama em foco*, ao falar das aplicações não terapêuticas do psicodrama, exemplifica com atividades que visam apenas um crescimento pessoal, como aquelas de treinamento ou passatempo, em que a experimentação se faz com *pessoas saudáveis*. Como se o tipo de atividade excluísse a possibilidade de participação de alguma pessoa que pudesse ser considerada psiquicamente doente. Ou seja, como se numa atividade de treinamento, por exemplo, nunca fosse possível estar presente alguém com algum tipo de conflito de ordem psíquica ou mesmo doença mental pelo viés da psiquiatria clássica.

Com esses exemplos, não é minha intenção fazer qualquer crítica a psicodramatistas tão conhecidos e tão brilhantes, mas chamar a atenção para os pequenos cochilos a que todos estamos sujeitos, até por força do nosso condicionamento de psiquiatras e de psicólogos. Mesmo sem querer, acabamos por estar muito voltados para uma perspectiva que nos faz estar sempre separando o que é saúde do que é doença. Não é, pois, sem razão que tal condicionamento não nos deixe livres para dispensar uma teoria de desenvolvimento e uma psicopatologia como ferramentas de trabalho, tendendo a ignorar as demais articulações da teoria do psicodrama e suas aplicações fora da área da psicoterapia.

O que se convencionou chamar de *teoria do núcleo do eu* se apoia no conceito original de Moreno de papéis psicossomáticos. Propositadamente, não a incluí como categoria quando discorri, neste capítulo, sobre a classificação de papéis.

Ora, nem tudo que Moreno criou se sustenta hoje à luz de uma argumentação teórica mais consistente como é o caso, justamente, do conceito de papel psicossomático. Há precisamente 30 anos esse conceito vem sendo questionado no Brasil, a partir de um artigo de Mezher, de 1980, em que se considera que papel psicossomático, da forma como é definido classicamente, não reúne as condições mínimas para ser definido como papel. No máximo pode ser caracterizado como um protopapel ou, melhor ainda, como zonas corporais em interação.

Portanto, se uma teoria, como é o caso da *teoria do núcleo do eu*, está inteiramente baseada num conceito teoricamente inconsistente e altamente questionável, obviamente sua sustentação não pode deixar de ser frouxa e volátil.

A *teoria da matriz de identidade*, esboçada por Moreno e ampliada no Brasil por Fonseca (1980), por sua vez, acabou se impondo na época pela insuficiência da *teoria do núcleo do eu*. No entanto, incorreu no mesmo erro.

Originalmente parte de um capítulo sobre espontaneidade, Moreno ocupou-se dessa teoria em oito parágrafos e três esquemas, em 1937, voltando a falar no assunto em 1959, de forma breve, ao fazer uma correlação entre matriz de identidade e técnica psicodramática.

É evidente, pois, que a matriz de identidade não constitui, nem com a melhor boa vontade, uma constante teórica do pensamento de Moreno. Trata-se de uma ampliação posterior e de um aumento de foco (não estou discutindo aqui a validade de pensar assim, mas estou questionando o que considero um exagero de foco) desenvolvido por psicodramatistas pós-morenianos.

Em artigo mais recente, Fonseca retoma a defesa da matriz de identidade, apontando outros trechos da obra de Moreno em que ele estaria se referindo a tal conceito. Tal ponto de vista não invalida minha crítica, porque tais apontamentos são feitos com base em frases de Moreno interpretadas como referências à matriz de identidade. O fato é que, nestas observações pinçadas de sua obra, não há referência direta e explícita à matriz de identidade. Por essa razão, até aqui, pelo menos, continuo sustentando o mesmo ponto de vista e continuo defendendo a ideia de que a matriz de identidade é apenas parte inte grante do capítulo sobre espontaneidade da teoria do psicodrama e não o seu pilar principal.

Por outro lado, como se tornou um hábito corrente, considerar um grupo (homem-em-relação) como sujeito às mesmas fases da matriz de identidade (criada para descrever fases de desenvolvimento humano no plano individual) é passar por cima das formulações sociométricas de Moreno. Com elas ele demonstra, justamente, que os grupos têm leis próprias diferentes das leis que regem o psiquismo individual. Por isso mesmo ele criou as leis sociogenética e sociodinâmica, cujo estudo foi recentemente retomado por Anna Maria Knobel, Heloisa Fleury e Mirela Boccardo em suas aplicações com o trabalho de grupos de psicodrama.

Portanto, do ponto de vista da teoria do psicodrama, podemos considerar que Moreno não formulou em sua obra uma teoria de desenvolvimento e uma psicopatologia e nem por isso deixou de fundamentar a sua prática em todas as suas aplicações além de só a psicoterápica, nos deixando a tarefa da articulação harmônica entre suas partes.

O psicodrama não só sobreviveu ao inconformismo dos *desenvolvimentistas e psicopatologizadores* – que teimam em ignorar a sua articulação teórica mais ampla e original, cada vez mais rica e instigante com as revisões contemporâneas e constantes das particularidades de seu conteúdo –, como também é claro que as tentativas pós-morenianas de construção de uma teoria de desenvolvimento e de uma psicopatologia têm um substrato conceitual muito pouco consistente para, por si só, dar sustentação a uma prática tão diversificada e tão complexa.

O LUGAR DA TEORIA DA CENA E DA MULTIPLICAÇÃO DRAMÁTICA

Em contrapartida, têm sido relegadas a um segundo plano e inexplicavelmente esquecidas as contribuições de Bouquet, na Argentina, datadas de 1977, em que ele desenvolve uma teoria da cena. Só foram recentemente retomadas no Brasil por Massaro, em seu último livro, e também relembradas por Mezher, em um pequeno artigo. Bouquet não só introduz a noção de cena manifesta e cena latente ou imaginária no processo psicodramático, como dá os primeiros passos na sua articulação com o que ele chamou de teoria do imaginário e com alguns aspectos da subjetividade.

Kesselman, Pavlovsky e Frydlewsky, no ano seguinte, publicam um livro, *As cenas temidas do coordenador de grupos*, também na Argentina, em que a correlação entre cenas psicodramáticas e a subjetividade do diretor de psicodrama acabam lançando a semente para um desenvolvimento teórico e técnico posterior.

Em 1989, Kesselman e Pavlovsky ampliam o tema fundamentando suas ideias sobre a multiplicação dramática, retomada em 1995 por Pedro Mascarenhas, no Brasil, em que o estado de espontaneidade-criatividade pode ser diretamente relacionado à imaginação criadora, à subjetividade, à sua dimensão estética, poética e cocriativa e à noção moreniana de coinconsciente, numa proposta que diferencia, por meio de uma ressonância dramática multiplicadora, viabilizando uma proposta técnica, um modo específico de atuação do diretor de psicodrama.

Essa proposta, inspirada em Guattari, diferencia o ponto de vista molar, fortemente apoiado na lógica aristotélica por suas interpretações fechadas, do ponto de vista molecular, em que, em síntese, os significados vão se revelando na ação dramática, nas cenas, por sua capacidade de ressonância multiplicadora e, acrescento, por seu movimento cocriativo e encontro de subjetividades.

Se levarmos em conta que tanto a noção de realidade suplementar como a de verdade psicodramática e poética de Moreno podem se ajustar perfeitamente a esse conjunto de articulações teóricas desenvolvidas tanto pela teoria da cena de Bouquet quanto pela multiplicação dramática de Kesselman e Pavlovsky, temos aí, com certeza, um rico filão a ser explorado e desenvolvido como suporte de uma teoria da imaginação e da fantasia que dê ainda maior consistência à teoria da espontaneidade-criatividade. Falta apenas pensar melhor no assunto e focar nossas reflexões nessa direção específica.

É necessário, apenas, enfatizar que a compreensão do psicodrama (qualquer que seja a sua modalidade em questão) como um teatro espontâneo (sempre dele derivado) – em que a leitura do desenrolar da cena psicodramática se revela na ação por si mesma, cocriativamente, em sua trama oculta objetivada psicodramaticamente – é anterior ao ponto de vista molecular de Guattari, revalorizado por Kellerman, Pavlovsky e Mascarenhas.

Portanto, as contribuições teóricas decorrentes tanto da teoria da cena quanto da multiplicação dramática passam a ter maior valor ainda, pois suas particularidades conceituais podem ser buscadas e encontradas no corpo preexistente da teoria do psicodrama, sendo suficiente rastrear suas correlações.

O PSICODRAMA COMO RAMO DO TEATRO ESPONTÂNEO

Em 1990, no Brasil, dois autores passam a direcionar nosso ângulo de visão para a dimensão teatral do psicodrama, desfocando do tratamento quase exclusivamente psicoterápico que foi objeto predominante de nossos estudos na década de 1980. Volpe vai buscar na tragédia grega subsídios para a compreensão do projeto moreniano e sua articulação com os conceitos de drama, protagonista, trama e coinconsciente. Aguiar, nessa época, começa a nos chamar a atenção para a dimensão estética do psicodrama, derivado sempre do teatro espontâneo de Moreno, não importando qual seja a sua modalidade praticada.

Essa visão de Aguiar, aprofundada em seu livro *Teatro espontâneo e psicodrama*, nos obriga a contemplar o psicodrama pelo viés da cocriação – que, em si mesma, contém a própria essência da sua ação transformadora. É ele mesmo quem advoga um psicodrama menos *psico* e mais *drama*.

As implicações desse ponto de vista se fazem sentir em muitas propostas atuais de trabalho psicodramático. Nestas, a experimentação, por meio de uma prática crescente do teatro espontâneo como produção cultural, aposta nos resultados decorrentes da criação espontânea, menos sujeita às intervenções mais direcionadas a uma compreensão do funcionamento do psiquismo e à reversão explícita de seus mecanismos de defesa. O que isso significa?

No começo deste capítulo mencionei a indefinição em situar o psicodrama como termo genérico ou como termo específico. Na prática, denominamos psicodrama um conjunto de métodos de ação, criado por Moreno e regido por um corpo teórico específico, em que a teoria da espontaneidade-criatividade, a socionomia e seus ramos e a teoria de papéis se constituem como seus parâmetros mais constantes.

Ora, a própria socionomia se subdivide e denomina psicodrama apenas um dos métodos da sociatria, o terceiro de seus ramos. Temos aqui, portanto, o termo psicodrama teoricamente delimitado num significado específico.

Aguiar, por sua vez, troca o nome genérico psicodrama por teatro espontâneo, por entender que é essa a sua origem. Subdivide o teatro espontâneo em psicodrama, sociodrama e seu ramo axiodrama e teatro espontâneo (mesmo nome do termo genérico que ele emprega), aqui entendido apenas como uma modalidade de produção cultural sem qualquer implicação terapêutica. Ou seja, o termo psicodrama é utilizado aqui também com um significado específico, embora de outra natureza (inclui a psicoterapia de grupo ou individual bipessoal, o *role-playing*, o psicodrama público etc).

Portanto, não é pouca a confusão que acaba se estabelecendo na compreensão dessas diversas formas de nomenclatura, em que a palavra psicodrama aparece com tão diversos significados. Não me parece benéfico, a esta altura do desenvolvimento do movimento psicodramático no mundo, trocar o termo genérico psicodrama, quer por socionomia, quer por teatro espontâneo.

Não há a menor dúvida de que a origem de qualquer prática psicodramática é o teatro espontâneo de Moreno. Não há nem o que discutir a respeito disso. Também é indiscutível que a socionomia é parte fundamental do arcabouço teórico do psicodrama e que se configura como uma das constantes da obra de Moreno. O que me parece mesmo pertinente é aproveitar o sopro novo, que a prática mais difundida e mais recente do teatro espontâneo como produção cultural nos traz, para melhor compreensão das articulações teóricas que implicam na cocriação, fantasia, imaginação, interatuação de papéis e grupos, só para mencionar algumas, e para melhor apuro do arsenal técnico de que dispomos.

O psicodrama como ramo do teatro espontâneo, na verdade, nos devolve mais soltos e menos sozinhos a um encontro de subjetividades coconsciente e coinconscientemente inevitavelmente cocriativo, em que não é negada a nossa participação ativa na coconstrução de uma obra de arte viva, única e universal, mesmo que despida de uma roupagem grandiosa ou de um encerramento triunfal, porque existencialmente nos confere validade em seus significados mais profundos e na sua capacidade transformadora, que seja na simplicidade do cotidiano. Esses são o seu lugar e a sua função. Ele nos devolve a nós mesmos, criadores do próprio destino.

A TEORIA E AS DIVERSAS MODALIDADES DE PSICODRAMA

Se o psicodrama engloba práticas que têm como objeto a psicoterapia grupal ou individual, o trabalho comunitário, práticas pedagógicas ou educacionais e a expressão de uma produção cultural, é mais do que evidente que sua estrutura teórica não pode estar predominantemente construída sobre uma teoria de desenvolvimento e uma psicopatologia.

A única via teórica capaz de embasar todas essas práticas ao mesmo tempo é aquela que privilegia a espontaneidade-criatividade, a fantasia e a imaginação como substrato comum do homem-em-relação por meio dos papéis. Movimento relacional permanente e cocriação.

As insatisfações que nos levam a perguntar se tal referencial teórico é ou não suficiente, quem sabe devessem nos levar a desenvolver mais e mais os conceitos e articulações já existentes nesse conjunto da teoria do psicodrama, nos aproximando num cimento comum, em vez de nos desagregar por não conseguirmos ver no próprio psicodrama a fonte de si mesmo.

A FILOSOFIA DO MOMENTO COMO BASE DA TEORIA

A filosofia do momento de Moreno, mais do que um encadeamento de conceitos, é antes de tudo uma atitude, como nos aponta Garrido Martín. E essa atitude de Moreno é a de se colocar com o outro em um universo aberto e viver cada momento como parte de uma criação conjunta em permanente crescimento, como integrante de um *status nascendi* de alguma coisa que, uma vez deflagrada, se excede a si mesma em sua grandeza ao mesmo tempo humana e divina.

Essa é a razão pela qual a teoria do psicodrama não pode ser entendida de fora para ser meramente aplicada num objeto de observação e experimentação. É preciso vivê-la. Cocriá-la. Tudo isso sendo parte da mesma experiência, em que a própria subjetividade é um pedaço do material de construção. É por isso que a teoria se revela e se articula na própria ação dramática, em que o diretor, os egos-auxiliares, o protagonista e a plateia constroem juntos um percurso comum na direção de uma trama oculta que para eles se desvela, costurando os significados coconscientes e coinconscientes que dão sentido e função àquela presença conjunta.

Só dessa forma tem razão de ser a teoria. Só assim, na verdade, existe mesmo uma teoria – e, mais especificamente, uma teoria do psicodrama – em que se situa qualquer sopro de humanidade, por menor que seja, a incorporação da divindade e a parcela e o todo do universo vivido e não vivido na fronteira indefinível entre realidade e fantasia, campo fértil de nossa imaginação. Enfim, de nosso percurso dramático e poético.

3. EQUÍVOCOS DA TEORIA E SEUS EXCESSOS

Deu no jornal. Um filho está movendo uma ação por danos morais contra o próprio pai. Suas chances de ganhar a causa são grandes, segundo a avaliação dos juristas. Esse pai, após separar-se da mãe do requerente, praticamente abandonou-o, nem sequer visitando-o, mesmo em fins de semana. As consequências emocionais desse abandono são, sem dúvida, irreparáveis. Não se volta no tempo.

Está rolando, na Câmara dos Deputados, um projeto de lei que põe no papel que abandonos desse tipo passam a constituir explicitamente um dano moral, o que vai facilitar muito a vida dos advogados. Ora, dano moral e assédio sexual estão na ordem do dia nos processos que se acumulam nas prateleiras do fórum. E nem podia deixar de ser, iniciando uma trajetória cujo modelo é o americano com os exageros de praxe.

Na terra do *politicamente correto*, qualquer elogio ou qualquer aproximação física (o garotinho de 5 anos que deu um beijinho no rosto da menininha da mesma classe e que respondeu a processo) corre o risco de parar na cadeia ou de ser convertido em milhares de dólares de indenizações. Tal indústria sustenta um aparato jurídico que não tem fim. Logo, com tanto advogado desempregado passando o pires nos corredores burocráticos dos tribunais, esse tipo de processo é um maná caído do céu.

Não é difícil imaginar onde tudo isso vai dar. A retórica prevalecerá sobre a razão. Podem apostar. Ganhará quem melhor definir o dano moral diante de um juiz sonolento. A complexidade das motivações humanas de ordem emocional ou psicológica tornará exceção o que era regra, de tantas exceções possíveis de ocorrer nesses casos. O holofote do meio jurídico ficará voltado para o brilhantismo das argumentações, quer da defesa, quer da acusação. Artigos serão publicados. Jurisprudências serão criadas. Será perdido de vista o principal objetivo: fazer justiça. E a lei, empregadora de advogados e até, talvez, bem intencionada, se perderá nos meandros de embates verbais bem sustentados, procurando brechas da legislação e não a dignidade da procura da justiça que restaure a mínima verdade dos fatos, que possa ser vislumbrada.

É como flagrar o criminoso com as mãos cheias de sangue ainda esfaqueando o cadáver da vítima e absolvê-lo porque o policial que o prendeu não leu os seus direitos. Os procedimentos prevalecendo sobre as evidências dos fatos, corroborando, mais uma vez, que Direito é uma coisa e justiça é outra.

Como nesse pequeno exemplo de tribunal, nos perdemos todos no exagero de uma rede cheia de nós de nossos excessos teóricos, deixando escapar o peixe pelo buraco mais óbvio da nossa falta de senso prático das coisas.

Laurice Levy (2000), confrontando afirmações da psicanálise com contribuições de Moreno, observa que "alguns analistas tornaram-se prisioneiros da investigação teórica, ficando muito preocupados com sobreviver em um mundo de alta competitividade intelectual", e que "o sonho de melhorar o ser analista foi transformando o lugar da preocupação com o paciente, caindo no erro de colocar o paciente a seviço do analista, e não, como é mister ocorrer, colocar a análise a serviço do paciente" (críticas, nesse sentido, feitas pelos próprios analistas, como Balint, Winnicott, Joyce MacDougall e Masud Khan, por exemplo).

Um bom exemplo disso é a sucessão de *insights* teóricos que me ocorreram diante de um mesmo conjunto de conceitos da teoria psicodramática aplicada a grupos.

Para mim, a grande importância das leis sociométricas criadas por Moreno está no significado subjacente ao seu enunciado e que pode ser resumido na afirmação de que, quando um grupo se forma, ele passa a ser regido por leis que lhe são próprias. Portanto, leis de grupo.

Ou seja, dizendo de outro modo, se um agrupamento de pessoas se junta em torno de algum projeto (um grupo de terapia, por exemplo, ou qualquer outro tipo de grupo), esse agrupamento se tornará verdadeiramente um grupo sob certas condições características de funcionamento grupal. Não se trata da soma de fenômenos individuais dos seus integrantes. São estabelecidas leis próprias de grupo, cuja leitura facilitará a visão da sua trajetória, enfim, do seu processo, mesmo se tratando de um miniprocesso (como é o caso dos atos psicodramáticos, de duração curta). Leis individuais não se aplicam a grupos. Lei de grupo é lei de grupo, diferente, portanto, das leis que regem o funcionamento do homem no plano individual. Esse é o ensinamento básico e fundamental das leis sociométricas de Moreno.

Nos anos 1960, no Brasil, era comum a adoção das ideias de Bion na leitura e manejo de grupos de orientação psicanalítica. A fases de um grupo, descritas por ele, denominadas fase esquizoparanoide e fase depressiva, são um bom exemplo de tentativa de sistematizar o funcionamento de grupos utilizando uma terminologia aplicável a fenômenos individuais. Um passo atrás de Moreno com suas leis próprias de grupo (sociométricas).

Os psicodramatistas brasileiros, a partir de 1980, em boa parte, repetiram (e muitos ainda repetem) o que considero um equívoco, um movimento semelhante ao de Bion subdividindo o funcionamento de grupos em fases classificadas com nomes originários de fenômenos individuais. Há, assim, uma desconsideração da máxima que podemos extrair das contribuições de Moreno, segundo a qual *leis de grupo são leis de grupo* e não uma soma de fenômenos individuais sobreposta ao grupo. Outro passo atrás de Moreno (Luis Russo, aliás, em 1990, faz uma revisão excelente e pormenorizada da história e evolução dos grupos terapêuticos).

A ampliação das fases da matriz de identidade desenvolvida por Fonseca em *Psicodrama da loucura* deu o substrato que faltava para tal tipo de sistematização. Dessa maneira, assim como se tomava de Moreno a noção de que um bebê vive inicialmente uma fase caótica e indiferenciada, gradativamente, com a discriminação entre fantasia e realidade em seu desenvolvimento, ele atinge aos poucos um estado de amadurecimento que permite uma inserção cada vez mais harmônica nas malhas de seu átomo social, configurando novos modos relacionais.

Em síntese, acidentes de percurso nessa trajetória de desenvolvimento do ser humano é que seriam, em última análise, responsáveis por suas desarmonias relacionais e seu sofrimento de ordem psíquica. Tal seria, resumidamente, o processo de desenvolvimento do ser humano aplicável ao indivíduo na compreensão do que se convencionou chamar *teoria da matriz de identidade*. Tal compreensão, na mesma época, foi transposta com a mesma nomenclatura para a leitura de fenômenos grupais. Deste modo, assim como o indivíduo, em seu desenvolvimento, passava por uma fase caótica indiferenciada, por uma fase de duplo, de espelho, de relação em corredor, de inversão de papéis e de circularização, também um grupo passaria pelas mesmas fases.

A par das críticas que venho fazendo há aproximadamente 20 anos ao que se convencionou chamar *teoria da matriz de identidade* (retomadas no Capítulo 2), por não se tratar de uma constante na obra de Moreno, por ser um ponto pequeno da teoria da espontaneidade e criatividade, por reduzir a leitura teórica possível sob uma perspectiva psicodramática a uma teoria de desenvolvimento, desnecessária no psicodrama, e por não contemplar com uma compreensão teórica as diversas modalidades do fazer psicodramático (clínico e não clínico), a par dessa crítica, repito, novamente Moreno é atropelado quando se considera as fases de grupo nomeadas da mesma forma que fenômenos individuais. Fases da matriz de identidade (para quem adota essa leitura teórica) são fases aplicáveis a cada indivíduo e, por isso, não podem ser transformadas em leis de grupo. É supor que o grupo é um organismo cujos componentes funcionam como uma pessoa só. De Moreno se depreende (vou insistir) que leis de grupo são leis de grupo e, aqui está, mais uma vez, o seu pioneirismo muito bem espelhado.

Não foi, portanto, por acaso que recebi com entusiasmo a publicação do artigo "Estratégias de direção grupal", de Anna Maria Knobel, na revista da Febrap (1996), republicado como capítulo do livro de Fonseca, *Psicoterapia da relação* (2000), em que a sua leitura de funcionamento grupal se faz por meio de uma proposta de retomada das leis sociométricas de Moreno. Pensei: *Ufa! Finalmente alguém que fala a mesma língua!* Cansei de recomendar a leitura desse valioso trabalho de Anna Maria para meus alunos, orientandos e supervisionandos. Por quê? Ora, era a retomada na prática de hoje das ideias de Moreno sobre grupos.

Em 1999, Heloisa Fleury retoma as ideias de Anna Maria e desenvolve reflexões sobre dinâmica de grupos, também dando destaque às leis de Moreno que sistematizam a diferenciação horizontal e a diferenciação vertical dos processos grupais da mesma visão sociométrica moreniana. Já recentemente, Marlene Marra, em 2008, nos fala das interações grupais do ponto de vista das intervenções socioeducativas, ampliando o tema.

Mas o ser humano, felizmente, é e sempre será inclassificável. As exceções transbordam. Não é que, um belo dia, minhas convicções teóricas deram uma outra cambalhota circense?

Tal movimento me veio de uma ex-aluna, por sinal uma estrela em ascenção, Mirela Duran Boccardo, que me convidou para participar da banca que avaliaria sua monografia de credenciamento como psicodramatista didata (nível 2), em 2004 (Sociedade de Psicodrama de São Paulo), *O papel do diretor na psicoterapia psicodramática de grupo.* Nessa monografia, Mirela retoma as ideias de Anna Knobel e disseca o processo de um grupo à luz das leis sociométricas de Moreno.

Nesse processo, ela descreve a sessão inicial de um grupo em que, num primeiro momento, as pessoas pouco ou nada falam entre si. Mirela interpreta tal fato como algo esperado no que poderíamos denominar de fase (ou etapa) de isolamento orgânico de Moreno, correspondendo à sua primeira lei sociométrica.

Moreno observou que bebês num berçário não se comunicam entre si. Seu choro é individual e sua comunicação visa o atendimento de algum desconforto. Cada um funciona isoladamente, mesmo estando junto com os outros.

Com base nessa observação, utilizou essa analogia para descrever um fenômeno observado em grupos: seus integrantes se comportavam inicialmente de forma isolada, como bebês no berçário. Chamou tal fenômeno de fase (lei) de isolamento orgânico, o que passou a constituir a sua primeira lei sociométrica.

Ora, Mirela, na sequência da sua descrição, conta que, diante dessa *dificuldade* relativa do grupo em se comunicar entre si, propõe, nesta primeira sessão, um jogo que é prontamente aceito por todos. Trata-se de um jogo bem conhecido pelos psicodramatistas. Cada um deve fazer o papel de cada um dos demais, procurando expressar, como o outro, aquilo que percebe de mais profundo (fazer uma radiografia do outro e não uma caricatura).

O resultado surpreende o grupo (não surpreenderia um psicodramatista que já vivenciou essa experiência seguramente muitas vezes) porque acabam surgindo percepções mais finas e mais sutis mesmo entre pessoas que acabaram de se conhecer.

Quando li essa descrição de Mirela, me veio imediatamente a pergunta: *Que diabo de fase de isolamento orgânico é essa que acaba em 10 minutos com uma simples proposta de jogo dramático?*

1. Não se trata de bebês no berçário com o sistema nervoso ainda por se desenvolver, mas de adultos com sua percepção inteira e atuando mesmo em silêncio desde o começo do grupo. A transposição do exemplo dos bebês é possível apenas parcialmente.

2. As tentativas de classificação de um fenômeno qualquer são sempre limitadoras e não abrangem nem de longe as variáveis humanas desse acontecer. Quando se fala em fase de isolamento orgânico, já nos preparamos para um período de dias ou semanas em que essa *fase* vai permanecer e prevalecer. Como consequência, já nos preparamos para nos sentarmos em nossas cadeiras até que essa *fase* acabe. Esse é um bom exemplo de como a forma conservada de entender a teoria pode ser imobilizadora do nosso trabalho prático.

Portanto, a teoria pura e simples tem sempre de ser comprovada com o resultado prático que vivenciamos e observamos. (Marilia Marino, em 2003, define – aqui um apanhado de suas palavras – o Projeto Científico-Terapêutico de Moreno como construído com base em uma antropologia filosófica que, desde o seu início, é baseada nos conceitos de criatividade, conserva cultural, momento, cosmo e cosmo/homem cósmico, constantes em toda a sua obra. Nesse caso, o ator é, ao mesmo tempo, autor e investigador, o que coloca Moreno no patamar da pesquisa participante). Duvidem sempre de qualquer autor. Até dessa frase que acabei de escrever. Experimentem. Sejam também autores e investigadores. Tudo terá que estar sempre em cheque. Caso contrário, o procedimento de ler as normas passa a ser mais importante que o cadáver ensanguentado esfaqueado pelas mãos de um assassino da ação dramática.

As contribuições de Moreno ao estudo da estrutura e da vida de grupos acabam, muitas vezes, enredando os psicodramatistas numa armadilha teórica por deixá-los sem saber o que aplicar no seu cotidiano de trabalho com pequenos grupos.

Moreno quando emigrou para os Estados Unidos teve como parceira e mentora de seu trabalho com grupos uma socióloga, Helen Jennings. Nasceu daí o que muitos consideram a sua *fase sociométrica* norte-americana. Os conceitos morenianos sobre funcionamento de grupos datam dessa época e suas observações tanto contemplam uma perspectiva macrossocial dos grandes grupos humanos (uma perspectiva, portanto, sociológica) quanto uma visão aplicável aos pequenos grupos (visão microssocial) – o que é o caso específico da psicoterapia de grupo com desdobramentos de ordem psicológica. A visão macrossocial de Moreno foi influenciada claramente pelo olhar sociológico de Helen Jennings, como admite o próprio René Marineau, seu principal biógrafo.

Nosso saudoso Domingos Junqueira de Brito (o Mingão, seresteiro nas horas vagas, com seu inconfundível vozeirão de barítono), em seu instigante livro *Astros e ostras* (1998), por sua vez, já nos chamava a atenção para a tendência dos psicoterapeutas de psicologizar todo o comportamento humano em detrimento dos fatores sociais, culturais, históricos e políticos – que contribuem decisivamente com a sua parcela considerável de influência. Cesarino (1999) nos aponta a perspectiva política dos grupos que marcou os anos 1970, entre acomodação e transformação, uma microrrevolução como catapulta para uma macrorrevolução, perspectiva essa perdida nos dias de hoje, ainda à procura de um novo rumo.

Portanto, o psicodramatista diante do pequeno grupo de seu trabalho cotidiano ficará sempre face a face com um dilema, escancarando suas próprias contradições, e com as contradições teóricas que utiliza para a leitura e embasamento da sua prática.

Por um lado, adotar um modelo adaptado das teorias de desenvolvimento (no psicodrama, a *teoria do núcleo do eu* e a *teoria da matriz de identidade*) traz o risco de reduzir o ser humano a fases, deixando de fora toda a sua inserção sociocultural no mundo, tão somente psicologizando-o, mesmo que atribua a todo processo um caráter inter-relacional.

Por outro lado, utilizar todo o arsenal moreniano de ordem sociométrica, sem selecionar o que na prática tem pertinência no manejo do dia a dia de um grupo, é revestir o psicodramatista com uma túnica de paetês pseudossociológicos sem lhe dar instrumentos efetivos de consistência teórica que lhe facilitem o trabalho com grupos. A teoria estará, dessa forma, deslocada da prática (Rosane Rodrigues, em 2008, nos forneceu um quadro impressionante de sistematização de intervenções sociopsicodramáticas, em que se mesclam estratégias de direção, foco, procedimentos, formatos de seção, ferramentas e modalidades, dando uma ideia da dificuldade de articular tudo isso em um trabalho psicodramático específico).

Assim, conceitos tais como mutualidades e incongruências de escolhas, isolamento sociométrico, perceptual e a volatilidade de um átomo social como substrato da estrutura de um grupo e como palco de atuação da espontaneidade e criatividade do ser humano, têm total pertinência e são continuamente verificáveis no trabalho com pequenos grupos, fazendo uma ponte entre o inter e o intrapsíquico, entre o psicológico e o microssocial.

No entanto, não é pertinente colocar o grupo como que numa lâmina de microscópio para flagrar movimentos cambiantes de liderança ou fenômenos grupais que interessam à psicologia de massa, ou que escapam à finalidade do trabalho com pequenos grupos e, por isso, devem ficar restritos a um plano macrossocial ou têm sentido ser utilizados em focos muito específicos da vida do grupo (por exemplo, liderança num grupo de *role-playing* ou sociodrama de uma empresa, ou em um grupo terapêutico a questão da liderança constituindo um tema protagônico etc).

Dessa maneira, o psicodramatista tem diante de si a tarefa constante de selecionar, no emaranhado dos conceitos sociométricos de Moreno, aqueles que são aplicáveis ao movimento dos pequenos grupos, sem psicologizá-los e ao mesmo tempo sem sociologizá-los, para aplicá-los como instrumentos cotidianos de trabalho.

Uma outra questão delicada que envolve o excesso de teorização no confronto com a prática psicodramática é a sucessão de propostas classificatórias que, no meu ponto de vista, mais distanciam os psicodramatistas da agilidade necessária para o desenvolvimento da cena psicodramática do que lhes fornecem uma leitura teórica segura que antecipe a aplicação de uma técnica e de um método.

Ora, em psicodrama tudo se passa *em relação*. Por meio de complementaridades de papéis. O que significa que entre pessoas há um número infindável de movimentos existenciais possíveis. Para que eles possam ser bem realizados (fluidez na complementaridade de papéis), os seres humanos envolvidos nessa inter-relação necessitam de toda a espontaneidade e criatividade que eles possam mobilizar para que o movimento existencial em questão possa ser viabilizado satisfatoriamente.

Numa visão psicodramática, o *adoecer* é o *adoecimento* da espontaneidade e da criatividade. Quando não estão presentes ou quando são mobilizadas escassamente, os movimentos existenciais possíveis de ocorrer numa relação qualquer ou não se realizam ou se realizam pobremente (conservadamente). O que equivale a dizer que tais movimentos seriam pouco ou nada criativos. Invariavelmente, um trabalho psicodramático parte desse ponto e volta a esse ponto. O meio de realizá-lo é a coconstrução de uma realidade suplementar (vide Capítulo 8) em que o protagonista atua seus personagens internos.

A possibilidade de realização de movimentos existenciais é inumerável. Quase tantos quantos verbos existem num dicionário: incluir, afastar-se, aceitar, acolher, dar as costas, perdoar etc; todas as ações humanas possíveis. O verbo agente como ação. Imaginem uma cena inicial de psicodrama em que falta espontaneidade e criatividade ao protagonista para realizar qualquer um desses movimentos existenciais ou infindáveis outros mais, diante de ou com um personagem qualquer de sua vida. Portanto, é impossível compor a lista inteira dos movimentos existenciais que o ser humano pode realizar. Logo, os movimentos existenciais são inclassificáveis.

O que vemos nas nossas teorias psicodramáticas de conteúdo desenvolvimentista? A tentativa de enquadrá-los numa classificação que é e será sempre incompleta.

A *teoria do núcleo do eu* de Rojas-Bermúdez, por exemplo, privilegia funções dos papéis de ingeridor, defecador e urinador (vide no Capítulo 8 a redefinição de Mezher dos ditos *papéis psicossomáticos*), que nada mais são que uma lista incompleta de movimentos existenciais. Por exemplo, Victor Dias (1987), retomando Bermúdez, classifica como marcas mnemônicas do papel de urinador as vivências de planejamento, controle, decisão e execução de ações no ambiente externo, e assim por diante quanto aos outros modelos (ingeridor e defecador).

A *teoria da matriz de identidade* dá destaque a graus diversos de falta de espontaneidade e criatividade (não dá esse nome), colocando-a em fases específicas e supondo que um desenvolvimento emocional insuficiente é o responsável por um *bloqueio* geral das possibilidades do ser humano, sem fazer uma ponte coerente com as intervenções técnicas aplicadas para removê-lo.

A teoria dos *clusters* (em português, cachos ou feixes de papéis), de Bustos, lista uma série resumida de movimentos existenciais (por que uns e não outros dos inúmeros que podem ser listados?), distribuindo-os, segundo a sua origem, entre a complementaridade de papéis com o pai, a mãe e os irmãos (*cluster* vinculado ao papel gerador mãe ligado a funções passivas, incorporativas, dependentes; ao papel gerador pai, funções ativas e penetrantes; ao papel gerador irmão, funções de competição, rivalidade etc). Onde ficam os demais movimentos existenciais possíveis? Essas categorias de funções englobam todas as possibilidades humanas de realização de movimentos existenciais? Não existem infindáveis *clusters* que os categorizem?

Minha posição perante tal maneira de teorizar é a de que, como toda interpretação, o esforço exigido do psicodramatista para entender e localizar um detalhe da cena numa tabela classificatória dificulta a ação dramática. Psicodramatizar é se lançar no escuro, na cena, junto com o protagonista. A ação revela para os dois, diretor e protagonista, e para o grupo, cada passo desvelado do Drama privado em questão. O psicodramatista que não confiar nisso não dramatizará. Ou não dramatizará por inteiro. Ele não precisa saber por antecipação. Esse saber é coconstruído na cena – em que quaisquer dos infindáveis movimentos existenciais podem ser flagrados, atuados e reatuados com plena espontaneidade e criatividade.

Assim como esses, são muitos os excessos e equívocos da teoria. De qualquer teoria e, particularmente, da teoria psicodramática. Destaquei aqui três pequenos exemplos. Cada um que procure os seus e que encaixe, na medida do possível, algo próximo de uma harmonia psicodramática em sua prática. Sem compulsões classificatórias travando a amplitude existencial do viver.

4. TELE[5]

MODOS DE DEFINIÇÃO

Na literatura psicodramática, tele passa por diversos modos de definição, dependendo do foco principal em que se dá a compreensão maior ou menor de alguns de seus atributos. Por essa razão, ora é conceituada como fator, como ramo (até como ramo da própria tele) como relação, como efeito, como capacidade, como sistema ou como sensibilidade.

TERMOS LIGADOS A TELE

Tele, fator tele, ramo tele, telerrelação, efeito tele, capacidade télica, relação télica, percepção télica, sensibilidade tele, sistema tele, antitele, não tele, tele para objetos, tele para animais, tele positiva, tele negativa, infratele, tele-estrutura, aristotele e distelesia.[6]

---

5. Artigo publicado originalmente na *Revista Brasileira de Psicodrama*, na Seção Sala de Aula, "Sobre o tema tele", v. 8, n. 1, p. 125-30, 2000.
6. Nem todos estes termos, em razão da revisão atual de tele, são utilizados com propriedade e rigor conceitual.

EVOLUÇÃO HISTÓRICA DO CONCEITO

Moreno

A primeira referência de Moreno a tele data de 1923 e são várias as suas definições até 1959, ano em que publicou *Fundamentos do psicodrama* e *Psicoterapia de grupo e psicodrama*. Essa primeira observação de 1923 foi feita com base em sua experiência com teatro espontâneo, em que a maior ou menor fluência de uma cena passou a ser correlacionada por ele com uma sensibilidade maior ou menor ocorrendo entre atores espontâneos diferentes.

Moreno começa a notar que entre os integrantes de alguns pares de atores se dá uma comunicação e uma percepção especiais que não acontecem entre integrantes de outros pares. Supõe então que exista algum fator individual que extravasa para a ação dramática, tornando-a mais espontânea, desde que em contato com o mesmo fator individual daquele com quem se contracena. Ou seja, se dois atores têm esse fator individual rico, quando postos em contato, na cena, o resultado será mais espontâneo e criativo do que entre dois atores em que tal fator individual é mais empobrecido.

A partir desse ponto, nos 36 anos seguintes, Moreno, batizando tal fator de tele (à distância), constrói o seu conceito de diversas maneiras e em múltiplas direções. Alguns exemplos de suas formulações no correr do tempo:

- tele como resultado da medida dos testes sociométricos;
- tele correlacionado com a percepção das pessoas sobre a própria posição sociométrica;
- átomo social compreendido como composto por um grande número de estruturas tele;
- tele como noção social, não mais individual, contrapondo-se às noções de transferência e empatia – estas sim emoções individualizadas;

- tele como responsável pelo controle da área situada entre os organismos;
- tele operando em toda estrutura social, influenciada pelo fator *e*, que diminui ou aumenta o seu alcance;
- tele como fator dependente do potencial individual;
- tele como mútua percepção íntima dos indivíduos, não se excluindo também um componente intrapsíquico;
- tele entendida como vínculo;
- tele entendida como mutualidade;
- tele entendida como processo interpessoal geral;
- tele entendida como sentimento e conhecimento da situação *real* de outras pessoas.[7]

Conclusão: durante pelo menos 36 anos, Moreno publicou o que pensava sobre tele por um novo ângulo que complementava ou contradizia alguma formulação anterior. O conceito evoluiu de uma noção individual para uma noção social. É claro que pinçar qualquer uma das definições que ele deu, direta ou indiretamente, ao longo desses muitos anos, resultará sempre em uma definição incompleta, parcial, que não abrange toda a complexidade do tema que esse pequeno panorama histórico nos revela.

Tele na visão dos psicodramatistas pós-morenianos

A grande maioria dos psicodramatistas pós-morenianos pouco acrescenta à compreensão do conceito. Ora repetem alguma definição de Moreno de época nem sempre bem discriminada ou formulam um apanhado de algumas de suas definições, ora destacam algo que compreendem ser seu atributo principal.

---

7. Tais formulações constituem um resumo das ideias de Moreno, contidas numa revisão sobre o tema em meu livro *Ainda e sempre psicodrama* (vide referências bibliográficas).

As constantes mais frequentes no modo pós-moreniano de definir tele são as seguintes:

- fenômeno de dupla direção, diferente, portanto, da empatia, caracterizando-se como a base da reciprocidade e da mutualidade presente nos vínculos;
- fenômeno oposto à transferência, esta compreendida como uma distorção (patologia) da tele;
- se compreendida como oposta à transferência, a consequência é que tele seja entendida como um fenômeno predominantemente perceptivo;
- como segunda consequência, supor que uma relação entre dois sujeitos se possa dar sem qualquer distorção perceptiva é supor que é possível se verem como realmente são (ver e relacionar-se com o outro *real*);
- como na filosofia do momento de Moreno, a noção de encontro permeia todo o psicodrama; entender tele numa dimensão social (relacional) que põe dois *eus-reais* em contato por meio de uma percepção especialmente iluminada, vem de encomenda para a visão moreniana de olhar-se com os olhos do outro, a própria base desse encontro.

No entanto, a análise das diversas maneiras de Moreno entender tele aponta para algumas constantes e algumas contradições:

- tele é um fenômeno de interação, sendo viabilizado entre seres em relação, salvo tele para objetos, para animais e para objetos imaginários;
- o conceito tele inclui percepção, porém não se limita a ela;
- tele inclui transferência e empatia;
- tele supõe mutualidade e complementaridade de papéis;
- tele implica coesão, globalidade vivencial e polimorfismo de desempenho de papéis;

- tele está intimamente ligada a posição sociométrica;
- tele não exclui a noção de vínculo intrapsíquico, a de parcialidade na comunicação e expressão e a da sua existência sem reciprocidade. (Perazzo, 1994)

Conclusão: nem todas as constantes sobre tele desenvolvidas ou reestudadas pelos psicodramatistas pós-morenianos dão conta de resolver as questões e contradições do próprio Moreno.

As contribuições brasileiras e inovadoras de Moysés Aguiar

Santo de casa também faz milagre.

No Brasil, Paiva, em 1980, publica um artigo de revisão sobre tele, empatia e transferência, condensando algumas contribuições morenianas e pós-morenianas.

Em 1982, Castello de Almeida, em seu livro *Psicoterapia aberta*, ao fazer a correlação do método psicodramático com o método fenomenológico-existencial, propõe que o conceito de tele contenha os atributos da intencionalidade, da intuição e da intersubjetividade, entendimentos tão caros à fenomenologia.

Em 1986, Dias Reis, numa monografia, faz uma análise crítica do conceito por uma ótica fenomenológica e sociométrica, expressando sua inquietação quanto à falta de precisão do conceito.

Aguiar, no mesmo ano, é o primeiro psicodramatista (de que tenho conhecimento) a revolucionar profundamente o conceito.

Eis aqui, resumidamente, as ideias principais de Aguiar:

- Sendo a tele definida como de caráter inter-relacional, ela não pode se opor à transferência, cujo caráter é intrapsíquico, uma não podendo ser definida em função da outra, mesmo entendendo que o inter-relacional e o intrapsíquico são duas faces de uma mesma moeda.

- Na psicologia da percepção, o *real* se confunde com o percepto; logo, a percepção *correta* é puro mito porque o percepto não coincide nunca com o objeto real. Consequentemente, não se pode falar de tele como percepção correta ou de transferência como percepção distorcida, esta sendo a patologia daquela.

- O critério para a definição de tele é a cocriação dentro de um mesmo projeto dramático.

A retomada que fiz das ideias de Aguiar me permitiu uma revisão do tema e algumas reflexões complementares:

- Proposta de definição atual: tele é um fenômeno da interação viabilizado entre seres humanos, abrangendo mutualidade, coesão, globalidade vivencial e polimorfismo de desempenho de papéis, incluindo a percepção mas não se limitando a ela, guardando correlações com posições sociométricas nos átomos sociais, também dependente dos processos intrapsíquicos que envolvem qualquer relação, caracterizada principalmente por um movimento de cocriação que constrói, viabiliza e reformula um projeto ou projetos dramáticos por meio de uma complementaridade de papéis dentro de um campo sociométrico.

- A ocorrência de transferência numa relação não só não invalida a tele como também não é incompatível com a cocriação, em toda relação sendo possível identificar um projeto dramático manifesto e um projeto dramático latente com ou sem transferência.

- O coconsciente e o coinconsciente morenianos estão indiscutivelmente presentes todo o tempo em qualquer relação e, portanto, ambos são indissociáveis do conceito tele. Schützenberger chega a afirmar que a melhor compreensão do conceito de coinconsciente levará o termo tele ao desuso, embora evidentemente ela desconheça a correlação direta de tele com cocriação na reformulação brasileira.

- Sendo o encontro uma vivência subjetiva de uma relação, ele não pode ser entendido como um critério para a definição de tele, mas apenas como uma decorrência possível da cocriação, não podendo ser, por isso, objetivado.
- Sendo um fenômeno da interação, tele só pode ser empregado como relativo a uma relação. O emprego de tele como um atributo individual, o que é muito comum (por exemplo: *a minha tele, a minha tele com fulano* etc.), pode ser entendido como sua dimensão individual, embora o emprego de tele nesse sentido seja incorreto. O que quero dizer com isso é que tele é sempre algo de uma relação em que esteja ocorrendo ou não, em certa medida, cocriação. Quando, intuitivamente, dizemos *a minha tele*, na verdade estamos nos referindo a um fenômeno (também observável): algumas pessoas são mais capazes que outras de estabelecer relações mais cocriativas. Como nos expressaríamos?
- Devemos dizer que algumas pessoas são mais criativas e espontâneas e, portanto, têm mais chances de construir projetos dramáticos cocriativos (tele)? Que isso é apenas uma dimensão individual do fenômeno tele?

Conclusão: é claro que o tema está muito longe de se esgotar, mas não pode, a esta altura dos acontecimentos, ser tratado superficialmente ou com a desatualização habitual como vem sendo tratado. Que se discorde, mas no mínimo com argumentação consistente. Afinal de contas, tais questionamentos já vêm sendo feitos no Brasil há pelo menos 30 anos.

5. PROVÉRBIOS DE SALOMÃO: O PROCESSO PSICODRAMÁTICO[8]

Certo dia, já perdido no amarelecimento do tempo, um jovem escritor, ao completar a última página do seu primeiro livro, foi procurar um velho literato porque não encontrava um título para a sua obra. Nenhum lhe agradava.

O experiente escriba, olhando bem sério nos olhos do seu admirador, lhe perguntou de sopetão:

— No seu livro há alguma referência a trombetas?

— Não — respondeu o outro.

— E a cornetas?

— Também não.

— Então, cá está o título: *Nem trombetas nem cornetas*.

Pois bem, quando a Mônica Chemin me telefonou, pressionando-me, suave e simpaticamente, pelo título deste trabalho para uma jornada da SOPSP (Sociedade de Psicodrama de São Paulo), me lembrei do caso e me veio à cabeça que, na sessão anterior ao intervalo em que falava com ela ao telefone, um paciente estava me contando algo sobre os provérbios de Salomão.

---

8. Trabalho apresentado na VII Jornada da Sociedade de Psicodrama de São Paulo, em 28 de outubro de 2000, e no XIII Congresso Brasileiro de Psicodrama, em 29 de maio de 2002, Sofitel, Costa do Sauípe, Bahia.

Ora, eu sabia muito bem sobre o que queria escrever, só não tinha o título. Por isso desferi: *Provérbios de Salomão*. E pensei cá comigo: *Depois eu me viro*.

E cá estamos nós a discutir psicodrama sob esse título infame.

Na verdade, os provérbios de Salomão constituem uma ilha bíblica de sabedoria que ainda hoje norteia os rumos tanto de encapuzados monges beneditinos com seus licores quanto de circunspectos e engravatados evangélicos agrupados diante de seu hinário ou de emigrantes sefarditas ortodoxos aconchegados em torno de sua comida *kosher*.

Sem, nem de longe, pretender me colocar arrogantemente na categoria dos sábios – e o Salomão já está olhando para mim desconfiado, botando suas venerandas barbas de molho – ou fazer tomar esses escritos hipotéticos por uma verdade absoluta, quero compartilhar com vocês o resultado de minhas reflexões de muitos anos, que confluem numa necessidade de redefinir alguns conceitos da teoria do psicodrama, procurando articulá-los harmonicamente entre si.

Os conceitos que me preocupam aqui, no momento, são todos ligados de alguma forma ao fenômeno da transferencialidade, do ponto de vista psicodramático.

A articulação é necessária porque, por um lado, cada um deles dá conta de explicar parte do fenômeno, por outro, está na hora de situá-los claramente no segmento que lhes cabe da subdivisão da teoria do psicodrama, já que defendo o ponto de vista de sua existência e concretude. Por fim, com base numa longa prática clínica, meu desejo é o de apontar as implicações técnicas que essas redefinições e essa nova proposta de articulação têm para o feijão com arroz de nosso trabalho cotidiano. Ou seja, a teoria visível na prática, no desdobrar manifesto e latente da cena do psicodrama, a que estou chamando de processo psicodramático em seus significados aparentes e ocultos.

Para efeito didático relacionaremos, primeiro, os conceitos, sua crítica e sua redefinição, depois as suas articulações entre si e com os diferentes capítulos da teoria psicodramática, abordando, de passagem, algumas implicações técnicas de tudo isso.

Os conceitos que reestudaremos brevemente são os seguintes: tele, transferência, transferencialidade, projeto dramático, papel complementar interno patológico, papel imaginário, papel psicodramático, papel de fantasia, papel social, papel complementar primário, equivalentes transferenciais, lógicas afetivas de conduta, realidade suplementar, verdade psicodramática e poética, trama oculta, Drama privado, cacho de papéis, efeito cacho, complementaridade de papéis, matriz, lócus e *status nascendi*.

Tentarei dar unidade ao elefante dos cegos, que são definidos por suas partes.

ALGUMAS PERGUNTAS

Quando, como psicodramatistas, dirigimos um protagonista na cena psicodramática, o que realmente fazemos?

Quando atuamos clinicamente, partindo da transferência, qual a trajetória que escolhemos?

Trabalhamos com a transferência explicitamente?

Ou será que com a trama oculta?

Chegamos a isso observando os equivalentes transferenciais que surgem pelo caminho psicodramático ou pela detecção das lógicas afetivas de conduta?

O modo de ação é a cocriação, o desencapsulamento dos papéis imaginários ou a atuação de uma realidade suplementar?

Esse modo transferencial de vincular-se está associado necessariamente a um papel complementar interno patológico?

A nossa verdade psicodramática e poética nos é devolvida por uma catarse de integração que se propaga dos papéis psicodramáticos para os sociais por meio do efeito cacho?

Que milagre é esse?

TRANSFERÊNCIA E TRANSFERENCIALIDADE

Transferência

A transferência vem sendo definida no psicodrama, em linhas gerais, como um fenômeno de caráter intrapsíquico presente nos vínculos (relação intermediada por papéis, segundo Mezher) e, portanto, visível por meio do jogo de papéis complementares (tanto dos papéis sociais no cotidiano quanto dos papéis psicodramáticos no cenário do psicodrama), capaz de impedir a fluidez relacional pela percepção distorcida (inconsciente) de afetos originários de um outro vínculo.

Na psicanálise, a transferência é particularmente estudada quando ocorre na relação analista-analisando (terapeuta-cliente), o que difere fundamentalmente do psicodrama, que estuda a transferência nas relações humanas de uma maneira geral.

Classicamente, no psicodrama, a transferência vem sendo definida de forma predominante como um atributo perceptivo oposto à tele, do qual seria um ramo patológico.

Formulações mais recentes de Aguiar, revistas posteriormente por mim, passaram a caracterizar tele como um fenômeno muito mais amplo do que ligado apenas à percepção, predominantemente focado na cocriação, além de não poder ser considerado oposto à transferência em virtude do seu caráter inter-relacional e não intrapsíquico.

Aguiar entende a transferência como um caso particular do evento não tele, em que se vive um projeto dramático presente como se estivesse vivendo um outro.

A ampliação do seu estudo pela ótica da cocriação me permitiu levantar a hipótese, baseada em dados clínicos, de que a transferência não é necessariamente obstrutiva do processo criativo, sendo, muitas vezes, pelo contrário, o próprio motor de arranque de uma criação coletiva e, portanto, nem sempre pode ser considerada um caso particular do evento não tele, já que, em alguns casos, é possível a cocriação mesmo com a sua concomitância.

Transferencialidade

Aguiar propõe a reconceituação da transferência como fenômeno integrante do campo das inter-relações, introduzindo o termo cotransferência, deslocando o conceito da concepção psicanalítica, ligada a conteúdos afetivos e à sua instrumentalização, para a área da psicologia de aprendizagem, em que se incorporam modelos de conduta transportados pelo efeito cacho de papéis para outras situações. Por essa razão, Aguiar chama esse fenômeno geral e mais amplo de transferencialidade.

Mais tarde, tento demonstrar que a experiência ou vivência transferencial ou cotransferencial é muito mais plástica do que se imagina, porque a transferência de afetos não necessariamente exclui a transferência de modelos de conduta e vice-versa, o que pode explicar por que a transferência pode ou não interferir nos processos criativos.

A conclusão que decorre desse encadeamento de raciocínio é que nem sempre a transferência, do ponto de vista clínico, é o ponto de partida de uma dramatização, já que ela pode não interferir ou interferir positivamente na cocriação. Caso contrário, se a transferência de afetos está presente comprometendo a cocriação e, portanto, a fluidez vincular, ela será o objeto de trabalho, o que, em clínica, é uma ocorrência frequente, com a ressalva de, talvez, ser olhada com uma frequência excessiva pelos psicodramatistas clínicos, entre os quais eu me incluo.

O QUE SE TRANSFERE?

Equivalentes transferenciais

Em 1986, introduzi o termo *equivalentes transferenciais*, com a preocupação de criar um marco de referência teórico para o manejo da transferência durante uma dramatização. Esse conceito surgiu da observação de que a transferência aparece de diversas formas e nos dá sinais indiretos de sua presença. Como o psicodrama, com sua técnica de ação, multiplica as possibilidades associativas, os sinais indiretos da transferência ora aparecem no discurso do protagonista ora em um gesto, em uma emoção, em um movimento, em uma determinada maneira de vincular-se. Como a transferência não está ainda desvendada quando esses sinais indiretos aparecem, e como sua aparência é plasticamente polimorfa, mas com o mesmo significado, batizei esses sinais indiretos de *equivalentes transferenciais*. Ou seja, sinalizam a transferência com o mesmo significado, mas com aparência associativa diversa, orientando tecnicamente o diretor. Por exemplo, um mesmo sentir-se rejeitado pode indicar a presença de uma transferência que leva o protagonista a encolher-se em uma cena, a voltar as costas para um personagem em uma outra, a chorar em uma terceira, a brigar em uma quarta, e assim por diante.

Lógicas afetivas de conduta

Maria da Penha Nery, psicodramatista de Brasília, em seu livro *Vínculo e afetividade*, introduz um conceito muito elucidativo a que chama de *lógicas afetivas de conduta*, que, a meu ver, é o termo que estava faltando para definir aquilo que se transfere.

Para Nery, um determinado padrão de comportamento é gerado na gênese da transferência, por meio de algo que passa a ser uma verdade para o sujeito a partir de então, constituindo-se no núcleo daquilo que é transferido (nos Capítulos 7 e 8 ampliaremos essa visão).

Nesse caso citado, do sentimento de rejeição, se constrói no imaginário uma estratégia que será a pauta de situações futuras em relacionamentos futuros. Por exemplo: *se eu for bonzinho talvez seja aceito* ou *vou chutar a canela de todo mundo para revidar uma possível rejeição* etc.

Criar, pois, uma lógica que, no fundo, pretende ser uma estratégia de sobrevivência – que até pode ser eficiente num primeiro momento ou em algumas situações futuras, mas que deixa de sê-lo pelo seu custo. Ou seja, de fato não está de acordo com a verdade interior, enfim, com o real desejo. Vira um mandato. É a expressão vivencial do conflito. Sua origem e sua execução são afetivas e são visíveis por meio do jogo de papéis, a conduta detectável. Por isso, lógica afetiva de conduta. Uma resposta defensiva que se transfere pelo efeito cacho a outros papéis sociais.

A transferência é o fenômeno geral, ou seja, o ato de transferir. As lógicas afetivas de conduta e os sentimentos que envolvem essa forma distorcida de se vincular são aquilo que é transferido.

Quando falo nos sentimentos, quero destacar que aquilo que se sente numa forma de se vincular também se transfere. Não só a resposta defensiva, ou seja, a lógica afetiva de conduta.

Assim, se diante de uma rejeição sinto raiva e passo a me comportar como *bonzinho*, em qualquer situação semelhante, em outros papéis sociais, tanto posso sentir raiva quanto me comportar como *bonzinho*, ou os dois.

A estratégia transferencial presente nos vínculos e pautada pelas lógicas afetivas de conduta nem sempre tem a mesma configuração, embora tenha sempre o mesmo significado.

Isso significa que o viés transferencial pode se dar tanto pelo positivo quanto pelo negativo da fotografia.

Tomando o mesmo exemplo, o sentir-se rejeitado pode levar o sujeito a construir uma lógica afetiva de conduta do tipo *se eu for bonzinho posso ser aceito*, de modo que no jogo de seus papéis sociais essa pauta transferencial esteja predominantemente presente ou como um modo de ser ou como um modo de aparecer toda vez que a sua leitura de uma situação vivencial apontar para o sentimento, a sensação ou a possibilidade de rejeição, isto é, também um modo de estar.

No entanto, nada impede que se arquitete uma segunda lógica afetiva de conduta, ou uma terceira ou mais, diametralmente oposta à primeira, configurada como um recurso paralelo e dando até a impressão de ser uma saída criativa – o que não pode ser entendido assim porque as duas ou mais lógicas afetivas de conduta estão aprisionadas transferencialmente nesse caso.

Por exemplo, o sujeito constrói como uma segunda lógica afetiva de conduta *vou chutar a canela de todo mundo que pode me rejeitar* além daquela *vou ser bonzinho*.

Podemos ver que nada nesse terreno é tão simples assim. Primeiro, com esse exemplo, o que estamos chamando de lógico pode ser uma conduta claramente ilógica e que se volta diretamente contra o sujeito, podendo lançá-lo ao patamar da solidão, ou seja, do isolamento sociométrico e das incongruências ou das mutualidades negativas de escolha.

Segundo, porque fica patente que o mesmo conteúdo transferencial, pegando o mesmo exemplo, pode levar o sujeito a se comportar como bonzinho todas as vezes ou como um intratável todas as vezes, ou às vezes como bonzinho quando soa o alarme da rejeição e às vezes como um intratável quando soa esse mesmo alarme, dependendo das circunstâncias vinculares (lócus). Podemos até imaginar que lógicas diferentes possam ser aplicadas a vínculos diferentes ou utilizadas em momentos diferentes no mesmo vínculo. Isso dá um colorido polimorfo à vinculação transferencial que nos cabe decodificar, levando em conta ainda que a isso podem se acrescentar sintomas temporários ou permanentes, somatizações, por exemplo, decorrentes do próprio conflito.

Os equivalentes transferenciais, portanto, nada mais são que pontos de detecção, quer de sintomas, quer de sentimentos, quer de segmentos de lógica ou lógicas afetivas de conduta construídas no sujeito como estratégia transferencial, tendo sempre o mesmo significado, embora sua aparência seja diversa, quer na sua forma associativa, como já assinalamos, quer na manifestação de seu aparente conteúdo (sintomas, sentimentos, sensações ou lógicas afetivas de conduta).

POR MEIO DE QUE, DE ONDE E PARA ONDE SE TRANSFERE?

Papéis sociais e papéis psicodramáticos

A transferência se propaga tanto por meio dos papéis sociais quanto dos papéis psicodramáticos pelo efeito cacho. Abrindo parênteses, quero lembrar que estamos no Brasil. Portanto, vamos abandonar de vez esta *coisa* esnobe de chamar cacho de papéis de *cluster* e, aproveitando, compartilhamento de *sharing*. Não estamos em Oxford, *my dear*, em nosso comportado *five o'clock tea* (*James, my Lipton, please!*), e cacho de papéis não só define bem o fenômeno como é a primeira tradução que fizemos. *Cluster* não é saudade que só existe na língua portuguesa, e o Brasil é o país do chá de boldo. Não vejo também nenhuma vantagem em substituir o termo por feixe de papéis, de formulação mais recente, o que só aumenta a confusão.

Fechados os parênteses, Policarpo Quaresma com sua cruzada tupi-guarani que me abençoe, podemos definir efeito cacho como um movimento de propagação de pautas de conduta e de afetos por meio de diferentes papéis sociais ou psicodramáticos, ou seja, em complementaridades de categorias diversas.

Os papéis psicodramáticos têm como característica o seu lócus, ou seja, o fato de ser jogados exclusivamente no cenário psicodramático. Por essa razão, em boa parte das vezes, quando não se constituem como papéis fantásticos (Homem-Aranha, dragão, fada-madrinha etc.), são encarnações dramáticas de papéis sociais com suas pautas de conduta e, portanto, um mostruário vivo de qualquer movimento transferencial e de suas lógicas afetivas de conduta que porventura estejam contidos neles.

Essa é a razão por que uma dramatização é um modo de rastrear, em sentido inverso, o *status nascendi* da transferência, por meio da complementaridade de papéis sociais encarnados pelos papéis psicodramáticos no cenário do psicodrama.

Status nascendi

O *status nascendi* de uma transferência e de sua lógica ou lógicas afetivas de conduta correspondentes é um movimento existencial que depende de uma conjugação de circunstâncias, o que define o seu lócus, e de um vínculo considerado sua matriz.

Esse vínculo-matriz é constituído por papéis sociais em que o sujeito protagonista, objeto de nosso estudo, se situa em um dos polos da relação.

O outro polo é denominado por Bustos de *papel complementar primário*, e aqui cabe uma discussão mais aprofundada sobre tais conceitos. Em primeiro lugar, Bustos, em 1979, em seu livro *O teste sociométrico*, introduz o conceito de *papel complementar interno patológico*.

Quer por uma construção ainda incipiente do conceito, quer por uma questão de redação ou quer por um cochilo na tradução do texto para o português, encontramos literalmente o seguinte:

> Quando um conflito ocorre num indivíduo também começa a partir de um papel, geralmente o papel de filho em relação a seu complementar pai ou mãe. Esta situação de conflito faz com que este papel seja registrado em seu *modus operandi* ao papel complementar primário, ao qual denomino complementar interno patológico. (Bustos, 1979)

Não há mais nenhuma referência ao conceito no texto.

Na redação "faz com que **este** papel", **este**, por relação de proximidade, deveria se referir, na frase anterior, ao *papel complementar pai ou mãe*. No entanto, a sequência da frase faz uma referência ao registro desse papel ao *complementar primário*.[9]

Donde se deduz que o *este*, que deveria ter sido substiuído por *aquele*, na frase, se refere ao papel de filho. Logo, é um erro de português.

Segundo, na continuação do pensamento, "seja registrado em seu *modus operandi* ao papel complementar primário, **ao** qual denomino *complementar interno patológico*", o **ao** em negrito, do jeito que a frase está construída, não deixa margem a dúvidas: Bustos chama o *complementar primário*, nessas circunstâncias, de *complementar interno patológico*. Ou ele se refere ao papel de filho e o português está errado de novo? E aí começa a confusão.

---

9. Bustos, 1979.

Se o *complementar interno patológico* é o *papel complementar primário*, ele constitui, no exemplo dado, o papel de pai ou de mãe.

Ora, se estamos lidando com a transferência de um sujeito no papel de filho, se há algo *patológico* é a sua resposta e não a forma de atuação do pai e da mãe – que nem estão presentes e, portanto, não são observáveis.

Portanto, se há algum *papel complementar interno patológico*, ele só pode ser o do filho após a instalação de um modo transferencial de vincular-se com suas lógicas afetivas de conduta.

Em 1992, Bustos volta ao assunto em seu livro *Novos rumos em psicodrama*, em que diz:

> À consciência de um outro fora de si e do vínculo, segue a possibilidade de desanexar *seu próprio papel do papel complementar primário*, permitindo outras combinações. Ao papel filho-mãe, segue o papel filho-pai, ligado a uma etapa de autonomia, independência e socialização.
>
> Se um ou ambos dos papéis primários não comportam as condições suficientes de segurança, ficarão fixos ao *complementar primário, configurando o complementar interno patológico*. (grifos meu)

Fala também em vínculos transferidos e em papel transferido no fenômeno que entendemos por transferência.

Confesso que fiquei vários anos perdido nesse xadrez, bloqueado por um peão na casa da rainha, ou seja, a famosa mãe tão idolatrada pelas teorias psicológicas de desenvolvimento, da qual é exemplo a reducionista e simplista *teoria da matriz de identidade*, que insisto em escrever com minúsculas e em itálico.

Contradições dessas formulações de Bustos, talvez decorrentes de uma má tradução do texto original:

- Ora, o papel *complementar primário* é definido como o papel social de mãe ou seu equivalente, como a primeira pessoa com quem o bebê forma vínculo, ora é definido como os papéis sociais de mãe e de pai, os primeiros mais importantes aos quais a criança se vincula e que estão mais presentes na base dos conflitos.

- O papel *complementar interno patológico* ora dá a impressão de ser referido diretamente (superposto) a um *papel complementar primário* ora parece ser referido, não é claro, diretamente ao sujeito em quem a transferência se instala e que é o objeto do nosso estudo.
- Tanto os vínculos quanto os papéis são descritos como potencialmente transferíveis.
- O processo de correção da transferência é definido como uma rematrização.

CRÍTICA

Papéis complementares primários

No que diz respeito ao desenvolvimento de uma criança, temos de pensar em predominâncias porque, levando em conta a imaturidade neurológica de um bebê – ele é todo sensações –, seu mundo circundante é composto tanto de pai e mãe quanto de irmãos, avós, tios, babás etc, com quem se vincula ao mesmo tempo, sem discriminar com clareza as diferenças. A mãe e o pai ou seus equivalentes (ou seja, pai ou mãe adotivos, uma babá que fica mais com a criança do que a própria mãe etc.) têm uma relação, ou podem ter, de predominância vincular. Nesse caso, sob o prisma da predominância geral, podemos considerar, para efeito didático, o papel social de mãe e o papel social de pai como *papéis complementares primários*.

A expressão *seu próprio papel*, querendo dizer *papel de si mesmo*, não se sustenta teoricamente. Não existe um *papel de si mesmo*. Existe, isto sim, ser a si mesmo por meio de qualquer papel social e mesmo de qualquer papel psicodramático o de fantasia. Isto é, cada um imprime a sua marca na forma de desempenhar qualquer papel. Rocheblave-Spenlé (1969) já apontou a conexão profunda existente entre papel e personalidade. Na verdade, dizer *desanexar seu próprio papel do papel complemen-*

tar primário significa dizer, com mais propriedade, *mudar ou transformar a sua forma de vinculação com aquele que, no momento, representa o seu complementar primário.* Estamos falando, portanto, em modos de vincular-se.

O termo *patológico* da expressão *complementar interno patológico* é pouco ou nada condizente com a concepção do homem moreniano. Como tão bem enfatizou Garrido Martín, a dimensão individual do homem, segundo Moreno, tem seu núcleo antropológico calcado na espontaneidade, sua alma e substância – a que acrescento a criatividade, num conjunto indissociável espontaneidade-criatividade. A essa dimensão se agrega a sua dimensão relacional, por meio de sua dimensão pragmática que é a atuação mediante papéis. Logo, se o primeiro critério de definição do homem é a espontaneidade-criatividade, o sofrimento de sua alma só pode ser entendido como uma forma *conservada* de estar-no-mundo. Consequentemente, a melhor maneira, a mais lógica, de redefinir papel *complementar interno patológico* é chamá-lo de *papel complementar interno conservado.*

Por sua vez, a expressão *papel complementar interno conservado* dá margem a outras interpretações. Os *papéis imaginários*, por exemplo, também são definidos como papéis internos e conservados porque não atuados. São papéis à espera de complemento.

Quando propus, em 1992, *papéis de fantasia* como uma nova categoria de papéis, foi justamente porque os *papéis imaginários*, no meu ponto de vista bascado em observações clínicas, não davam conta de explicar por que alguns papéis construídos na imaginação eram atuados com facilidade e outros não.

Passei a considerar *papéis imaginários* aqueles que, construídos na imaginação, não são atuados porque estão imobilizados internamente pela transferência (Camila Salles Gonçalves, em 1988, considerava papéis imaginários como transferenciais e não transferenciais).

Ou seja, dando um passo adiante, são os papéis do desejo que contêm uma pauta de atuação conservada só porque não atuada, o que é diferente de um caráter estereotipado, o que não é o caso, e que é configurada num potencial espontâneo e criativo que não tem vazão.

Por essa razão, essa pauta de atuação, potencialmente cocriativa, melhor dizendo, dentro de um projeto dramático, é diametralmente oposta às lógicas afetivas de conduta da transferência, que se repetem indefinidamente conservadas e atuadas nos mais diversos papéis sociais e psicodramáticos.

Já os *papéis de fantasia* não necessariamente estão vinculados à transferência. São de outra natureza. Também construídos na imaginação, tanto podem ficar conservados na imaginação quanto podem ser atuados com mais ou menos facilidade, ou seja, com mais ou menos criatividade ou mais ou menos conserva, e não necessariamente tendo como lócus o cenário psicodramático.

Eles podem ser subdivididos em *fantásticos* e *não fantásticos*, dependendo do personagem que encarnam. Por exemplo, Cinderela (fantástico) e um vendedor (não fantástico).

São papéis que podem ser atuados com facilidade num teatro espontâneo ou num jornal vivo ou num jogo dramático, por exemplo, em se tratando do cenário psicodramático. A maior ou menor espontaneidade e criatividade para desempenhá-los dependerá de uma série de circunstâncias como treino, complementaridade mais livre ou menos livre para jogá-los etc. e até inibições transferenciais como possibilidade.

Além disso, o seu jogo também é possível fora do cenário psicodramático, como nos jogos infantis ou nos jogos dos adultos, imitações, pequenas performances etc., no próprio dia a dia, sem a necessidade da formalização de um teatro específico para atuá-los.

Já os *papéis dramáticos*, outra categoria de papéis, são aqueles encarnados pelos atores no teatro, no cinema ou na TV. Não deixam de ser *papéis de fantasia* num lócus específico.

Os *papéis psicodramáticos*, no entanto, além de ser definidos por seu lócus, o cenário psicodramático, são também definidos por sua função, que é a de fazer ponte entre os papéis sociais e os imaginários, resgatando-os e inaugurando sua atuação.

Logo, rebatizar *papel complementar interno patológico* de *papel complementar interno conservado* tem de passar pelo crivo de que os *papéis imaginários* são papéis conservados, no sentido de não atuados, dentro do sujeito e, portanto, também internos; de que a atuação tanto dos papéis sociais quanto dos papéis psicodramáticos e dos papéis de fantasia também pode ser conservada, dependendo da espontaneidade e criatividade envolvidas no processo. É bom lembrar que os papéis de fantasia também transitam do espaço interno para o externo.

Um bom exemplo de conserva na atuação de papéis nos é dado pelo cinema. É extremamente frequente observarmos em filmes americanos atores, mais comumente homens, em situações em que devem expressar frustração, raiva ou impotência, derrubarem tudo que está à frente, quebrarem objetos, esmurrarem portas ou paredes. Já sabemos até quando vai ser. O Tom Cruise, ou qualquer outro, dá aquela respiradinha típica que é o prenúncio óbvio da catástrofe.

Para mim, por melhor que seja o ator, é um desempenho de papel dramático (do teatro, do cinema ou da TV, diferente de psicodramático) conservado. Aliás, sempre fico em dúvida se os atores agem estereotipadamente e a escola hollywoodiana se constrói sobre conservas culturais da interpretação cênica ou se é pior, ou seja, os atores são fiéis a uma realidade norte-americana em que os homens se expressam frequentemente dessa forma imatura, fruto de uma grande repressão, logo, de uma forma gravemente conservada de ser. Só morando lá para saber.

Como, indiscutivelmente, o assim chamado *papel complementar interno patológico*, e que agora proponho que passemos a chamar de *papel complementar interno conservado*, só pode ser entendido como *patológico* ou *conservado* quando referido ao nosso objeto de estudo, é necessário lançarmos sobre ele uma outra forma de olhar.

O vínculo que o sujeito estabelece com os interlocutores que desempenham o papel complementar primário (em geral, predominantemente, mãe ou pai) é passível de desencadear reações potencialmente transferenciais, estruturando certas lógicas afetivas de conduta.

Essas lógicas afetivas de conduta compõem, por sua vez, um modo de desempenho de papéis que passa a predominar como um todo, ou predominar em determinadas situações em que o conflito é revivido de alguma forma, como se estivesse na relação direta com o seu complementar primário (mãe ou pai).

Esse conjunto – sentimentos, sensações e até sintomas específicos desse conflito – e as lógicas afetivas de conduta compõem um modo de atuação que se configura como um papel indeterminado à espera de complementaridade. Este seria o papel *complementar interno conservado* do sujeito, objeto de nosso estudo.

Porém, na verdade, ele não passa de um papel virtual, porque nunca é atuado. É como um molde da transferência. Por quê? Porque tanto os vínculos como os papéis não podem ser transferidos, é claro. O que se transfere de um vínculo para o outro, de um papel social para outro papel social ou mesmo para um papel psicodramático e até para um papel de fantasia, é o seu modo de atuação. E, no caso específico do papel complementar interno conservado, a sua maneira de atuar conservada pelas lógicas afetivas de conduta.

Esse modo de ver o fenômeno privilegia claramente a transformação de uma maneira relacional espontânea e criativa em uma maneira relacional conservada e transferível, pelo efeito cacho, a outros papéis.

Por essa razão, o conceito de papel complementar interno conservado, por sua redefinição, que relativiza a sua relevância no mecanismo da transferência, por localizá-lo melhor, passa a ter uma importância muito mais restrita. A não ser que consideremos que esse *papel* (não é um verdadeiro papel) passe a ser atuado apenas por meio de um outro papel. No fundo, é apenas um outro modo de dizer que se transferiu uma pauta de atuação de um papel.

A consequência lógica desse modo de atuação que se transfere para outros papéis sociais do cotidiano (nesse caso estou me referindo especificamente aos papéis sociais) é que o sujeito procura *puxar* do outro, com quem está se vinculando, em dadas circunstâncias, um modo de atuação que se ajuste ao seu, ou seja, às suas lógicas afetivas de conduta.

Por exemplo, se a sua *lógica* é a de se comportar como *bonzinho* para ser aceito, procurará despertar no outro o movimento de recompensá-lo de alguma forma ou de elogiá-lo ou de protegê-lo etc. E assim se estabelece uma complementaridade transferencial, *como se* ele agisse por meio de seu papel complementar interno conservado.

Voltando ao positivo e ao negativo da fotografia, ele também pode *buscar* no outro uma atitude de mais rejeição. Por exemplo, *chutando-lhe as canelas*. Ou variar a forma de *puxar* essa complementaridade transferencial. Isso explicaria parte do fenômeno a que chamamos contratransferência.

Se uma parte da contratransferência pode ser considerada, como Moreno pela primeira vez considerou (e com razão), como transferência do próprio terapeuta, há uma dimensão dessa contratransferência que escapa a essa redefinição moreniana. É justamente o sentimento do terapeuta de *sentir-se puxado* para um modo de complementaridade de papéis francamente transferenciais.

Nesse exemplo, seria ceder ao canto da sereia de seu paciente *bonzinho* e ver-se, de repente, tentado a fazer ou fazendo o seu complementar. Protegendo-o, por exemplo. Ou brigando com ele, sem se dar conta que isso é apenas a sinalização de um equivalente transferencial, ponto de partida a ser trabalhado. O significado é o mesmo. O sujeito tenta a compensação ou a confirmação da rejeição.

Por isso o modo de atuação pode ser diferente ou se alternar conforme as circunstâncias.

O único caminho eficaz, o do desejo não realizado e da verdade não revelada, está conservado num papel imaginário não atuado e é ele que vamos buscar numa trajetória cocriativa com o protagonista, tendo os papéis psicodramáticos como ponte e a realidade suplementar como catapulta.

O que se busca é o *status nascendi* da transferência. Rematrizar é impossível, o que se consegue é a construção de um novo *status nascendi* vincular ou relacional.

Resumindo – pois discuto mais amplamente essa questão no Capítulo 16 do meu livro *Fragmentos de um olhar psicodramático* –, considero matriz a configuração geral de um vínculo, englobando todas as suas possibilidades.

Se um movimento transferencial se inicia num vínculo em que no outro polo da relação encontramos alguém que desempenha o papel complementar primário, o vínculo em si não se modifica, continua sendo com a mesma pessoa.

O que se gerou nesse vínculo foi um modo de relação transferencial ao qual se agregaram lógicas afetivas de conduta a partir de determinadas circunstâncias, que constituem o lócus para que isso aconteça.

Portanto, esse movimento relacional que se cria não é a matriz, mas sim o *status nascendi* da transferência, ou seja, uma resposta defensiva de sobrevivência resultante de um conflito.

Logo, quando, por meio da cena psicodramática, se volta ao *status nascendi* daquela transferência, pela vivência de uma realidade suplementar em sua explosão espontânea e criativa, o lócus podendo até ser modificado pela reconstrução psicodramática das circunstâncias (reconstrução metafórica), só é possível modificar a resposta. Ou seja, criar um novo modo relacional livre das lógicas afetivas de conduta para os papéis sociais do presente. A matriz, ou seja, a configuração do vínculo em que está presente o papel complementar primário, não se modifica nem pode se modificar. Portanto, é impossível rematrizar seja o que for.

É fundamental que se compreenda que a resolução da transferência se faz num plano simbólico e metafórico. Não há qualquer relevância em considerar a cena a que se chega para resolvê-la como sendo, de fato, o momento de vida em que ela se constitui como tal. Não é possível saber com exatidão e nem nos interessa. O que, na verdade, importa, é a força dramática que a cena reúne, possibilitando uma nova inscrição relacional por meio da vivência de uma realidade suplementar, capaz de desencapsular um papel imaginário conservado e não atuado, tornado a verdade psicodramática e poética do protagonista pelo desvelamento da trama oculta de seu Drama privado.

Tais detalhes ficarão para uma outra vez.

A ARTICULAÇÃO TEÓRICA

A título de mera referência, me parece evidente que a compreensão desse todo articulado só pode ser feita se, ao mesmo tempo, convocarmos os conceitos construídos nos diversos segmentos da teoria do psicodrama, interpenetrantes e bem encaixados entre si.

Sendo assim, o homem moreniano só será resgatado se, na sua dimensão individual, pudermos entendê-lo por meio da teoria da espontaneidade-criatividade aderida profundamente a uma teoria da fantasia e da imaginação.

Esse conjunto se articula, por sua vez, à sociometria e à sociodinâmica, utilizando os meios sociátricos, partes da teoria que conceituam a dimensão coletiva desse mesmo homem moreniano.

Por último, esses dois conjuntos articulados se conectam a um terceiro, o do homem pragmático de Moreno, em sua atuação no mundo, por meio da teoria de papéis.

Eis por que qualquer tentativa de reduzir a teoria do psicodrama a, meramente, uma teoria de desenvolvimento e a uma psicopatologia é espantosamente reducionista e empobrecedora.

É como querer explicar o amor, que é muito mais amplo e abrangente que qualquer tentativa de toureá-lo para os confins da mais detalhada nomenclatura *científica*.

Por isso mesmo, a par da sabedoria dos provérbios de Salomão, com suas barbas de molho, cabe comentar o resultado de uma descoberta mais ou menos recente num sítio arqueológico de um pequeno segmento da margem oriental do Mar Morto, promovida por pesquisadores belgas e dinamarqueses, o que me faz vestir integralmente a camisa da minha verdade psicodramática e poética do momento.

Trata-se de um manuscrito, não se sabe se de pergaminho ou de linho egípcio, palimpsesto talvez, que levou quase uma década para ser reconstituído e decifrado. Sua reprodução aproximada é a seguinte:

No sexto dia da Criação, Deus, mais pra lá do que pra cá, já no fim do expediente, beirando as 6 horas da tarde, quase a ponto de o anjo

Gabriel dar as horas no Angelus, antecipando o cuco que ainda não fora criado, Deus, repito, se deu conta de que ainda não tinha inventado o amor.

– Que diabos! Se eu não me apressar não vai haver sábados no calendário humano. E o que será de toda a "indústria" de bares e inferninhos, do John Travolta em seus embalos de sábado à noite, do shabat dos judeus ortodoxos que vão alimentar, com os palestinos, toda a intransigência do conflito do Oriente Médio, que vai dar tanto pão às famílias dos jornalistas, cinegrafistas e apresentadores de TV no segundo e no terceiro milênios, depois de meu crucificado infante?

E foi pensando nisso que, nos últimos quinze minutos da Criação, Ele resolveu embaralhar as coisas e, talvez por falta de tempo, misturou sentimentos e emoções num volume e intensidade tão grandes, – colocando-os numa torre – que mais tarde os seus escribas, que copiaram seus planos e relatórios num tratado chamado Bíblia, chamaram de Babel.

Até hoje o homem se ocupa em decifrar aquele emaranhado do fim do sexto dia da Criação, se perdendo na comunicação amorosa, sem se dar ao trabalho de ler a nota de rodapé de Jeová, em aramaico, em que estão grafadas suas instruções explícitas:

O amor não é para estudar nem para entender, é só, e já é muito, para desfrutar e viver.

Não foi por acaso, pois, que nos anos do Renascimento Dante colocou os desobedientes terapeutas no oitavo círculo do Inferno. Não era para menos. Na história da humanidade, nunca ninguém mais que eles teimou em classificar e sistematizar o inclassificável, o insistematizável.

Só mesmo os poetas compreenderam a mensagem divina e jamais se preocuparam em deter a grandeza e o transbordamento de tudo aquilo que possa ser chamado de amor na esteira de suas metáforas.

Pois bem, no final das contas, na rabeira do sexto dia, no último segundo, séculos antes de o papa Gregório XIII reformar o calendário juliano – mesmo porque o dia seguinte seria sábado e ninguém é de ferro –, Deus, para completar reticências ou só para lançar mais lenha na fogueira, com certa pressa e até um pouco levianamente, como um adendo entre vírgula e ponto final, resolveu criar os terapeutas. E assim completou essa incompleta Criação. Como todos sabem, deu no que deu.

Não adianta, outro dia mesmo, nos desvãos das ruínas da Acrópole, encontrei, de férias, depois da poeira arqueológica do Oriente Médio e o ar salobro do Mar Morto, o Visconde de Sabugosa todo sorridente, com sua divertida sabedoria de amido, a cantarolar, parodiando um pouco a bossa-nova, essa delicada joia musical: [...] *quem quiser reinventar o amor, vai ter que ralar, vai ter que gozar, vai ter que sofrer.*

Não é mesmo uma delícia, ó irmãos terapeutas, ó irmãos do Destino, nós, irmãos de Prometeu, pagarmos os nossos pecados tendo o fígado devorado por toda a eternidade pelos abutres de nossa reincidência discursiva?

6. TRANSFERÊNCIA E PERSONAGEM[10]

O psicodrama, como todos estão cansados de saber, deriva do teatro e sua prática é, em síntese, em qualquer de suas modalidades, um teatro espontâneo que tem na origem seu criador, Moreno.

Nós, psicodramatistas, vivemos imersos no universo de imaginação e fantasia das cenas psicodramáticas povoadas de protagonistas e egos-auxiliares encarnando os mais diversos personagens.

No entanto, a nossa literatura especializada, embora pródiga quanto à noção de papel em todas as suas implicações mais socionômicas que psicodramáticas, é paupérrima no que diz respeito ao conceito e à explicitação do termo personagem.

O excelente livro *Palavras de Jacob Levy Moreno*, de Rosa Cukier, referência obrigatória e atualizadíssima de toda produção moreniana, não inclui um único verbete sobre personagem.

O *Dicionário de psicodrama e sociodrama*, de Menegazzo, Tomasini, Zuretti *et al.*, fala apenas de personagens imaginários, uma contribuição específica de Bouquet, e de personagens parentais, conceitos muito particularizados, sem qualquer referência ao termo geral.

Aguiar, em seu *Teatro espontâneo e psicodrama*, discorre brevemente sobre a construção do personagem protagônico e dos demais personagens.

---

10. Trabalho apresentado em *Escritos psicodramáticos*, no V Congresso Ibero-americano de Psicodrama, Cidade do México, maio de 2005.

Descuido dos nossos consistentes autores? Descuido nosso? Na verdade, no nosso linguajar comum, papel e personagem se confundem e tudo acaba se passando como se personagem fosse algo que todo mundo sabe o que é e sobre o que não há qualquer necessidade de discussão, de tal forma a palavra está incorporada dentro de nós. Por essa razão, é com grande surpresa que deparamos com o livro de Carlos Calvente, *O personagem na psicoterapia*, de 2002, com três capítulos inteiramente dedicados ao estudo do personagem.

A leitura atenta de Calvente nos convence imediatamente da complexidade do conceito que acreditáramos tão simples e, ao mesmo tempo, nos aponta para um ovo de Colombo, que é o da sua inclusão elucidativa sobre um ponto de vista teórico e de sua implicação técnica no nosso dia a dia psicodramático.

Ora, na língua portuguesa, personagem tem vários significados, bem como papel.

Tanto pode ser definido como "um papel (literalmente) representado por um ator ou atriz a partir da figura humana fictícia criada por um autor"[11], quer como "figura humana representada em várias formas de arte". Um outro significado é o do "homem definido por seu papel social ou comportamento"[12].

Encontramos a definição de papel, no mesmo dicionário, como "a personagem representada por cada ator ou atriz" e "parte que cada ator desempenha no teatro, no cinema, na televisão etc."[13]

Portanto, as definições de papel e personagem se confundem e são utilizadas muitas vezes como sinônimos, referidas a uma representação de um ser humano e sempre produto da imaginação.

Aguiar nos lembra que os não humanos antropomorfizados também são personagens.

---

11. Houaiss. A. *Dicionário Houaiss da língua portuguesa*. Rio de Janeiro: Objetiva, 2001.

12. *Ibidem.*

13. *Ibidem.*

Naffah Neto, em *Psicodrama: descolonizando o imaginário* (1979), faz um belo estudo etimológico da palavra papel, *rotulus, rôle*, rótulo. Ele nos fornece um exemplo brilhante de uma garrafa na qual se tenha um rótulo colado. "Na medida exata em que o rótulo aumenta, diminui nosso contato com a substância que ele envolve."[14] Ou seja, Naffah Neto nos chama a atenção para a origem da palavra papel ligada ao rolo onde era escrita a parte que o ator devia decorar para sua atuação numa peça de teatro. Quanto mais escondido pelas determinações do papel, mais visível o rótulo ou o personagem que esconde a pessoa do ator.

Aguiar[15] levanta uma questão crucial para o entendimento do personagem no contexto psicodramático:

> O personagem protagônico é a figura central da história que se desenrola em torno dele. Normalmente, esse personagem tem um conflito, que pertence ao papel e não à pessoa do ator. No teatro espontâneo psicodramático, é muito comum que o personagem protagônico seja a pessoa do ator e, nesse caso, o conflito do personagem e o do ator coincidem e se confundem. De qualquer maneira, a definição desse conflito é importante para a construção do personagem.

Calvente (2002) nos aponta a relação entre personagem e persona-máscara, enfatizando a sua ligação com a fantasia e a imaginação. Podemos entender, portanto, que o papel é um roteiro atuado por um ator ou atriz por meio de um personagem. A contribuição notável de Calvente é a de nos chamar a atenção para determinadas formas repetitivas de comportamento em papéis sociais diferentes, como que configurando um personagem conservado que se repete em situações e contextos diversos.

Podemos dizer, dessa perspectiva, que a visibilidade de uma transferência pode se efetivar como um personagem estereotipado que migra por meio do efeito cacho ou feixe de papéis em múltiplas comple-

---

14. Naffah Neto, 1979.
15. Aguiar, M. *Teatro espontâneo e psicodrama*. São Paulo: Ágora, 1998.

mentaridades dos mais diferentes papéis sociais. Por exemplo, alguém que por uma razão transferencial qualquer se comporta como um personagem conservado em várias situações de sua vida como *o bonzinho*, *o carente, o grudento* etc., facilmente identificável.

Em 1994, em *Ainda e sempre psicodrama*, propus o termo equivalentes transferenciais para caracterizar os sinais indiretos da transferência que nos guiasse no percurso do protagonista na cena psicodramática, partindo da própria etapa de aquecimento inespecífico, que tanto pode ser um sintoma, um trecho do discurso, uma postura corporal, um movimento na cena etc (ver Capítulo 5).

Por esse modo de ver, a captação de um personagem conservado, tanto na fala quanto na ação psicodramática, também pode ser considerada um equivalente transferencial.

Maria da Penha Nery, em 2003, mais ou menos na mesma época em que Calvente desenvolvia seu estudo sobre personagens em psicodrama, em seu livro *Vínculo e afetividade*, criou o conceito de lógicas afetivas de condutas, uma noção muito feliz, para caracterizar "expressões 'racionais' de sentimentos e sensações que orientam a dinâmica psicológica da pessoa em determinados momentos e contextos".

Por exemplo, tomando a ilustração que utilizei para os personagens conservados: *se eu for bonzinho quem sabe serei amado, se eu me mostrar carente quem sabe receberei o colo desejado, se eu grudar no outro não serei abandonado*, e assim por diante.

Angela Baiocchi, no IV Congresso Ibero-americano de Psicodrama, em Buenos Aires, em 2003, discorrendo sobre vínculos familiares, levantou uma questão muito importante, que é a do poder simbólico exercido por figuras parentais. Segundo a autora, o exercício do poder simbólico gravita coconsciente e coinconscientemente nas relações humanas e, particularmente, no âmago da vida familiar, sendo esse poder simbólico definido por Bourdieu como "um poder invisível, o qual só pode ser exercido com a cumplicidade daqueles que não querem saber que lhe estão sujeitos ou mesmo que o exercem"[16].

---

16. Bourdieu, 1989 *apud* Baiocchi, 2003.

No que diz respeito à transferência, significa detectar qual personagem interno num vínculo primário, em seu papel complementar, detém o poder na coconstrução de uma transferência em seu *status nascendi*.

Juntando os quatro autores (Calvente, Nery, Baiocchi e Perazzo), a transferência e seu *status nascendi* representam um conjunto em que, em um vínculo primário, por meio de uma complementaridade de papéis sociais, se estrutura um personagem conservado pelo poder simbólico atribuído ao outro, tendo como pauta uma lógica afetiva de conduta. Esse personagem conservado migra como um comportamento estereotipado, pelo efeito cacho ou feixe de papéis, para outros papéis sociais e assim se constitui como transferência, que é visualizada por seus sinais indiretos, equivalentes transferenciais, no discurso, na postura corporal, em movimentos na cena psicodramática, se constituindo como ponto de partida do trabalho psicodramático em desvendar a trama oculta do protagonista, desmontar as lógicas afetivas de condutas, desmascarar o poder simbólico, desconstruir o personagem conservado e construir um novo *status nascendi* relacional.

Por exemplo, detectar o personagem *o bonzinho* em qualquer papel social como um equivalente transferencial e/ou a(s) lógicas afetivas de conduta implicadas em sua estruturação. Isso servirá de guia para chegar ao *status nascendi* dessa transferência em que, por exemplo, diante de uma mãe que detém o poder simbólico, na complementaridade dos papéis sociais filho-mãe, se explicita a lógica afetiva de conduta: *se eu for bonzinho serei amado pela minha mãe*. Esse conjunto que configura o personagem conservado *o bonzinho* migrará transferencialmente, por meio do efeito cacho ou feixe de papéis, para os demais papéis sociais.

A articulação entre esses conceitos contemporâneos desenvolvidos por autores diferentes em livros e trabalhos diferentes ajuda, e muito, do meu ponto de vista, a entender melhor a transferência pela ótica da teoria do psicodrama, além de nos obrigar a pensar sempre em personagem, já que dispomos de uma técnica de ação derivada do teatro. Uma decorrência lógica.

As implicações técnicas são óbvias.

Passamos a ter ampliado o leque de pontos de partida dos recursos psicodramáticos, com mais facilidade de visualização da transferência, quando trabalhamos com ela, e com menos possibilidade de nos perdermos no meio do caminho.

No exemplo dado, podemos partir tanto do personagem conservado, quanto das lógicas afetivas de conduta, quanto do personagem que detém o poder simbólico ou explorar sua impotência simbólica não visualizada até então, transformando esse poder simbólico numa alavanca de libertação espontâneo-criativa.

O que quero dizer com isso?

Naffah Neto, em *Psicodramatizar* (1980), no ensaio "O Drama na família pequeno-burguesa", aponta para a repetição de pautas de conduta intergeracionais como se fosse uma herança recebida ou um destino a ser cumprido passivamente (Marcia Batista retoma, em 1995, em uma dissertação de mestrado, *Valorizando os avós na matriz de identidade*, a questão da *herança* transgeracional). Tipo: a solidão da minha avó determina a solidão da minha mãe que, por sua vez, determina a minha solidão. O psicodrama age libertando o protagonista, que rompe com esse *destino*, essa conserva, ajudando-o a reescrever sua história.

Transpondo essa compreensão de Naffah Neto para um procedimento técnico diante de um conjunto transferencial, utilizando esse exemplo, diante dessa mãe solitária que detém o poder simbólico de coconstruir com o protagonista o personagem conservado *o solitário*, o diretor intervém desmascarando o personagem mãe em sua impotência de romper o círculo de sua solidão. O que era poder se transforma em impotência, o que liberta o protagonista de seu círculo de solidão, desfazendo *o solitário* e transformando e reescrevendo a sua história.

É só um começo. O desdobramento de tudo isso virá depois.

7. CONJUNTO TRANSFERENCIAL: DESMONTANDO O PODER SIMBÓLICO
(ensaio sobre ensaio)

Revendo o capítulo anterior e antevendo o seguinte, em que proponho o redirecionamento da transferência, torna-se necessário, para maior clareza, estabelecer uma pequena ponte que destaque melhor certos aspectos do que passei a chamar de *conjunto transferencial* e da aplicação prática do ensaio de Alfredo Naffah Neto (1980), "O Drama na família pequeno-burguesa". Daí o *ensaio sobre ensaio*.

Sob uma perspectiva psicodramática, passo a privilegiar a inclusão de uma teoria da imaginação e fantasia, no psicodrama (ver Capítulo 2), em que se destacam os conceitos de personagem (explicitado no capítulo anterior) e de realidade suplementar (estudado no capítulo seguinte) – conceitos necessários e obrigatórios para a leitura do processo e da cena psicodramáticos.

A transferência passa a ser vista como um conjunto constituído pelo personagem conservado, que se transfere para os mais diversos papéis sociais pelo efeito cacho, pelas lógicas afetivas de conduta que fornecem sua pauta de atuação, pelo poder simbólico do personagem atuado a partir de um contrapapel decorrente de um vínculo primário, fornecendo como que um mandato, e pelos equivalentes transferenciais, ou seja, os sinais indiretos da transferência visíveis na complementaridade tanto dos mais variados papéis sociais, na vida, de um modo geral, quanto na cena dramática por meio dos inúmeros papéis psicodramáticos (tudo isso apontado no capítulo anterior).

O capítulo seguinte tratará a transferência, ou melhor, o conjunto transferencial, não mais como foco, mas como guia que nos permite visualizar o que realmente se transfere, numa visão psicodramática, que é sempre uma falta de espontaneidade e de criatividade do sujeito e, particularmente, do sujeito-protagonista.

O ponto crucial da cena psicodramática, nesse modo de ver as coisas, é aquele em que a coconstrução de uma realidade suplementar escancara ao protagonista toda a força dramática do seu Drama privado quando ele visualiza e vivencia, em um insigth dramático, o *status nascendi* da falta de espontaneidade e de criatividade que está em questão na cena psicodramática. Esse *insight* dramático contribui decisivamente para acionar um impulso de transformação cênica e vivencial. É nesse ponto que a atuação do diretor se faz necessária para desmontar o personagem ou personagens conservados que o protagonista incorporou na vida, demolindo lógicas afetivas de conduta (a pauta do personagem conservado) e o poder simbólico do personagem em cena que representa o vínculo primário, corresponsável com o protagonista na coconstrução de um mandato paralisante desse conjunto transferencial.

É para esse desmonte do mandato contido no poder simbólico que o ensaio de Naffah Neto nos fornece subsídios teóricos para uma intervenção técnica segura. Por isso essa ponte entre esses dois capítulos que serve para melhor elucidá-lo. Trazendo de volta o exemplo que fecha o capítulo anterior, o da solidão que se transmite como se fora uma herança, o que podemos perceber?

1. O protagonista chega a um impasse em que se defronta com a própria solidão. Não consegue rompê-la. Está desprovido de espontaneidade e de criatividade suficientes para fazê-lo. Está encarcerado em um conjunto transferencial que migra para vários papéis sociais.

2. A cena em si representa simbolicamente o momento de vida (não a verdade histórica, mas a realidade suplementar) em que se con-

figura o *status nascendi* dessa falta de espontaneidade e de criatividade, que é o que se transfere.

3. A complementaridade de papéis representada na cena, e que corresponde à origem (matriz) dessa falta de espontaneidade e de criatividade, revela o exercício de um poder simbólico nessa cristalização, nessa conserva que se cria, pelo personagem presente no vínculo primário representado na cena (nesse exemplo, o personagem mãe). Sem esse poder, tal bloqueio da espontaneidade e da criatividade (é indispensável repetir sempre) não terá a força propagadora da transferência. Tal poder se configura como um mandato ("Você será solitário como eu", diria o personagem-mãe, por exemplo). Cabe portanto ao diretor, como primeiro passo, nesse instante, *extrair* da mãe a formulação do mandato (de fato significa extrair do protagonista a sua percepção mais profunda dessa mãe, por meio da técnica de inversão de papéis, coconstruindo mais um pedaço fundamental de uma realidade suplementar).

4. Como segundo passo, o caminho do diretor é o de pesquisar, por meio da observação do protagonista no papel dos personagens do vínculo primário, como a história se repete (no exemplo dado, as circunstâncias que envolveram o *status nascendi* da posição solitária daquela mãe que forneceu o modelo repetitivo). É aqui que se aplicam incisivamente os princípios do ensaio de Naffah Neto. O diretor aposta na repetição do modelo conservado que aprisiona o protagonista no presente para escancará-lo num *insight* dramático impulsionador da sua libertação.

5. Para isso, o diretor travará com o protagonista, no exemplo, no papel da mãe, uma *luta de vida ou morte*. Tudo fará para enfraquecer seu poder simbólico e desfazer seu mandato. Perguntando a ela, por exemplo, como foi e como é viver na solidão e se esse é o caminho que deseja para o filho-protagonista, e se permite a ele seguir outra via que não a solitária.

6. Na verdade, por meio desse artifício técnico o diretor está movimentando o protagonista para falar, internamente, para ele mes-

mo, para libertar a si mesmo pois, é claro, tudo se faz com o próprio protagonista no papel dos seus personagens, que não estão ali de fato. Tudo se passa dentro da coconstrução de uma realidade suplementar, como já foi sublinhado, quebrando o poder simbólico ao qual o protagonista está acorrentado. Uma *briga de foice* com revestimento técnico e inteireza pessoal, na qual vale a pena investir para viver a salvo de qualquer opressão de um poder simbólico e de um mandato capazes de atar pés e mãos num determinismo do passado. Uma aplicação prática e concreta, tecnicamente, dos fundamentos teóricos contidos no ensaio do Alfredo de 1980, atualíssimo até os dias de hoje.

E a realidade suplementar? Que tal o próximo capítulo?

8. A REALIDADE SUPLEMENTAR: REDIRECIONANDO A TRANSFERÊNCIA

A Malu me ligou de Salvador no meio da tarde. Lá pelos idos de 1993. A Malu, Maria Luiza Carvalho Soliani, amiga de muitos anos, iniciara sua formação psicodramática na minha turma, mudando-se para a Bahia após seu casamento, completara seu curso de psicodrama por lá e por lá criara os filhos. Era ela a presidente da Febrap (Federação Brasileira de Psicodrama) no congresso de 1988 em terras e praias baianas. Era essa Malu que, como eu, era conhecida no nosso meio como contadora de histórias.

Pois bem, essa Malu mesmo, de carne e osso, me perguntou:

– Sergio, a Reo (Regina Fourneaut Monteiro) está organizando um livro sobre técnicas psicodramáticas e me encomendou um capítulo sobre realidade suplementar. Não encontro nada a respeito do tema. Você tem uma indicação? Tem alguma coisa?

– Pô, Malu, você me pegou em cheio. Não sei nada sobre isso. É uma técnica? Ninguém fala nisso. Vou tentar pesquisar.

No ano seguinte, o capítulo da Malu já lançado no livro da Reo, lá estava eu numa mesa-redonda sobre o tema em mais um de nossos congressos.

Nossa conclusão era a mesma, cada um por seu caminho: a realidade suplementar não é uma técnica, é simplesmente a realidade com que se trabalha em psicodrama o tempo todo. A Malu e eu convergíamos para o mesmo ponto.

Para mim, o espantoso é não me ter dado conta da sua dimensão e importância antes disso. Juntos, a realidade suplementar e o conceito de personagem configuram as duas vertentes mais importantes na estruturação de uma teoria de imaginação e fantasia – de cuja ausência explícita na teoria do psicodrama Camila Salles Gonçalves já reclamava no congresso de 1988, lá mesmo em Salvador. Na verdade, a chave do modo de ação do psicodrama da qual não nos dávamos conta.

Poucos anos depois, René Marineau me enviou um exemplar autografado da edição canadense da sua biografia de Moreno. Na introdução ele explica o que entende por realidade suplementar e como ela se relaciona com a verdade psicodramática e poética de Moreno. A versão de que dispomos em português, uma tradução da edição americana do livro de Marineau, não contém essa explicação do autor, provavelmente por questões, infelizmente, pragmáticas, de conveniências editoriais.

Na edição canadense, o esclarecimento de Marineau tem o objetivo de informar o leitor de que, a par de uma verdade histórica que é, aparentemente, o objetivo mais imediato de uma biografia, sua intenção como biógrafo foi fazer coexistir a verdade psicodramática e poética de Moreno. Seu objetivo foi nos apresentar o homem situado em seus atos e seus fatos e, além disso, o criador capaz de acrescentar uma pitada de si mesmo no relato de algo que transcende a verdade documental. A má compreensão dessa centelha criativa de Moreno acaba por reduzi-la a um amontoado de *mitos, mentiras ou exageros*, segundo o próprio Marineau.

O que Moreno entende por verdade psicodramática e poética? Nas próprias palavras de Marineau (1990): "[...] ele (Moreno) entende por isso a forma de verdade subjetiva em que a pessoa coloca em evidência suas próprias forças criadoras, apelando não só para um real imediato, mas para um real que se apodere de um 'engordamento' da realidade: a realidade suplementar".

Marineau chega mesmo, nessa edição canadense, a grafar em itálico, nesse texto biográfico, tudo que ele define como verdade psicodramática e poética (o que o próprio Moreno ou pessoas do seu convívio contam e acrescentam à sua história de vida) semeada no meio do relato histórico e documental, a sua verdade histórica. Esse recurso original de Marineau, também suprimido na edição americana do livro, faz o leitor transitar facilmente entre essas duas *verdades*.

A realidade suplementar é, portanto, o substrato da nossa verdade psicodramática e poética. Realidade e fantasia, como nos lembra Soliani, não estão em conflito. Representa o "conjunto das dimensões invisíveis da realidade, da vida intra e extra psíquica" segundo a concepção moreniana.

É a própria Zerka Moreno que se queixa da banalidade do conceito se desprovido do seu significado filosófico e reduzido a mero artifício técnico. Para Moreno, lembra ela, a realidade suplementar dá ao protagonista não só o trânsito entre duas dimensões da realidade, como também, por seu caráter objetivo, a sensação ou, mais, a vivência, só a ele (o protagonista), de gravitar em áreas igualmente reais como sua verdade única, vivenciada, em que sua intuição está perfeitamente casada com sua inspiração.

Não é, portanto, difícil deduzir que a realidade suplementar se constitui como um requinte criativo em que o sujeito se integra e se eleva numa dimensão cósmica da confluência da condição humana na relação com o seu semelhante.

Vale a pena, aqui, convidar Sylvia Cardim (2004) a abrir as páginas da sua monografia *Um encontro oportuno: Moreno e Bachelard – em direção ao cosmodrama* (esse é um daqueles trabalhos notáveis da nova geração de psicodramatistas que despertam, de imediato, o nosso entusiasmo e encantamento) e nos fazer viajar pelo campo da distinção entre imaginação e percepção, confrontando Bachelard e sua teoria da imaginação criadora e o homem cósmico de Moreno. Nessa monogra-

Psicodrama – O forro e o avesso

fia, fica destacada a construção de um diálogo entre os dois (eles se visitam num encontro imaginado por ela) em que realidade e irrealidade se confrontam e o "real é absorvido pelo mundo imaginário", demandando o resgate dos estados de espontaneidade.

Naturalmente, em se tratando do homem aprisionado em conservas, o psicodrama oferece a oportunidade e os meios para a construção de um percurso em que, ao vivenciar, criando, uma realidade suplementar, ele estará caminhando no sentido do apoderamento e do resgate de sua espontaneidade perdida ou adormecida, tendo como instrumento a própria criatividade, recolocando-o no universo em que se configure como uma centelha divina (Devanir Merengué reafirma com Moreno que "a espontaneidade e a conserva cultural não existem em forma pura"; observa, com muita propriedade, que os corpos tatuados da nossa contemporaneidade, só para dar um bom exemplo, revitalizam o conceito de conserva cultural; que a espontaneidade criadora interfere no tempo vivido, sobre o qual o homem deixa de ter controle; que o conceito de modernidade líquida, em que algo nos escapa a cada momento, resulta na sensação perene de que alguma coisa está sempre faltando, tornando as relações cada vez mais voláteis; que diante de tudo isso, em suas palavras, a tatuagem, por um lado, é uma tentativa de eternizar aquilo que nos escapa e, por outro lado, representa uma forma de resistência contra tudo que traz um prazo de validade no rótulo). Por tudo isso, afirmo que toda cena psicodramática, sua montagem e o seu percurso, é a coconstrução, sempre, de uma realidade suplementar. Quais são as decorrências de tal afirmação? Trata-se de uma tatuagem psicodramática? Ou não?

1. A realidade suplementar como terreno de atuação da criatividade e expressão viva da imaginação e fantasia, na cena psicodramática, torna-se concretude por meio da construção e interação de personagens.

2. Se a interação do protagonista se faz com os personagens numa cena tecida na cena psicodramática, essa interação se faz com outros

elementos do grupo que, por sua vez, estão igualmente tomados por sua realidade suplementar com sua carga subjetiva.

3. Em outro plano, tanto o diretor quanto a plateia contribuem para a construção da realidade suplementar do protagonista com suas intervenções e participações. Tudo se passa, inclusive as intervenções técnicas, ao mesmo tempo numa dimensão de realidade do grupo e numa dimensão de imaginação e fantasia, englobando as duas dimensões de realidade do protagonista objetivada na cena e, internamente, coconsciente e coinconscientemente de cada integrante do grupo.

4. Portanto, a realidade suplementar do protagonista em cena é sempre um processo de cocriação. A cena psicodramática é e sempre será a expressão viva de uma realidade suplementar do protagonista, acrescida de elementos da realidade suplementar de cada integrante do grupo, incluído o diretor. Isso configura e elucida um pouco mais os conceitos, já estudados, de Drama privado (do protagonista e dos demais integrantes do grupo), de Drama coletivo e o fenômeno que denominei coprotagonização, em que fatores coconscientes e coinconscientes se interpenetram na trama oculta do protagonista.

5. Sendo assim, o conceito de realidade suplementar aderido ao conceito de personagem constituem o ponto central de uma teoria de imaginação e fantasia (Capítulo 2) em psicodrama (teoria de que a Camila Gonçalves sentia falta lá em Salvador), solidificando a ponte entre a dimensão individual do homem moreniano (teoria da espontaneidade e criatividade) e a do homem em relação (sociometria e sociodinâmica) por meio do jogo de papéis (seu resultado pragmático sistematizado pela teoria de papéis).

Porém, antes de situar a trajetória vivencial da realidade suplementar com mais clareza na prática psicodramática, vamos pôr um pouco de ordem na casa à luz de algumas questões levantadas nos capítulos anteriores e de algumas formulações que desenvolvi nos capítulos "Um ovni na janela do cometa" e "Chame o Alfred", no meu livro *Fragmentos de um olhar psicodramático*, e em trabalhos e livros anteriores nos quais trato especificamente da transferência em psicodrama.

No correr dos anos me ocupei muitas vezes em refletir sobre a função da transferência no percurso psicodramático, com base na minha própria experiência clínica, tentando contribuir para a elucidação teórica de alguns pontos que me pareciam obscuros.

Na minha prática diária, o trabalho clássico com protagonista me levou a concluir que a atenção do diretor tinha de estar voltada para a transferência, seguindo sempre seu percurso na cena psicodramática até o seu *status nascendi*, não importando qual a cadeia associativa a ser seguida, desde que ficasse claro, nas cenas, a inspiração de suas diversas facetas por meio do efeito cacho de papéis dos diversos papéis sociais que, na cena, se transformavam em papéis psicodramáticos. O que se buscava era, uma vez identificado o *status nascendi* dessa transferência, era, repito, o desencapsulamento de um papel imaginário conservado dentro do sujeito, numa explosão espontânea e criativa, resultando numa catarse do protagonista que, por sua vez, provocaria uma catarse de integração no grupo. Esse papel imaginário desencapsulado tornado papel psicodramático na cena inauguraria um *status nascendi* relacional novo, livre daquela transferência específica e se propagando dessa nova forma, nos mais diversos papéis sociais, dentro e fora, ali e depois do grupo. Missão cumprida diante desse novo revestimento de uma espontaneidade e criatividade despertadas ou renascidas.

Detalhando melhor:

Naffah Neto

Sempre insisto no que julgo ser uma contribuição brasileira notável à teoria do psicodrama, a de Naffah Neto, separando a noção de papel imaginário e a de papel psicodramático. Até hoje essa contribuição não é suficientemente valorizada pelos psicodramatistas e é subestimada em suas implicações práticas. Muitas e muitas vezes tenho visto psicodramatistas, inclusive da velha guarda, até se referirem a essa contribuição importante de Naffah Neto e, na fala seguinte ou no correr de um texto, mais adiante, empregarem o termo papel psicodramático na acepção original de Moreno, totalmente diferente da concepção de Naffah Neto. Ou seja, leram e até estudaram a revisão do conceito, mas não caiu a ficha do novo significado e da sua implicação técnica.

Quando Moreno e seus discípulos imediatos empregam os termos papel psicodramático e papel imaginário, empregam indiferentemente como sinônimos. São definidos por eles como papéis nos quais são atuadas a fantasia e a imaginação, indiferentemente do lócus em que eles são atuados. Ou seja, tanto na vida, de uma maneira geral (crianças brincando de Cinderela, mocinho e bandido, princesa, bruxa, Super-Homem etc.; adultos num jogo qualquer), ou no cenário psicodramático em vários papéis. O destaque é dado principalmente à atuação da fantasia.

Naffah Neto reserva o termo papel psicodramático apenas para aqueles papéis que têm como lócus o cenário psicodramático. Ou seja, qualquer papel capaz de atuar a fantasia e a imaginação se jogado fora do cenário psicodramático deixa de ser chamado de papel psicodramático.

Naffah Neto passa a reservar o nome papel imaginário apenas para os papéis conservados dentro do sujeito e não atuados. Ou seja, construídos também pela imaginação e pela fantasia sem uma vazão para o mundo externo inter-relacional.

Ora, Camila Gonçalves (1988) observou que esses papéis imaginários, na verdade, se subdividem em duas categorias: transferenciais e não transfereciais. Ou seja, há papéis imaginários conservados pela transferência que exigem um trabalho específico focado nessa transferência para serem libertados e outros papéis imaginários, não necessariamente ligados à transferência, que não exigem esse procedimento e esse esforço.

Por outro lado, Anne-Marie Rocheblave-Spenlé (1969), socióloga francesa, considera uma outra categoria de papéis, papéis dramáticos, que são os papéis especificamente jogados no cenário do teatro (e, por extensão, do cinema e da televisão).

No conjunto dessas reformulações ficou uma lacuna. A daqueles papéis que brotam da imaginação sem embotamento transferencial e que podem ser atuados espontaneamente tanto no cenário psicodramático quanto fora dele, não podendo, portanto, ser chamados de papéis psicodramáticos. Por essa razão, para esse tipo de papéis, propus o termo "papéis de fantasia".

Os papéis psicodramáticos, cabe a ressalva, também têm de ser definidos por sua função ponte entre os papéis sociais e os papéis imaginários, como veremos adiante.

Desde 1980, a partir de um trabalho de Mezher, não considero mais papéis psicossomáticos como uma categoria de papéis, apesar da formulação original de Moreno, no máximo como zonas corporais em interação ou protopapéis. Atualmente adoto a seguinte classificação de papéis:

Papéis sociais

Para designar todos os papéis da vida cotidiana que vivemos em nossas relações mais diversas (papel de pai, de médico, de amigo, de filho, de marido etc.).

Papéis psicodramáticos

Jogados apenas no cenário psicodramático, servindo de elo de ligação entre os papéis sociais e os papéis imaginários.

Papéis imaginários

Conservados dentro do sujeito (encapsulados) e não atuados (conservados ou não pela transferência). Expressão conservada do desejo.

Papéis de fantasia

Não atuados e não conservados necessariamente pela transferência (às vezes não atuados apenas por falta de treinamento), podendo ser jogados dentro e fora do cenário psicodramático (fora em situações espontâneas dos jogos infantis ou de adultos, por exemplo; e dentro, nas situações de jogos psicodramáticos, teatro espontâneo, teatro de reprise, jornal vivo, grupos de *role-playing* etc.).

Papéis dramáticos

Desempenhados por atores no teatro, no cinema e na televisão.

Essa é a classificação de papéis que adoto hoje. Não utilizo mais a classificação original de Moreno. Nunca. Para mim, uma classificação superada à luz das novas revisões teóricas do psicodrama.

Ora, como cantaria Paulinho da Viola, ironicamente, no meu iPod: "Papéis sem conta sobre a minha mesa..."

Importância da contribuição de Naffah Neto

Que importância tem essa contribuição de Naffah Neto em diferenciar papéis psicodramáticos de papéis imaginários?

A definição de papel imaginário como um papel encapsulado e de papel psicodramático como atuado apenas no cenário do psicodrama transforma o objetivo do diretor, que passa a visar o desencapsulamento desse papel imaginário por meio da interação dos vários papéis psicodramáticos em cena, para torná-lo também psicodramático. Ou seja, atuado numa perspectiva espontânea e criativa, servindo de contraponto à transferência (no correr desse capítulo faremos as correções necessárias) da qual se partiu. Transforma, portanto, completamente, a estratégia do diretor.

Transferência

Pensando ainda em transferência, em migração por meio do efeito cacho de papéis, temos de considerar que esse percurso se faz por uma cadeia associativa polimorfa. Ou seja, a mesma transferência pode estar contida, no mesmo percurso associativo, inicialmente no discurso, seguindo-se por meio de um gesto, uma postura, um movimento na cena, sempre com um mesmo significado. Por exemplo: alguém que se diz rejeitado e que em uma cena concretiza a rejeição em uma imagem na qual é empurrado; em outra cena algum personagem da sua vida lhe dá as costas, ou é ele mesmo que dá as costas ao outro, e assim por diante (equivalentes transferenciais, ver os Capítulo 5 e 6).

É como se o protagonista em seu percurso psicodramático fosse lançando primeiro uma fumacinha vermelha, depois uma azul, em sequência uma amarela etc. As cores são diferentes, mas tudo é fumacinha. É preciso olhar a fumaça sem se perder nas cores.

No Capítulo 5 eu perguntava o que se transfere e respondia que, é claro (é claro agora), parcialmente, uma lógica afetiva de conduta, um conceito novo em psicodrama (Maria da Penha Nery, Capítulos 5 e 6 deste livro), capaz de desenhar uma pauta para o trabalho psicodramático de desfazer a transferência.

Conjunto transferencial

Agregando à lógica afetiva de conduta o conceito de personagem conservado (Carlos Calvente, Capítulo 6 deste livro) e o de poder simbólico (Baiocchi, Capítulo 6 deste livro), acrescido por um vínculo primário, passei a utilizar o termo conjunto transferencial para designar a ação conjunta de todos esses fatores na construção da transferência em seu *status nascendi,* inclusive os equivalentes transferenciais.

Ou seja, a transferência nasce de uma relação primária, vínculo esse que denominamos matriz, em que a figura primária exerce um poder simbólico sobre o protagonista, construindo com ele um modelo de conduta repetitivo como se fora a imposição de um personagem que ele atua de forma conservada em seus diversos papéis sociais. Lógicas afetivas de conduta ditam a pauta desse personagem, atando-o em uma forma relacional desprovida de espontaneidade e criatividade, transformando-se em um *mandato* que impõe uma maneira de ser no mundo, escravizada por essas *determinações* transferenciais. Por exemplo: vou ser *bonzinho* (personagem conservado) porque só dessa forma serei amado pela minha mãe, crença que repito em outros relacionamentos da minha vida, configurando transferencialmente o mesmo personagem conservado. Estive teorizando até esse ponto, quando, finalmente, me caiu a ficha:

O que o psicodrama tem de mais específico e constante, do ponto de vista teórico, é sua teoria da espontaneidade e criatividade. É isso que Moreno privilegia. É isso que diferencia o psicodrama de qualquer outra escola ou movimento que trata do homem e de suas relações humanas. É essa a sua especificidade. Em psicodrama se fala de adoecer, inibir, travar, bloquear, adormecer, desenvolver, libertar, abafar, amarrar, desamarrar, enfim, a espontaneidade. O psicodramatista é e sempre foi constantemente treinado para enxergar a espontaneidade e a criatividade onde elas estão ausentes ou pouco aparentes.

Portanto, o óbvio ululante: em qualquer trabalho psicodramático sempre (SEMPRE) se parte de alguma medida de falta de espontaneidade e criatividade e sempre se visa chegar ao apoderamento daquilo que possa preencher essa lacuna, possibilitando o novo.

Consequentemente, num trabalho psicodramático, em uma perspectiva clínica, o que se transfere por meio do fenômeno cacho de papéis é uma falta de espontaneidade e de criatividade.

A transferência, ou melhor, o conjunto transferencial, sinaliza apenas o melhor caminho para chegar ao *status nascendi* dessa falta de espontaneidade e de criatividade. A elucidação das circunstâncias que envolvem esse conjunto e a coconstrução de uma realidade suplementar por meio da interação do protagonista com seus personagens é que vão libertá-lo para que possa viver plenamente a sua verdade psicodramática e poética. Como tal processo se realiza?

Um emergente grupal surge do grupo por meio de uma queixa que reflete algum tipo de impasse em que está envolvida uma falta de espontaneidade e de criatividade para lidar com a situação descrita. Sempre é possível visualizar tal ocorrência.

Outras vezes é o próprio diretor que assinala algo em algum participante do grupo que contém o mesmo significado. Nesse caso é o diretor que transforma alguém em emergente grupal.

As reflexões que acabei de formular me levam hoje a perguntar a mim mesmo diante de um emergente grupal de fato ou em potencial: *Estou diante de que falta de espontaneidade e criatividade?* Ou: *Aqui está faltando espontaneidade e criatividade para quê?* Não me pergunto mais qual é a transferência com que estou trabalhando. A transferência hoje é para mim apenas uma sinalização que mostra a migração dessa falta de espontaneidade e criatividade por meio do efeito cacho de papéis até o seu *status nascendi* (a falta de espontaneidade e de criatividade). Essa sinalização da transferência se faz por meio de um conjunto transferencial composto pelo personagem conservado pelos equivalentes transferenciais, por lógicas afetivas de conduta e pelo poder simbólico exercido pelos personagens dos vínculos primários sobre o protagonista. Identificar tais componentes é identificar o modo de relação que o protagonista estabelece com os integrantes do seu átomo social que resulta em incongruências ou mutualidades negativas de escolha, comprometendo sua posição sociométrica. Essa é a referência teórica do psicodrama. Potanto, não vejo sentido na procura de um conflito, uma referência psicanalítica. Nem é necessário. A procura passa a ser focada na falta de espontaneidade e de criatividade e recuperá-las passa a ser o objetivo do percurso psicodramático na dramatização.

De que forma esse percurso pode ser traçado e percorrido?

Ora, nada que o protagonista constrói em cena representa a verdade absoluta. Como a montagem de suas cenas vem acrescida de uma carga subjetiva (quem conta um conto aumenta um ponto), ele acrescenta a essa montagem um *plus* de realidade composto de ação e texto. Portanto, o protagonista, na cena, constrói uma realidade suplementar.

Em um grupo o protagonista escolhe seus companheiros como egos-auxiliares para representar os personagens de sua cena (incluídos aqui também os egos-auxiliares profissionais, se eles estão presentes).

Mesmo tentando encarnar esses personagens o mais fielmente possível, cada um dos egos-auxiliares também contribui com a sua subjetividade, também com um *plus* de realidade, criando uma outra dimensão dessa realidade suplementar, que tem tantas vertentes individuais quantos são os participantes de cada cena; e uma dimensão coletiva de uma criação conjunta, no fundo um teatro espontâneo, do qual todos participam e que não corresponde nunca a uma verdade histórica.

Além disso, estão presentes o diretor com suas intervenções e a plateia especificamente fora da cena, mas também com poder de interferência nessa mesma cena (desde exteriorização de sentimento até interferência explícita) e na mudança de rumo da trajetória do protagonista, o que pode ser feito de diversas formas. Portanto, contribuem igualmente para a construção da mesma realidade suplementar do protagonista que, por isso mesmo, será sempre uma cocriação espontânea e criativa (Albor Reñones, em 2004, observa que um conjunto de tensões pode servir como porta de entrada para o imaginário do grupo, uma forma indireta de se referir à realidade suplementar, e que um evento "nunca será abarcado em sua completude", ainda mais se comprometido com o que "virá depois").

O protagonista e os egos-auxiliares podem jogar papéis psicodramáticos tendo como referência papéis sociais (o protagonista no papel de filho, um ego-auxiliar no papel do seu pai, outro no papel do seu irmão etc., e vice-versa) ou papéis de fantasia (o papel de uma angústia concretizada, de um peso, do cachorro do vizinho que observa a cena, de um anjo da guarda que abandona o protagonista numa hora de aflição, da tia que morreu etc., em infinitas possibilidades combinatórias), podendo conviver, na cena, tanto personagens da vida real como da imaginação ou até produtos de um sonho.

A diferença que se estabelece nessa situação é que tanto o protagonista como os egos-auxiliares constroem uma realidade suplementar atuando na cena psicodramática, enquanto o diretor contribui para essa construção de outra forma. Embora ele esteja presente no cenário psicodramático, sua atuação se faz por intermédio de suas intervenções técnicas, também visíveis no contexto dramático. Entretanto, essa afirmação não é também 100% verdadeira. Um diretor de teatro tradicional pode estar no palco e pode dialogar com os atores ou com os personagens encarnados por eles durante o ensaio da peça. Na representação propriamente dita ele poderá até estar ausente do teatro ou escondido nos bastidores.

O diretor de psicodrama tem uma especificidade de atuação: na própria encenação da peça (a dramatização é sempre uma modalidade de teatro espontâneo) ele atuará como o diretor tradicional no ensaio da peça. Ou seja, ele interromperá o protagonista ou os egos-auxiliares quando bem lhe aprouver, indicará rumos e dialogará com os personagens para manter o aquecimento ou pesquisar algo da trama oculta do protagonista, ou fará um duplo, o que lhe dará uma forma especial de coconstrução da realidade suplementar do protagonista, no próprio contexto dramático.

Já a plateia terá a sua parte de coconstrução da realidade suplementar do protagonista, em geral sem sair do lugar (há casos em que alguém da plateia se dirige para a cena psicodramática interferindo diretamente na dramatização), permanecendo no contexto grupal, aqui ampliado para o contexto dramático.

Ainda em 1988, em Salvador (*Eta congressinho bom!*), Dalmiro Bustos, em uma mesa-redonda, apresentou sua visão da época sobre o processo psicodramático, situando o trabalho com a transferência baseado em conceitos originários da Filosofia do Momento de Moreno.

Naquela ocasião, seu ponto de vista teórico era o de que toda transferência tinha sua matriz, seu lócus e seu *status nascendi*. Isso gerou entre nós certo pingue-pongue muito amigável de contribuições teóricas sobre esse tema, cada vez que escrevíamos sobre o assunto. No capítulo "Chame o Alfred" de meu livro *Fragmentos de um olhar psicodramático*, por exemplo, exponho as razões da minha discordância do termo *rematrização*.

Porém, no que interessa discutir aqui, Bustos considerava naquele tempo o lócus da transferência como as circunstâncias que cercavam a vida do protagonista no momento em que tal transferência era construída (matrizada, para usar um termo da compreensão teórica da época). Bustos também afirmava que tais circunstâncias não se modificavam. Por exemplo: o protagonista se sentiu rejeitado pela mãe; na cena, a mãe acabava de dar à luz, seu irmãozinho estava internado com infecção hospitalar e o pai viajando a trabalho, a avó acabara de morrer etc.

Vamos transpor essas reflexões de mais de duas décadas para a linha de raciocínio que estou desenvolvendo aqui, em se tratando de realidade suplementar.

Primeiro, no lugar de transferência, vamos falar em ausência ou escassez de espontaneidade e de criatividade.

Nesse caso, é o *status nascendi* dessa falta de espontaneidade e criatividade que vamos procurar, originado de uma relação primária (matriz) em que o protagonista está também configurando o seu papel complementar interno conservado (ver Capítulo 5), envolto em determinadas circunstâncias (lócus) e originando movimentos existenciais (relacionais) desprovidos de espontaneidade e de criatividade (seu *status nascendi*).

O objetivo psicodramático é, detectando tal conjunto de forças, reverter a situação criando um *status nascendi* relacional novo (é como me expresso em lugar de rematrização).

Ora, para que tal ocorra, é necessário que nos movimentemos em busca do papel imaginário, conservado e encapsulado dentro do protagonista, que represente a antítese da falta de espontaneidade e de criatividade. Atuando no cenário psicodramático e transformado, portanto, em papel psicodramático, ele será responsável pela explosão espontânea e criativa capaz de criar um novo *status nascendi* relacional.

Para que isso aconteça é necessário que o protagonista seja alavancado pela coconstrução de uma realidade suplementar aplicada àquela situação. Por essa razão, discordo do Bustos de 1988, ou concordo em parte.

Se, por um lado, é verdade que as circunstâncias que rodeiam a formação da falta de espontaneidade e de criatividade, que serão propagadas transferencialmente em diversos papéis sociais para um futuro, não se modificam em sua verdade histórica, por outro lado, a coconstrução de uma realidade suplementar modifica, sim, tais circunstâncias na cena psicodramática. Atenção: especificamente na cena psicodramática. Isso acontece pelo acréscimo de um plus de realidade subjetiva de cada integrante do grupo. A cena nunca corresponderá à da verdade histórica. Ela já começa modificada. As variações que cada membro do grupo, inclusive o diretor, acresenta a tais circunstâncias (entra tudo, desde a ligeira modificação dos fatos assim como novos sentimentos, expressões, desdobramentos cênicos etc.), em si mesmas já esboçam pequenas indicações de caminhos mais espontâneos e criativos ao protagonista. Esboçam sutis alternativas e, por isso, essas modificações delicadas de circunstâncias impulsionam o protagonista em um movimento catártico de apoderar-se de um papel imaginário (conservado e encapsulado dentro dele) não vivido, transformando-o em ação no cenário psicodramático, transformado finalmente num papel psicodramático, configurando um novo *status nascendi* relacional (a ideia é a de movimentos existenciais novos ou renovados, despidos de suas conservas).

Nesse ponto, só nesse ponto, se dá a catarse de integração no grupo (segundo Albor Vives Reñones, a catarse de integração só se dá no grupo e naquele momento). Tal catarse de integração configura no grupo um estado de compartilhamento. O que virá depois fica por conta da migração do novo modo relacional através dos papéis sociais pelo efeito cacho, como consequência da catarse do protagonista e da catarse de integração grupal, eventos que só podem ocorrer no próprio grupo. Por meio dessa vivência de coconstrução de uma realidade suplementar, o protagonista e o grupo, por meio do protagonista, resgatam a dimensão plena da sua verdade psicodramática e poética.

Portanto, não há como negar a importância fundamental da realidade suplementar como o instrumento por excelência das possibilidades psicodramáticas que, juntamente com o conceito da personagem, ocupa lugar central em uma teoria psicodramática de imaginação e fantasia.

A ação psicodramática torna visível a dimensão invisível da realidade suplementar que, por sua vez, reconduz a espontaneidade e a criatividade para onde tudo começa e acaba, ponto de partida, ponto de chegada, devolvendo à transferência sua função sinalizadora. A linha de Ariadne nos conduzindo e a Teseu para a saída do labirinto.

O que dirão a Camila e o Bustos de tudo isso tantos anos depois?

9. ITABIRA E A COPROTAGONIZAÇÃO[17]

Itabira é apenas uma fotografia na parede.
Mas como dói!
(Carlos Drummond de Andrade,
"Confidência do itabirano"
em *Sentimento do mundo*)

Deixando de lado malans, itamares, petismos e magalhãzadas nos trinques, de sapatos brancos, na cor do orixá do dia, à parte, Itabira pode ser uma montanha de ferro, a terra natal do Drummond, um sorvedouro em dólares da Vale do Rio Doce, uma fotografia pendurada na parede ou apenas uma dor, estocada da lâmina de aço da saudade.

Não fora isso, por que não evocar Constantino de papo pro ar no Estreito de Bósforo, não tendo por que se perpetuar em mural se a dele era mosaico?

Tal era o panorama em Istambul na primavera do ano 2000 a aclamar o apogeu de Bizâncio.

Eu me pergunto como dar sentido a essa aparente maluquice contida nesses poucos parágrafos iniciais.

---

17. Trabalho apresentado em *Temas em Debate: Coconsciente e coinconsciente*, no XII Congresso Brasileiro de Psicodrama, Águas de São Pedro, nov. 2000.

É claro que estou me referindo à interação complexa de ideias, imagens, valores, conceitos, sensações e sentimentos que pontuam a comunicação humana e a sua ressonância dentro de cada um de nós, imersos que estamos na cultura de vários grupos possíveis a que estamos, até sem saber, agregados.

Falo, primeiro, como pertencente a um grupo de admiradores da poesia, situando Drummond como um marco de referência.

Não contente com isso, a forma de redação do primeiro parágrafo revela, de cara, o meu desejo de ser incluído, mais que só no grupo dos admiradores, no próprio círculo aparentemente restrito dos poetas.

Se escolho essa via de comunicação para aquele que me lê ou me ouve, é porque parto da crença de que dentro de cada um há sentimentos que podem ser tocados e transformados em metáforas que, se expressadas, fazem de cada ser humano um poeta. E, assim, portanto, dono de sua verdade psicodramática e poética moreniana, sendo minha linguagem inteligível e universal, como uma consequência natural. Um canal sensível aberto entre nós que tende a nos aproximar de alguma maneira.

Mas o verso de Drummond afirma primeiro um distanciamento, como as uvas verdes da raposa, para depois doer, traindo a emoção, da mesma forma que, num ato falho, a personagem de Esopo se volta, salivando, ao ouvir uma folha seca caindo da parreira.

O primeiro desafio, como um primeiro aquecimento, é nos equilibrarmos numa mesma contradição toda feita de desejo, de dor e dos mecanismos de defesa que utilizamos para evitá-la.

Quando nos distanciamos, podemos ver Itabira tanto pelo prisma de nossos valores, conhecimento ou ideologias – que, por sua vez, despertam outras tantas associações de referência racional ou emocional – quanto pelo viés de nossas vivências mais íntimas ou de recordações explícitas.

Assim, de onde vier, Itabira pode ser uma simples cidade de Minas, o berço do poeta, uma rota da mineração de ferro, o símbolo político de uma oposição às privatizações da economia brasileira atual com todo o cortejo de partidos, governantes e políticos do cenário contemporâneo, até mesmo a referência indireta à baianidade e ao populismo de ACM (Antônio Carlos Magalhães), aqui também como um de seus símbolos.

Mas Itabira surge com toda a força de algo perdido no tempo, na história, que falta e que dói. Diante disso podemos tentar transformá-la apenas numa fotografia na parede ou, para alguns de nós, o significado também pode ser, precisamente, apenas o de uma fotografia na parede sem qualquer dor ou sequela.

Minha preocupação em não cair em discussões frívolas, adjetivadas como bizantinas, deixando escoar certa objetividade cobrada dos trabalhos científicos, me fez divagar por Bizâncio e, logicamente, imaginar Constantino na Turquia, na época atual, viajando no tempo e na história pela mesma cidade batizada com seu nome, Constantinopla, atual Istambul.

Como a arte dos mosaicos caracterizou a cultura bizantina e eu me encontro diante da tarefa de juntar alguns pedaços de experiências e de conhecimento disperso para dar um sentido às partes e ao todo, nada mais apropriado que minhas associações tomassem esse rumo, configurando dois caminhos simultâneos e, aparentemente, paralelos: Itabira-Drummond e Istambul-Constantino. Dois conjuntos, parto do princípio, interpenetrantes.

Nesse momento me ocorre que os ancestrais de Moreno viveram na Turquia, que seu pai, de origem turca, viveu em Constantinopla, bem como seu avô e seu tio avô que casou com a filha do prefeito da cidade e que herdou um harém.

Moreno, mais tarde, fez uma viagem inesquecível com o pai a essa mesma Turquia, em que ficou fascinado com as mulheres do harém desse tio, justamente em Constantinopla (Istambul), e que, segundo Marineau, foi um marco em sua vida. Não nos esqueçamos que seus pais se separaram pouco depois e que Moreno ficou permanentemente marcado pela ausência paterna. Portanto, Constantinopla poderia ser, para Moreno, perfeitamente, uma fotografia na parede. Doeria?

Não foi sem razão que Moreno construiu o mito do seu nascimento como tendo ocorrido no Mar Negro, num navio partindo do Bósforo.

Nós, psicodramatistas, participamos coconscientemente ou coinconscientemente desse patamar biográfico de Moreno e, sendo assim, esses dois conjuntos, agora três, Itabira-Drummond, Istambul-Constantino e Constantinopla-Moreno, talvez se constituam em uma coisa só com seus círculos concêntricos associativos costurando uma cultura comum.

Essa cultura comum, uma cultura de grupo, por sua vez, determina uma forma de comunicação, quer pelo viés da razão, quer pelo viés da emoção, que configura certas particularidades numa forma de estar consigo mesmo e com o outro.

Se imaginarmos o funcionamento de um grupo qualquer de psicodrama, tudo aquilo que ali ocorre é, de alguma maneira, compartilhável.

Mesmo os aparentes desencontros e as incongruências de escolha que se estabelecem, sociometricamente, ao longo do processo, têm um substrato ancorado em razões em parte coconscientes e em parte coinconscientes, potencialmente desvendáveis por meio da própria ação psicodramática.

Ou seja, o que não se sabe, se saberá. Quem viver (sobreviver? *who shall survive?*) verá.

Tomando essa afirmação como base, está implícito:

- Tudo é compartilhável na cultura de um grupo.
- Esse compartilhamento tanto pode ser explícito, na comunicação verbal e não verbal, por meio da exteriorização de qualquer sentimento, sensação ou emoção.
- Parte desse compartilhamento ocorre num plano coconsciente, a outra parte se fazendo num patamar coinconsciente.
- As diversas etapas de uma sessão de grupo de psicodrama ou de um ato psicodramático não passam de estados de compartilha-

mento que ocorrem de maneiras diferentes. Sendo assim, as etapas de aquecimento inespecífico, de aquecimento específico e de dramatização não passam de etapas de um compartilhamento implícito, preparando o grupo para a etapa propriamente dita de compartilhamento, ou seja, de compartilhamento explícito.

- O que diferencia o compartilhamento implícito do explícito é o montante do coinconsciente grupal oculto ou explicitado no grupo.

- Numa progressão, o compartilhamento grupal se faz, na etapa de aquecimento inespecífico, por meio da cultura coconsciente do grupo até a etapa de compartilhamento, em que o que era coinconsciente nessa mesma cultura do grupo se torna, enfim, compartilhável explicitamente, ou seja, coconsciente.

O meio pelo qual se dá esse processo de transformação do coinconsciente, ou parte dele, de uma cultura de grupo numa aquisição nova coconsciente, é o desvelamento da trama oculta do protagonista na etapa da dramatização, em que essa transformação, mais do que tornada visível, é vivida, ou melhor, covivida.

Por isso mesmo, o emergente ou representante grupal (mais bem explicitado no Capítulo 12) só se torna protagonista na ação dramática à medida que seu Drama privado agrega os Dramas privados dos demais participantes do grupo – inclusive os dos psicodramatistas, quer diretores, quer egos-auxiliares –, um conjunto de subjetividades, dando sentido ao Drama coletivo grupal, ou seja, sua dinâmica e a própria razão de sua associação naquele momento – a de estar consigo mesmo e com o outro.

Um projeto dramático, portanto, se constrói coconsciente e coinconscientemente entre os participantes da cultura de um grupo, numa via cocriativa que, pela ação dramática, permite a transformação, a partir de um coconsciente restrito, de parte do coinconsciente grupal em um coconsciente mais ampliado.

Consequentemente, por mais paradoxal que pareça, esse projeto coinconsciente de revelar o coinconsciente grupal num processo cocriativo, desembocando num compartilhamento grupal explícito e coconsciente, pode ter seu ponto de partida na própria aparente ausência de compartilhamento coconsciente, a vivência do caos e do desencontro podendo se configurar, portanto, como uma forma aparentemente anárquica de compartilhamento.

Essa maneira de ver a engrenagem de um processo grupal com a retina do psicodrama nos leva, consequentemente, a alguns pontos de reflexão:

- Que é o jogo de ocultamento e de desvelamento movimentado pelas forças coconscientes e coinconscientes, presentes em qualquer relação, que configura o fenômeno tele, dependendo do seu potencial cocriativo, imprimindo ou não fluidez à ação dramática em um grupo qualquer de psicodrama ou a qualquer projeto dramático na vida, em qualquer vínculo, por meio de qualquer complementaridade de papéis sociais, extrapolando o próprio grupo de psicodrama.

- A multiplicação dramática nada mais é que uma aposta na presença constante de uma cultura coinconsciente grupal que possibilita a interpenetração de cenas de vários protagonistas por meio de qualquer cadeia associativa, em um estado coconsciente e coinconsciente de uma forma permanente de compartilhamento.

- A atuação espontânea dos egos-auxiliares em psicodrama e a sua interação com o protagonista se constituem como uma evidência da interpenetração de subjetividades, permitindo que a ação dramática se construa por meio de uma conjugação de fatores coconscientes e coinconscientes.

- O mesmo se pode dizer das intervenções do diretor de psicodrama que acompanham ou não o protagonista, dependendo de suas motivações coinconscientes, suas cenas temidas podendo se

Psicodrama – O forro e o avesso

constituir como mola propulsora ou como paralisação da cena psicodramática.

- O mesmo se pode dizer da motivação da plateia.

Naturalmente, se partirmos do princípio de que coconsciente e coinconsciente se interpenetram dessa maneira em um estado permanente de compartilhamento, é lícito considerar que, em um grupo de psicodrama, cada vez que um protagonista se constitui como seu representante vivencial, coconsciente e coinconscientemente, todos os seus demais integrantes estarão automaticamente na posição de coprotagonistas, inclusive o diretor.

Tal fenômeno não só viabiliza qualquer nível de compartilhamento como também a continuação da montagem de outras cenas por meio de qualquer outro membro do grupo, por qualquer via associativa.

Esse conceito de coprotagonização é que autoriza o diretor a confiar que, em paralelo, cada integrante de um grupo vive interiormente a própria cena aderida à cena do protagonista no cenário psicodramático e que tanto é possível trazê-la à tona num compartilhamento verbal quanto num compartilhamento psicodramático (voltarei ao assunto no Capítulo 13), cocriativamente.

Certa vez, em um grupo, desenrolava-se uma cena no cenário psicodramático em que a protagonista era maltratada pelo marido. De repente, uma outra mulher se destaca da plateia e irrompe na cena enfrentando o marido de sua colega de grupo. Nesse momento, sem interromper a cena, fiz um duplo seu, dizendo: *Estou brigando com alguém da minha vida e não com o marido de Fulana*. Ela estampou a surpresa no rosto, sentou-se na plateia e a cena com a protagonista continuou até o seu final. Na etapa de compartilhamento, em vez de pedir a ela que nos contasse o que tinha acontecido, remontei a cena naquele ponto de sua interrupção. Agora como protagonista (coprotagonista), essa integrante do grupo reviveu uma cena em que foi agredida fisicamente pelo marido bêbado, permitindo-se confrontar-se com ele, o que nunca acontecera antes. Ocorreu, na verdade, um compartilhamento pela ação dramática.

Esse é um pequeno exemplo prático de uma implicação técnica do conceito de coprotagonização e de sua utilidade. Talvez a transformação da Itabira de todos nós, de fato e apenas, em uma simples fotografia na parede.

10. SOBRE INICIADORES

Saber operar com a conjugação dos iniciadores de um aquecimento é, para mim, o segredo do domínio da técnica psicodramática. O pulo do gato.

Por isso mesmo, me espanta observar que, quando o tema é tratado na literatura psicodramática, ele está perdido no meio de alguns parágrafos de algum capítulo sobre outro assunto. Exceção feita a Castello de Almeida, que dedica todo um capítulo de um livro (de vários autores) aos iniciadores[18]. Porém, mesmo assim, sem tirar-lhe o mérito da qualidade de sua produção, tal capítulo é focado numa subdivisão dos iniciadores, que acaba listando uma série de procedimentos que podem ser empregados no cenário do psicodrama, geralmente para aquecimento de grupos.

Nós, psicodramatistas, em geral nos conformamos em considerar a subdivisão de iniciadores proposta por Moreno como a definitiva e ponto: iniciadores físicos, mentais e psicoquímicos. Entretanto, o fundamental mesmo é compreender que a noção de iniciadores não pode ser dissociada nunca dos conceitos de aquecimento, espontaneidade e criatividade. Só dessa forma tem sentido.

---

18. ALMEIDA, Wilson Castello de. "Técnicas dos iniciadores". In: MONTEIRO, R. F. (org.). *Técnicas fundamentais do psicodrama*. São Paulo: Ágora, 1998.

Num plano vivencial mais abrangente, no dia a dia de cada um de nós, somos estimulados por iniciadores todo o tempo para promover nosso aquecimento para qualquer ato espontâneo da nossa existência. Sendo assim, em cada dia somos mobilizados para uma infinidade de atos. Esses atos têm como base um conjunto de estímulos que nos movimentam para sua realização espontânea. Portanto, na vida, de um modo geral, tal processo está sempre acontecendo e nem sempre temos o aquecimento necessário para que tais ações se concretizem. Pode nos faltar espontaneidade e nos faltar criatividade para isso. Por sua vez, se nos falta espontaneidade, falta uma deflagração adequada dos iniciadores para um ato espontâneo.

Esse é o princípio geral, tomando por base a própria vida. Em tudo ele se aplica e, por isso mesmo, essa reflexão se configura como um interesse particular dirigido a qualquer evento psicodramático (grupo processual de psicodrama, psicoterapia psicodramática individual bipessoal, ato psicodramático ou sociodramático, teatro espontâneo etc.).

Cabe aqui, para iniciar essa discussão, rever uns tantos pontos já abordados por alguns autores, inclusive Moreno.

Logo de saída, no que diz respeito ao aproveitamento técnico dos iniciadores, vou descartar dessa classificação os iniciadores físico-químicos, dos quais todo mundo fala porque Moreno criou, mas que ninguém utiliza na prática. A não ser que o psicodramatista resolva em seu trabalho iniciar o aquecimento de um grupo com farta distribuição de LSD e doses generosas de caipirinha, por exemplo, o que vai acabar resultando em B.O., não valendo a pena perder tempo com isso neste estudo.

No máximo podemos dizer que essa observação de Moreno, em que substâncias químicas podem deflagrar um processo de aquecimento, é compatível com a ideia de que uma bioquímica cerebral está em jogo em se tratando de iniciadores, mesmo sem aditivos externos.

Castello de Almeida (1993) define iniciadores como "estímulos internos e externos ao indivíduo, voluntários ou involuntários, utilizando para o aquecimento do paciente (sua referência é basicamente clínica) de forma a sensibilizá-lo e a introduzi-lo no desempenho espontâneo e criativo dos papéis da dramatização pretendida". Portanto, seu objetivo é atingir um estado espontâneo da dramatização, que não ocorrerá sem um bom aquecimento.

Naffah Neto (1979) se ocupa da reformulação de tais conceitos procurando penetrar na essência do seu significado. Considera os iniciadores corporais um conjunto complexo de contrações e interações musculares, mas que está além de um mero ato mecânico. Trata-se de uma abertura a uma situação num tempo determinado. Ele inclui nos iniciadores mentais tanto sentimentos quanto imagens (veremos mais adiante o desdobramento disso).

Seu ponto de vista conceitual é que o iniciador fundamental é a percepção. Para ele o iniciador mental não existe porque "as imagens mentais são sempre possibilitadas por uma condição que lhes é anterior e fundamental e que, por essa mesma razão, é a única que pode 'iniciar' algo".

Vai mais além, observando que a intervenção do psicodramatista é que deflagra imagens mentais no protagonista, sendo, portanto, a própria relação terapeuta-protagonista o iniciador em questão.

Olhando, portanto, por esse prisma, a rigor teríamos de chamar os iniciadores que conhecemos de continuadores de um processo de aquecimento, o que, a essa altura do desenvolvimento do psicodrama, seria impossível. Nada impede que fiquemos com a classificação conhecida, embora, como veremos, modificada, mas tendo sempre presente a crítica pertinente de Naffah Neto.

Bustos (1985) propõe a adoção de uma nova nomenclatura para os iniciadores:

1. Iniciadores corporais (substituindo os físicos).
2. Iniciadores emocionais (desdobrado dos iniciadores mentais: Naffah Neto considerava, antes de Bustos, imagens e sentimentos englobados na categoria dos iniciadores mentais).
3. Iniciadores ideativos (substituindo os mentais).

Bustos observa que os iniciadores corporais circunscrevem zonas de tensão corporal que são aproveitadas pelo psicodramatista para a aplicação da técnica de maximização. Observa também que o diretor busca conectar o iniciador corporal aos outros dois níveis, o ideativo e o emocional. Assinala ainda que, no que diz respeito ao iniciador emocional, a tensão pode ser muito alta provocando uma descarga prematura (falsa catarse). E, ainda, relata a utilização de máscara (máscara de dormir) para manter o protagonista voltado para si mesmo, deflagrando mais facilmente uma sucessão de fantasias e de recordações.

Castello de Almeida (1993) propõe outra classificação:

- Iniciadores físicos.
- Iniciadores intelectivos.
- Iniciadores temáticos.
- Iniciadores sociorrelacionais.
- Iniciadores psicoquímicos.
- Iniciadores fisiológicos.
- Iniciadores mentais ou psicológicos.

É ele mesmo quem afirma que todos esses tipos de iniciadores convergem para aqueles considerados fundamentais, que ele chama de iniciadores finais, ou seja, os iniciadores mentais ou psicológicos.

Na verdade, essa subdivisão de Castello de Almeida tem a finalidade de ajudar a sistematizar uma série de procedimentos técnicos utilizados no aquecimento. Por exemplo: andar ou dançar como iniciadores físicos, utilização de poesias ou outros textos como iniciadores intelectivos, temas de filmes ou temas musicais como iniciadores temáticos, diálogos em subgrupos como iniciadores sociorrelacionais etc. Tudo perfeitamente cabível em um livro de vários autores sobre técnicas psicodramáticas.

No confronto das contribuições desses autores com a minha própria experiência clínica, o que foi se acrescentando ao meu pensamento em uma dimensão nova da compreensão e utilização técnica dos iniciadores de um aquecimento?

1. Continuei e continuo a utilizar o termo iniciadores por razões práticas, apesar da revisão conceitual de Naffah Neto, pelos motivos já expostos.

2. Passei a adotar a classificação de Bustos considerando os iniciadores corporais, emocionais e ideativos como aqueles que podem ser considerados fundamentais e que são os que realmente utilizo hoje. Isso porque tal classificação veio de encontro à minha própria observação clínica.

3. Consequentemente, qualquer outro tipo de iniciadores que possam ser nomeados, como aqueles citados por Castello de Almeida, não passam de subdivisões criadas com uma intenção didática evidente, como ele próprio considera, como foco dirigido a uma intenção momentânea – no caso, explicitar a indicação variada de técnicas psicodramáticas.

4. A razão principal dessas minhas afirmações é que na prática psicodramática é sempre possível visualizar que, quando um aquecimento está operando, os três tipos de iniciadores (corporais, emocionais e ideativos) estão sempre presentes e visíveis ou são facilmente tornados visíveis. A boa articulação entre eles é que dá agilidade à aplicação de qualquer técnica. É o fator que promove o bom aquecimento e, sobretudo, a manutenção do aquecimento em todas as etapas de um ato ou sessão de psicodrama em suas diversas aplicações práticas (ver Capítulo 13, onde há uma explicação mais farta de tais questões). Essa boa articulação evita falsas catarses.

Como isso acontece e que desdobramentos decorrem dessa concepção, no que diz respeito ao manejo da técnica e à construção da cena?

Na verdade, um tipo de iniciador não opera antes ou depois de um iniciador de outro tipo. Eles operam juntos. Estão intimamente ligados. Apenas o diretor percebe primeiro um deles ou toma a iniciativa de acionar primeiro um ou outro. Isso se dá em segundos.

O iniciador ideativo contém a própria cena com a carga subjetiva que funde realidade e fantasia numa realidade suplementar.

O iniciador emocional deflagra sentimentos e emoções contidos na própria cena, explicitada ou não, consciente ou não.

O iniciador corporal deflagra sensações e movimentos aderidos às emoções, recordações e imagens.

O conjunto dessas articulações prepara o protagonista para seu trânsito livre, na cena psicodramática, com e por meio dos seus personagens. Enfim, para um estado de espontaneidade e de criatividade, se essa articulação for acionada e mantida pelo diretor. Essa é a sua função técnica principal. Tudo que acontece e acontecerá na cena psicodramática depende disso.

É perfeitamente possível, minha prática demonstra isso a todo o instante, *pescar* uma cena de qualquer pessoa em poucos segundos, uma demonstração viva de tal articulação. Basta prestar atenção em alguém, direcionar o foco para uma zona corporal com alguma tensão, maximizá-la (iniciador corporal), pedir (facilita fechar os olhos brevemente ou usar a máscara de Bustos, por exemplo) para expressar o sentimento (falando no presente) que ali está e ali se manifesta (iniciador emocional) e solicitar que diga em que lugar (cena, iniciador ideativo) está ou se vê (trazendo a cena para o presente) com esse sentimento (iniciador ideativo acoplado a um iniciador emocional).

Quando descrevo essa intervenção, o uso do tempo presente para perguntar ao sujeito onde ele está é tecnicamente proposital. Eu não peço um relato sobre uma recordação (que seria: *O que você está lembrando?*), coloco o sujeito diretamente numa cena. Ele já está lá (veja o Capítulo 13).

O que me autoriza a agir dessa maneira, que intensifica e abrevia o aquecimento, é a convicção teórica de que os três tipos de iniciadores estão intimamente articulados entre si. Assim, se o corpo está tenso, há algo ali que pode ser maximizado e acrescido de um sentimento ou emoção até então oculta. Se esses dois fatores (iniciadores) estão presentes é porque o sujeito está intensamente em uma cena, mesmo que ele não tenha consciência dela. Basta *puxá-la* com o anzol da conjugação tríplice de iniciadores.

É claro que se pode começar pela emoção (iniciador emocional) ou por uma recordação ou fantasia (iniciador ideativo). O resultado é o mesmo e comprova na prática que um iniciador não prevalece sobre o outro. Os três tipos estão fundidos em um novelo que oferece três pontas. Tanto faz puxar uma ou outra. Vai do gosto ou da inspiração do freguês. No caso, o diretor. E do aquecimento para o aquecimento.

O modo de pensar teoricamente e o de agir tecnicamente compõem uma coisa só, que é fundamental para a incorporação do diretor e modifica completamente a sua perspectiva de direção, já a partir da etapa de aquecimento inespecífico (vide Capítulo 12), ficando muito mais fácil detectar e fazer surgir os emergentes grupais (vide Capítulo 13) e, no aquecimento específico, colocar o representante grupal na cena – ou cenas – de um modo tal que o aquecimento mais ágil e mais bem fundamentado contribua decisivamente para que aquele representante grupal se torne, na cena, um verdadeiro protagonista.

Quero abrir aqui um parêntese estimulante e, no mínimo, curioso, que consolida ainda mais a importância de tais formulações psicodramáticas.

Nos últimos anos, alguns psicodramatistas brasileiros trouxeram para os nossos congressos, como é o caso de Esly Carvalho, a junção de técnicas e de fundamentos do EMDR (*Eye Movement Desensitization and Reprocessing* – dessensibilização e reprocessamento por meio de movimentos oculares) com o psicodrama. Participei de uma vivência psicodramática dirigida por ela, em que utilizava técnicas e princípios do EMDR na ação psicodramática, num congresso equatoriano de psicodrama em 2007. Ana Maria Zampieri (2007), em um artigo sobre a utilização do EMDR em psicodrama, em casos de violência sexual, nos brinda com uma série de protocolos ilustrando a conjugação dos dois métodos.

O EMDR, resumidamente, é uma forma de tratamento do trauma e do estresse pós-traumático que utiliza como estímulo principal os movimentos oculares, técnica criada por Francine Shapiro. Parte do princípio de que nas situações traumáticas o cérebro não processa as informações que envolvem o evento traumático (assaltos, sequestros, desastres, guerras, estupros etc.), criando um tipo de bloqueio e sintomas (ansiedade, pânico, depressão etc.), o sujeito sendo assediado por memórias intrusas e pesadelos.

Utilizando como estímulo os movimentos oculares rápidos, semelhantes aos que se observa na fase REM (*Rapid Eye Movements*) do sono, e também estímulos táteis e auditivos, o EMDR visa libertar o sujeito da carga negativa associada a lembranças, imagens, crenças e sensações corporais desconfortáveis, desfazendo o bloqueio e deixando emergir as lembranças positivas que não podiam ser percebidas, colocando a lembrança negativa no passado.

Em síntese, seu objetivo é libertar mente e corpo, abrindo o coração (emoção), operando com os componentes emocionais, sensoriais e cognitivos da memória no sentido da resolução de suas distorções.

Ora, o EMDR, portanto, utiliza, com outro nome, iniciadores corporais e emocionais, visando acionar iniciadores ideativos (a lembrança do trauma) para, integrando-os, reprogramar o processamento cerebral, colocando o evento traumático apenas no passado sem que ele seja vivido como uma obstrução do presente.

Seria, em uma forma psicodramática de dizer, recuperar a espontaneidade e criatividade perdidas por ocasião do evento traumático.

O que quero dizer com esse parêntese é que a preocupação atual da neurociência em tentar explicar e operar a fusão de mente, corpo e emoção já encontra eco e precedentes no, mais uma vez, pioneirismo espantoso de Moreno. Daí o reforço da importância e das implicações de considerar os iniciadores e a sua articulação como a base fundamental da ação psicodramática e de seus procedimentos técnicos. Fechado o parêntese.

Entretanto, cabem aqui algumas observações fundamentais que envolvem o ajuste desses princípios à escolha dos procedimentos técnicos utilizados pelo diretor no aquecimento e manutenção do aquecimento, em todas as etapas de um trabalho psicodramático.

É necessário prestar atenção, em cada momento, primeiro, se existe aquecimento adequado, quer do grupo, quer do protagonista, quer para a escolha de um representante grupal, quer para o início de uma dramatização, quer para o desfecho de uma dramatização, quer para uma etapa de compartilhamento etc. Ou seja, se aquecimento guarda relação com espontaneidade e criatividade, um bom aquecimento é exigido para qualquer ato da vida. Logo, para qualquer ato presente em qualquer ato de uma vivência psicodramática de qualquer natureza. Portanto, o diretor, tecnicamente, terá sempre de aquecer e reaquecer o grupo, a si mesmo e ao protagonista. Como esse aquecimento e essa manutenção do aquecimento dependem do bom manejo da conjugação dos três tipos de iniciadores, o diretor tem de estar atento a que tipo de iniciador está operando em cada momento e a que outro tipo terá que acionar na sequência do aquecimento ou reaquecimento. Caso contrário, suas intervenções correm o risco de ser redundantes e insuficientes (por exemplo, utilizar um procedimento que acione apenas um iniciador corporal, sem se preocupar em acrescentar algo que acione os outros dois; ou utilizar dois ou mais procedimentos em sequência, dirigidos apenas a um mesmo tipo de iniciador, deixando os outros dois de fora). Ou seja, o diretor tem de focar o seu trabalho sempre no conjunto integrado dos três tipos de iniciadores, acionando-os ou investigando-os se não estão visíveis. Para mim, esse é o segredo da fluidez e do domínio técnico de um diretor de psicodrama.

Outra questão que envolve a incorporação desse modo de refletir sobre aquecimento e iniciadores é a utilização da técnica de concretização em imagens corporais (ver também Capítulo 13). É uma técnica do psicodrama utilizada por nós há muitas décadas. É muito anterior à teoria sistêmica, que passou também a utilizá-la, rebatizando-a de escultura. O que não entendo até hoje é como muitos psicodramatistas adotam o nome escultura se a técnica, originalmente, é uma criação do psicodrama (não dá para deixar de acrescentar esse adendo).

Ela é utilizada para representar sensações, emoções, sentimentos e modos de relação. Pode ser estática ou dinâmica (sem ou com movimentos), utilizando o próprio corpo e os corpos dos companheiros de grupo, dos egos-auxiliares e até objetos (quando faltam pessoas, como no caso de um atendimento psicodramático individual).

Tanto o protagonista pode se incluir na imagem, como pode ser colocado progressivamente no lugar de cada componente da imagem com a técnica de inversão de papéis, como do lado de fora com a técnica do espelho – em que ele se verá na imagem à distância.

Trata-se de uma técnica poderosa, de grande impacto perceptivo, que desencadeia *insights* dramáticos, mas que não é resolutiva em si mesma. É um caminho para, que serve de aquecimento para o desfecho de uma cena em sua trajetória psicodramática.

Por que me detenho na análise desse procedimento psicodramático?

Sendo uma técnica em que o corpo é utilizado como instrumento obrigatório da expressão de algo, obviamente existem nela iniciadores corporais acionados. Por exemplo, o protagonista diz que o pai o escraviza. O diretor pede a ele que tome o lugar do pai (inversão de papéis; veremos adiante por que inversão de papéis e não tomada de papel) e mostre em uma imagem corporal o que está fazendo com o filho. Então, o protagonista no papel do pai segura, concretamente e corporalmente, o filho, prendendo-o com os braços. Suponhamos que, nessa imagem, o protagonista no papel do pai não segure o filho com força e que sua mão inadvertidamente faça um carinho tímido no braço do filho. Estamos diante de uma incongruência com o discurso. Diante de um insigth dramático do protagonista que diz algo no discurso e mostra outra coisa na imagem. Aqui se estabelece, portanto, outra via de aquecimento por meio de um novo iniciador corporal (a mão que faz carinho). É claro que um iniciador emocional está presente e pode ser pesquisado ou acionado. Já no discurso isso é visível. O protagonista reclama afirmando que é preso pelo pai, o que deflagra algum tipo de emoção. Na imagem construída e/ou na situação de espelho, cara a cara com essa imagem, quando diante do carinho do pai ou sentindo a mão dele (do pai na imaginação e do ego-auxiliar no papel do pai na cena concreta) no seu braço, expressa uma emoção diferente daquela explicitada no discurso inicial. Um outro iniciador emocional que levará a outros desdobramentos.

Ora, no caso da montagem de uma imagem corporal como essa, a técnica se mostra particularmente útil porque põe à mostra um movimento existencial presente numa relação qualquer de complementaridade de papéis sociais (no caso filho-pai). A explicitação corporal de algo inicialmente presente no discurso, de certa maneira, revela o que está latente nesse discurso. A construção dessa imagem corporal acaba expressando um movimento existencial daquela relação como se fosse um *ato falho* psicodramático.

Essa imagem corporal contém ao mesmo tempo iniciadores corporais evidentes (na construção da imagem e nos movimentos), iniciadores emocionais que podem mudar de configuração quando explicitados na imagem, e iniciadores ideativos (a própria imagem concretizada na cena e a cena ou cenas da vida do protagonista simbolizadas por aquela imagem corporal concretizada). Nesse ponto, integrados os três tipos de iniciadores, a imagem corporal concretizada pode servir de ponte para a montagem de uma cena que tenha surgido do progonista numa cadeia associativa (por exemplo, o diretor pode pedir a montagem de uma cena em que ele tenha se sentido *preso* e/ou *acarinhado* por seu pai). Ou a imagem concretizada não precisa ser desfeita. Condensa-se nela cena e imagem num atalho psicodramático (por exemplo: o diretor mantém a imagem e desenvolve uma cena com o pai, podendo incluir diálogos e inversões de papéis, localizando um tempo e cenário específicos em que aquele movimento existencial está presente; ou pode estruturar a cena em uma condensação atemporal, a imagem representando uma síntese da forma de relação com o pai no correr da vida do protagonista). A técnica de concretização de imagens corporais é, portanto, um meio, não um fim. Sua eficiência reside no fato de poder condensar, num movimento de corpo (iniciador corporal), um movimento existencial presente ou ausente numa relação em que a falta ou o adormecimento da espontaneidade e da criatividade estão expressivamente presentes.

Esses iniciadores corporais, por sua vez, porque acoplados a iniciadores emocionais, deflagram sensações, emoções e sentimentos no protagonista (iniciadores emocionais), quer reproduzindo nele os efeitos dessa falta de espontaneidade e criatividade, quer aquecendo-o para a construção de uma realidade suplementar que resolverá cataricamente a cena.

Por outro lado, essa conjugação de iniciadores coloca o protagonista *dentro* de uma cena específica ou atemporal (por meio de iniciadores ideativos), que pode ser acionada facilmente pelo diretor. Estaremos, de novo, diante de um aquecimento para um estado de espontaneidade capaz de resgatar a verdade psicodramática e poética do protagonista, partindo sempre de intervenções técnicas do diretor fundamentadas na articulação tríplice dos iniciadores. Até mesmo a corriqueira utilização da técnica, entre outras, de concretização em imagens corporais. Pagar pra ver.

11. A CARTOLA DO MÁGICO: A TÉCNICA SE CRIA E SE RECRIA, NÃO SE AVIA E NEM SE COPIA

A 25 DE MARÇO E A LOJA MÁGICA

Se a teoria da espontaneidade e da criatividade ocupa o lugar de destaque na teoria do psicodrama, o primeiro mandamento a ser cumprido pelo psicodramatista é que ele mesmo seja um criador. E que, pelo costume do ato de criar, incorpore a espontaneidade necessária para que criar não seja um recurso apenas estratégico de dirigir, mas sim uma decorrência natural desse ato.

Não poderá ser diferente na utilização e na recriação constante de seus instrumentos de trabalho. No manejo de qualquer artifício técnico do psicodrama em suas possibilidades infinitas. Desde que esse enfrentamento constante da conserva se faça sempre a serviço do humano, do grupo, qualquer que seja, do protagonista. Caso contrário, corre o risco de desfocar a luz dos refletores para si mesmo, num *ataque* de *criativismo* vazio que não resultará na fluidez da dramatização em todas as suas possibilidades de evidenciar, a todo momento, a força dramática da própria vida, colorida com a estética sempre surpreendente da coconstrução inovadora de uma realidade suplementar, que coloque o protagonista em primeiro plano e o diretor, apesar da moldura da sua subjetividade e de seu carisma, simplesmente a serviço dele e a serviço do grupo.

Por tudo isso, o domínio da técnica se impõe não só no seu treinamento inicial como também no aperfeiçoamento de seu trabalho no dia a dia, em que construirá consigo mesmo o compromisso de pesquisar novos caminhos, experimentar. Enfim, ousar. Alguém mais ousado que Moreno? Vem dele o nosso modelo.

O limite entre o bom uso criativo de um vasto arsenal técnico e a dependência do diretor de artifícios que facilmente se tornam conservas pode ser exemplificado com a utilização de vários tipos de materiais em psicodrama.

Embora o psicodrama brasileiro, desde o seu início, sempre tenha sido profícuo no uso de tais recursos, em meados dos anos 1980 a prática do teatro espontâneo – muito praticada e incentivada entre nós por Moysés Aguiar, Cida Davoli, Albor Reñones, Agenor Moraes Neto e Angela Reñones, para citar alguns pioneiros –, devolvendo o psicodrama às suas origens, difundiu entre os psicodramatistas brasileiros a utilização de fantasias e outros adereços, compondo figurinos para os seus personagens.

Por outro lado, na mesma época, Mario Buchbinder, da Argentina, nos visitou várias vezes, em nossos congressos, com o grande arsenal de máscaras do seu *Instituto de la Máscara,* de Buenos Aires, recurso prontamente assimilado pelos brasileiros Marco Antonio Amato e o saudoso Oswaldo Politano Jr., entre outros.

Em minha leitura particular, também data dessa época o fortalecimento do psicodrama hoje chamado de sócio-educacional, apesar do trabalho pioneiro de Herialde Fonseca, Maria Alicia Romaña, Marisa Greeb, Wilma Araújo Costa, Maria Alice Wassimon e Martha Figueiredo, entre outros, que já utilizavam tais recursos profusamente nos anos 1970.

Os educadores, mais afeitos ao uso de colagens, cartolinas, fitas, pincéis etc., materiais de utilização comum em escolas, trouxeram para o psicodrama tais recursos, menos familiares aos psiquiatras e psicólogos, exceção feita, talvez, àqueles que trabalhavam com crianças.

Fato é que, refletindo sobre esse conjunto de coisas, do fim da década de 1980 para cá, observamos um aumento significativo da utilização de tais recursos técnicos, levando às vezes a certo exagero.

Costumo brincar dizendo que hoje num curso de formação de psicodrama tem de haver espaço para um estágio de seis meses na 25 de Março (a rua das pechinchas em São Paulo), para aprender a lidar com todo tipo de badulaques usados atualmente em psicodrama. De novo, criatividade *versus* conserva. A conserva é a convicção de que sem acessórios de todo tipo não se pode fazer psicodrama. Como se para fazer sexo não se pudesse dispensar todo tipo de material comprado em sexshops. O que nos remete à questão da criatividade da técnica enxuta ou sexo *apenas* com os corpos (sentimentos e sensações). Nada contra aditivos e soma de recursos, desde que o recurso não se transforme na essência e na finalidade em si.

Um exemplo ilustrativo desse estado de coisas é o de uma diretora, num congresso internacional de psicodrama, em um grupo do qual participei, que escolheu o jogo da *loja mágica* como método de trabalho. Para tal, dispunha de uma arara com dezenas de roupas, fantasias e adereços, dispendendo grande parte do aquecimento grupal com a experimentação de vestuários até chegar a um representante grupal, trabalhando com ele, protagonista na cena, os egos-auxiliares e ela própria paramentados caprichosamente como personagens. Exuberância de materiais.

Pequeno detalhe técnico: a diretora dirigiu o protagonista na cena todo o tempo em um canto, de costas para a plateia, situada no canto oposto. E, assim, perdeu o domínio do grupo, parte do qual saía de fininho ou olhava para o teto. Os adereços prevaleceram sobre os rudimentos técnicos de uma boa direção psicodramática.

Aliás, falando em *loja mágica* e conserva, vale a pena tecer algumas considerações a respeito do tema.

O jogo da *loja mágica* é apenas um jogo conhecidíssimo no meio psicodramático. Apenas um em milhares. Não se constitui como uma modalidade de *fazer psicodrama*. Para minha geração de psicodramatistas dos anos 1970 esse jogo virou um símbolo. De que e por quê?

Os primeiros psicodramatistas brasileiros seguiam o modelo bermudiano de proposta de jogos. Tinham na cabeça um repertório fixo e, conforme a situação do grupo se oferecia, propunham tal e qual jogo, ao qual todo grupo tinha de aderir.

Um dos mais utilizados era o jogo da loja mágica, em que cada integrante do grupo vendia, trocava ou comprava qualquer coisa que quisesse (por exemplo, tristeza por alegria, um aprisionamento qualquer que sentia por uma sensação de liberdade, e assim por diante, no plano da fantasia e da imaginação). Não havia, na época, quem não conhecesse a *loja mágica*, participando dela como membro do grupo ou como diretor. Todo mundo vivenciava ou utilizava esse jogo até a exaustão.

Quando o movimento psicodramático se dividiu, um lado continuando sua formação com Bermúdez e outro refazendo, mais tarde, a formação com Dalmiro Bustos, os seguidores de Bustos entraram em contato com uma nova forma de entender e aplicar os jogos dramáticos.

Em síntese, Bustos propunha aos grupos a criação dos seus próprios jogos. A ideia vinha do grupo e não de um repertório do diretor, que até podia ajudar na escolha com base em sua leitura das necessidades do grupo.

Foi nesse ponto que os psicodramatistas discípulos de Bustos abandonaram quase completamente a utilização de jogos prontos. Assim, a *loja mágica*, o mais conhecido deles, caiu em desuso e esquecimento para esses psicodramatistas e seus discípulos. A *loja mágica* passou a ser um símbolo de conserva, até que enfim abandonada.

Há pouquíssimos anos, entretanto, veio ao Brasil um psicodramatista estrangeiro de renome, discípulo de Moreno em Beacon, que na demonstração do seu trabalho utilizou justamente *a loja mágica*.

Os mais velhos torceram o nariz: *Outra vez a loja mágica? Ressuscitando o morto-vivo?*

E os mais novos, que não conheciam a técnica: *Que legal! Puxa, uma novidade!*

As únicas inovações nessa versão atual da *loja mágica* foram a utilização profusa de vestuários e a caracterização do diretor fantasiado de *dono da loja*. O diretor era ao mesmo tempo um personagem.

Psicodrama – O forro e o avesso

O que se seguiu depois em nossos congressos brasileiros e ibero-americanos foi uma profusão de *lojas mágicas* nas vivências psicodramáticas, um mero jogo (entre os milhares) alçado à categoria de modalidade psicodramática e, muitas vezes, ensinado em cursos de formação psicodramática em uma aula especialmente dedicada a ele. Esse é um exemplo curioso. Uma criação inicial trazida por Bermúdez, mas criada em Beacon, se torna conserva entre nós por simbolizar uma postura que uma nova corrente, os seguidores de Bustos, confrontada por uma nova visão do psicodrama, sendo ressuscitada décadas depois por um representante direto da escola moreniana original com algumas variações criativas, alçada à categoria de modalidade psicodramática por professores de psicodrama mais jovens, por sua vez contestada como conserva e colocada no patamar de mero jogo pelos professores mais velhos, que incorporaram a *nova* (não tão nova) postura inaugurada por Bustos em nome de Moreno. Abrimos ou fechamos a *loja mágica*?

HUDSON E O MODELO DE MORENO

Por volta de 1932, durante a Grande Depressão americana, Moreno dirige um grupo de *role-playing* de moças internas em uma escola (reformatório) feminina em Hudson. É uma época de pobreza, de taxas de desemprego muito elevadas, e esse *role-playing* é dirigido ao treinamento de papel de funções modestas. O de garçonete numa casa de chá. Visa nitidamente ajudar as pessoas a conseguir e manter um emprego.

Esse *role-playing* é filmado. O filme mostra uma sala arrumada como uma casa de chá, com mesas e cadeiras, toalhas engomadas nas mesas, bules, xícaras, pratos de docinhos etc. As egos-auxiliares estão vestidas como madames, de vestidos, chapéus, luvas e bolsas. A protagonista se veste com um uniforme de garçonete da época. Ou seja, já em 1932 Moreno utilizava cenário e vestuário apropriados à cena como parte do aquecimento para o *role-playing*.

147

Moreno trabalhava sempre assim? Não. Um filme realizado cerca de vinte anos depois mostra Moreno dirigindo um grupo num hospital psiquiátrico sem utilizar cenários ou roupas especiais. Teria Moreno abandonado os procedimentos teatrais de produção da cena psicodramática? Trata-se apenas de duas circunstâncias diversas? O *role-playing* de Hudson foi produzido mais cuidadosamente visando especificamente a filmagem? Não sei responder.

O fato é que, vendo Moreno dirigir o grupo do hospital psiquiátrico, nos chamam a atenção tanto a sua forma de aquecimento quanto a sua direção da dramatização. Diríamos que estamos hoje mais dentro da cena desde o começo da dramatização, embora por esse filme não possamos deduzir que essa era a única forma de direção de Moreno.

Esse filme do hospital também mostra uma situação de *role-playing*. O protagonista está preocupado com o que vai encontrar lá fora quando tiver alta do hospital. Moreno propõe a ele o treinamento de vários encontros que ele imagina que vai ter quando sair do hospital: com o chefe, o pai, a mãe e a ex-namorada. Depois de experimentar as várias situações, é o próprio protagonista que conclui ainda não estar preparado para a alta. Esse é, em síntese, o trabalho psicodramático realizado por Moreno nesse filme.

Moreno, primeiro, convida um emergente grupal para a cena após brevíssima consulta ao grupo, transformando-o num representante grupal sem mais delongas e iniciando seu aquecimento específico. Moreno faz sua escolha.

Esse aquecimento é longo e exclusivamente verbal, utilizando apenas a técnica da entrevista. Pergunta a ele como é o chefe, a mãe, o pai, a namorada, a sua relação com cada um pormenorizadamente.

Na dramatização que se segue, utiliza Zerka Moreno, que estava sentada misturada ao grupo. Zerka atua espontaneamente no papel dos diversos personagens que se sucedem.

Moreno fica de fora, na dramatização, a maior parte do tempo e deixa a cena livre para a atuação do protagonista com Zerka como ego-auxiliar. Ele aposta no desenvolvimento espontâneo da cena. Fica

Psicodrama – O forro e o avesso

claro que o longo aquecimento que ele realiza por meio de uma longa entrevista é uma fonte de informação que ele passa para aquecer Zerka, além do protagonista, para desempenhar o papel dos vários personagens.

Recriando Moreno, hoje, na maioria das vezes esse aquecimento é mais dinâmico. Por exemplo, como diretor, utilizo a técnica da entrevista muito brevemente, extraindo do protagonista as informações necessárias na própria ação dramática cada vez que ele inverte papel com algum personagem da sua vida. Sempre *jogando-o* na ação. Pensando sempre no aquecimento para um teatro espontâneo. Aquecer sempre que possível dentro da própria cena. Assim, em vez de perguntar ao protagonista: *Por que a sua mãe age dessa maneira?*, peço a ele que tome o lugar da mãe e ordeno a *ela*: *Diga a seu filho por que a senhora age dessa maneira*, dando prosseguimento à ação dramática e obtendo qualquer informação de um modo mais vivo, sem interromper o tônus da emoção que a cena pode provocar.

Para mim, uma entrevista longa aquece mais lentamente e até traz o risco de desaquecer o protagonista, os egos-auxiliares e o próprio grupo, ficando muitas vezes mais parecida com uma intervenção meramente verbal travestida de dramatização (uma conversa sem fim, uma dramatização que não decola). O aquecimento dos egos-auxiliares se dá da mesma forma, não havendo necessidade de deixá-los de fora assistindo a uma longa entrevista para se aquecerem – o que não implica em não deixá-los livres na cena, uma vez aquecidos para tal interação como e com personagens, é claro.

A VARINHA MÁGICA

O carisma do diretor é um imã que atrai e conduz o grupo e o protagonista em qualquer direção. A direção da imaginação e da fantasia. Seu dedo é como uma varinha mágica, capaz de apontar qualquer coisa que ele queira que eles imaginem ou que concretize a ilusão de que algo imaginado por eles esteja ali presente. É como um prestidigitador, como a cartola do mágico com seus coelhos, pombos e lenços coloridos de um sonho.

Vamos (convido o grupo), *entrem na fila da bilheteria* (aponto um canto). *Bilheteira, por favor* (convido alguém do grupo), *as entradas estão acabando. Vai começar o teatro de Moreno* (e o grupo, na fila, vai comprando suas entradas com a bilheteira que distribui as entradas e o troco, e vai se dirigindo para a porta do teatro). Sua medida de aquecimento é o comportamento do grupo se atropelando para comprar as entradas. Para isso, o diretor se aquece primeiro e seu tom de voz e postura corporal trafegam nitidamente na ação proposta. Seu dedo mágico vai apontando aquilo que a imaginação pede para atuar: a bilheteria, a porta do teatro de Moreno (trabalhei exatamente dessa forma em nosso congresso de Barra do Sauípe, em poucos segundos o grupo inteiro estava no cenário encarnando os personagens da proposta).

ALMOFADAS

Um aquecimento específico não precisa seguir os passos rígidos de um livro de receitas. Seu fundamento principal é a percepção do estado de aquecimento do protagonista. Quanto mais aquecido ele estiver, menos procedimentos técnicos de aquecimento serão necessários. Mais importante que um roteiro de aquecimento é a percepção do diretor para o estado de aquecimento do protagonista.

A montagem de uma cena se inicia, em geral, situando o protagonista no tempo e no espaço. A construção desse espaço se faz por meio da imaginação do protagonista e do diretor. Por exemplo: *O que você vê dessa janela?*, aponta o diretor para uma direção qualquer; ou: *Cuidado, não vá esbarrar nessa mesinha*, aponta o diretor em outra direção. São exemplos em que o próprio diretor se coloca em cena com o protagonista aquecendo-se junto com ele. Não é necessário marcar objetos com outros objetos na cena psicodramática.

Por que essa observação? Após a larga utilização de almofadas nas dramatizações de atendimentos individuais, em que não estão presentes egos-auxiliares, os atendimentos de grupos passaram também, muitas vezes, a contar com esse recurso de uma forma um tanto exagerada. Participei de uma vivência psicodramática dirigida por um psicodramatista de outro país, muito experiente, aliás, que nunca abria mão de marcar com almofadas todos os elementos do cenário, detalhadamente. Assim, diante de uma porta (de um quarto imaginado pelo protagonista), ele pediu que o protagonista colocasse uma almofada para representar onde começava a porta e outra onde acabava a mesma porta; outra para representar um abajur, outra para um vaso, uma cadeira etc., de modo que, em pouco tempo, o cenário ficou intransitável, dificultando a movimentação do protagonista e dos egos-auxiliares na cena, que ficava totalmente travada pela prolixidade cênica do diretor no aquecimento específico.

Portanto, num atendimento individual, a cena se desenrola com mais fluidez se reservarmos as almofadas (no caso da utilização de almofadas – que, como veremos, não é obrigatória) apenas para marcar personagens e não objetos do cenário.

Não é raro depararmos com diretores que, em qualquer modalidade de psicodrama grupal, pedem ao protagonista que represente, no cenário, algum personagem ou personagens com almofadas. Ou protagonistas (principalmente quando são psicodramatistas já muito acostumados com dramatizações) que automaticamente vão representando com almofadas os seus personagens, o diretor passivamente não interferindo nesse modo de representação. Tal prática é a expressão conservada da força do hábito que decorre dos atendimentos individuais sem egos-auxiliares. Tanto esses diretores quanto esses protagonistas criaram o hábito de dramatizações sem egos-auxiliares e não se dão conta de que, estando em grupo, passam a contar com a riqueza de recursos que os egos-auxiliares (tanto os profissionais quanto os não profissionais, membros do grupo) são capazes de ter.

Não só não utilizo qualquer objeto (almofadas, por exemplo) para representar pessoas numa dramatização de grupo como não deixo o protagonista representá-las automaticamente com objetos. Se o protagonista vai pegando uma almofada para representar o pai, por exemplo, eu digo: *Deixe de lado essa almofada e escolha uma pessoa do grupo para representar seu pai.* O falso respeito ao protagonista (tipo: *devemos respeitar sempre a escolha do protagonista* ou *se ele escolheu a almofada para representar o pai isso tem um significado* etc.) acaba por lhe prestar um desserviço. Ninguém vai me convencer que almofada é mais plástica que uma pessoa. Almofada não se mexe, não fala, não pensa, não sente. É óbvio, não é? Mas essa prática continua existindo. A questão passa por uma avaliação crítica do diretor. O protagonista, por exemplo, pode dizer: *Não quero uma pessoa para representar meu pai, quero uma almofada.* Tal reação indicaria ao diretor uma mudança de rumo a ser pesquisada. Por exemplo: *Porque meu pai é fofinho como essa almofada.* O diretor teria diante de si diversos caminhos: *Você chega perto para experimentar esse fofinho?* – substituindo ou não a almofada, uma solução possível. Ou: *Quero sacudir ou socar meu pai* – nesse caso, a almofada representaria uma forma mais fácil, para o protagonista, de expressar algum sentimento corporalmente mais violento, sem perder de vista que seus companheiros de grupo não são seu pai. O diretor poderá manter a almofada, ou acrescentar um ego-auxiliar segurando uma almofada diante do protagonista, ou qualquer outra solução criativa que lhe ocorra, utilizando egos-auxiliares, sempre atento à conserva geral de substituir egos-auxiliares por almofadas com desvantagem técnica.

AINDA ALMOFADAS: A SUBVERSÃO DA FORMA

A utilização de almofadas, aliás, também pode se transformar num trambolho técnico nas situações cênicas de um atendimento individual.

Nos primórdios do psicodrama no Brasil, as salas de grupo tinham um tablado central cercado de banquinhos incômodos de madeira. A vinda de Bustos, entre nós, provocou modificações importantes na maneira de seus seguidores trabalharem. Uma primeira modificação foi a abolição do tablado, uma transformação da concepção cênica e do próprio conceito de dramatização – mais ampliado e de contornos diferentes da maneira como era concebido. Na época, as dramatizações conduzidas por Bustos frequentemente desembocavam em cenas em que a explosão catártica do protagonista *pedia* um veículo de expressão.

Assim, muitas vezes, na cena, o protagonista expressava o desejo de *esmurrar* ou de *matar* algum personagem da sua vida. Quando esse sentimento era muito forte e os egos-auxiliares corriam o risco de *apanhar* do protagonista em cena, e para não se perder a sua descarga emocional-corporal, o único objeto à vista para isso nas salas de psicodrama eram os banquinhos. Logo, era inevitável que o diretor perguntasse: *Você quer matar a sua mãe? Mate*. E dava o banquinho, que o protagonista quebrava em mil pedaços como se estivesse matando a mãe. Resultado: em pouco tempo era rara a sala de psicodrama que não estivesse cheia de banquinhos quebrados. Um *ferro-velho* de banquinhos. Fora o barulho que causava. Em salas de psicodrama em hospitais psiquiátricos era um prato cheio.

Por outro lado, Bustos introduziu entre nós a prática de atendimento individual bipessoal, em que não havia nem grupo nem egos-auxiliares e, nos primeiros tempos de sua presença aqui, os personagens, nessa forma de atendimento, eram representados por banquinhos.

Tanto por seu desconforto e por seu estilhaçamento quanto por sua representação como personagens, os banquinhos foram substituídos por almofadas, mais confortáveis, inquebráveis e mais leves para efetivar inversões de papéis nos atendimentos individuais. Logo, logo, as almofadas se transformaram no terceiro braço dos psicodramatistas.

Classicamente, como se começou a trabalhar e se trabalha até hoje com almofadas nos atendimentos individuais?

O protagonista representa com almofadas, no cenário, os seus personagens internos.

O diretor quando utiliza a técnica de inversão de papéis pede para o protagonista tomar o lugar de um personagem e deslocar a almofada para o lugar até então ocupado pelo protagonista.

O diretor poderá, por exemplo, fazer uma entrevista com o protagonista no papel de algum personagem da sua vida. Se essa entrevista for mais ou menos longa, a cena ficará estática durante esse tempo, com o protagonista no papel do seu personagem e a almofada *no papel* dele mesmo.

Se o diretor pede a reprodução de um diálogo do protagonista com algum personagem, a cada pedido de inversão de papel o protagonista muda de lugar, se abaixa (caso esteja de pé) para apanhar a almofada que representa esse personagem e a coloca no seu lugar, tomando o lugar desse personagem (aqui descrevo a dramatização clássica utilizando uma almofada apenas). Se o diálogo continua, a operação se repete. Ou seja, a cada frase de um ou de outro o protagonista fala, se abaixa, troca a almofada de lugar, fala de novo, se abaixa, troca a almofada de lugar de novo etc.

Se imaginarmos que, para efeito de aquecimento, o diretor reproduz mais ou menos fielmente as informações do protagonista, o trabalho pode ser maior. Por exemplo, que esse diálogo esteja sendo travado em uma mesa de bar em que o protagonista e seu personagem estão sentados. O protagonista senta, fala, levanta, troca a almofada de lugar, senta do outro lado, fala, levanta, troca a almofada, senta, levanta etc.

Se imaginarmos que essa sequência é realizada por um protagonista que, de fato, na vida real, seja uma mulher no oitavo mês de gravidez ou alguém com o pé engessado, dá para imaginar o que representa esse senta, levanta, troca de lugar e almofadas etcétera e tal.

Ora, na verdade, a inversão de papel é um processo interno do protagonista (e dos egos-auxiliares nas modalidades grupais do psicodrama). A troca de lugar na cena, seja com egos-auxiliares na situação de grupo, seja com almofadas no atendimento individual, é mera convenção técnica. Logo, a modificação dessa convenção passa a ser uma atribuição necessária e obrigatória do diretor em nome do melhor aquecimento e da manutenção mais eficiente desse aquecimento (Eni Fernandes, com seus atalhos e vinhetas, nos dá um belo exemplo de possibilidades criativas da técnica psicodramática).

Portanto, algumas alternativas técnicas da forma de propor inversão de papéis que fui descobrindo e utilizando no correr desses anos podem ser testadas com bons resultados e recriadas, dependendo da imaginação dos diretores de psicodrama:

- Colocar duas almofadas no cenário em vez de uma, representando o protagonista e seu personagem complementar; a troca se faz apenas mudando de lugar, sem o cansativo movimento repetitivo de se abaixar para mover a almofada; a cena fica mais ágil.
- Se a cena acontece com os personagens sentados: deixar o protagonista de pé, fazendo as inversões de papel como se estivesse sentado (ele se imagina sentado); ou deixá-lo sentado diante da almofada, convencionando, por exemplo, que, sem sair do lugar, quando estiver com a mão na almofada ele passa a ser o personagem que tem à sua frente e quando tirar a mão da almofada ele passa a ser ele mesmo; ou, simplesmente, que não saia do lugar e faça as inversões de papel internamente sem a convenção da mão na almofada ou fora dela.
- Mais recentemente passei a utilizar a minha mão como personagem do protagonista.

Sobre esse último procedimento técnico de efetuar a inversão de papéis, vale a pena tecer algumas considerações.

Acredito que o atendimento individual em psicodrama tem a mesma validade que o atendimento em grupo. Em que me baseio para fazer tal afirmação?

Ora, se num grupo estão presentes todos os instrumentos do psicodrama (protagonista, diretor, egos-auxiliares e plateia) e no atendimento individual bipessoal (um paciente, que será sempre o mesmo protagonista, e o diretor) faltam os egos-auxiliares e a plateia, como fica esse *psicodrama incompleto*? E como fica também a protagonização de um só e que grupo ele estaria representando?

Instrumentos

Os instrumentos que faltam são substituídos no atendimento individual bipessoal por funções. Ou seja, *função ego-auxiliar e função plateia* tanto do diretor quanto do protagonista. Note-se que não chamo de função de ego-auxiliar e sim *função ego-auxiliar* (sem o *de*). Isso porque o diretor sempre terá o papel de diretor (ele iniciará e terminará a sessão), sem sair das suas atribuições como tal. O que é, então, essa *função ego-auxiliar*? É a função que permite, por exemplo, ao diretor fazer duplos do protagonista e de seus personagens a qualquer momento da sessão ou, especificamente, da dramatização. Ou que permite ao diretor, para manter o aquecimento do protagonista, em cena, dirigir-se ao protagonista como personagem e ao mesmo tempo dar instruções como diretor.

Por exemplo: a montagem de uma cena pode ter chegado àquele ponto em que o protagonista está representado no papel de filho por uma almofada e está preso por uma mãe dominadora representada por uma segunda almofada, colocada em cima da primeira. O protagonista real está numa situação de espelho. Está fora da cena contemplando as duas almofadas superpostas. Aqui, nesse ponto, cria-se um dilema para o diretor. Primeiro, convidá-lo, de fora, para interferir na cena, traz o risco de a cena transcorrer vazia de emoções. O protagonista vai à cena e retira friamente a segunda almofada de cima da primeira. Nitidamente a cena não se resolve. As duas almofadas superpostas não acionam iniciadores emocionais ou acionam pouco, exigindo um grande esforço de imaginação.

O diretor então se coloca no papel daquela mãe-personagem, entrando no lugar da segunda almofada segurando a primeira, uma *função ego-auxiliar* do diretor. Nesse ponto ele estará diante de um segundo dilema. Pode ser necessário falar com o protagonista como diretor para lhe dar instruções para prosseguir a cena. No entanto, ele, na função ego-auxiliar, está no papel da mãe. Entrar e sair do papel de mãe para o papel de diretor, e vice-versa, faz que se corra o risco de desaquecer o protagonista que está fora da cena. Uma saída criativa que ele pode ter é dar as instruções do diretor pela boca do personagem mãe, que poderá dizer, por exemplo, se aproximando do protagonista e, se for o caso, até provocando-o: *Está vendo o que eu faço com ele? Vou segurá-lo toda a vida. Vou ser a trava que o impedirá de se libertar e de se aproximar das pessoas. Você aí de fora não vai fazer nada?* É uma alternativa técnica do diretor, com o protagonista fora da cena, em vez de tentar manter um aquecimento mais difícil, ora dando instruções de fora, ora atuando como protagonista-mãe. Esse é um bom exemplo do significado da *função ego-auxiliar* do diretor e de como ele não perde a estrutura desse seu papel.

A *função plateia* é dada ao diretor e ao protagonista toda vez que a técnica de espelho é utilizada. Ver de fora a cena do jeito como uma plateia assiste é se envolver com o teatro psicodramático que está sendo representado.

O diretor representa o grupo com sua subjetividade. Ainda que em uma situação de atendimento individual bipessoal o protagonista seja sempre o mesmo, ele encarna o seu Drama privado e o Drama privado do diretor, mesmo que o próprio diretor não tenha consciência disso. A parcela de subjetividade do diretor, sempre presente e nem sempre consciente, convalida a posição do protagonista único. Isso dá validade ao psicodrama individual bipessoal.

O mesmo princípio pode ser aplicado à substituição de almofadas pelas mãos do diretor nas situações de atendimento individual bipessoal. É uma alternativa técnica da *função ego-auxiliar* do diretor, trabalhando do mesmo jeito, voltado para a imaginação do protagonista como no caso do dedo do diretor como varinha mágica.

Assim, em vez de propor ao protagonista que coloque no cenário uma almofada no papel de tal ou qual personagem, um melhor aquecimento (verifiquem na prática) pode ser feito colocando-se ao lado dele e aproximando a mão do seu rosto dizendo, por exemplo: *Aqui está a sua mãe. Fale com ela.* A inversão de papéis pode ser feita apenas com a troca de mãos, sem que o protagonista mude de lugar; ou com a mesma mão (virando ou não a sua palma), apenas acentuando a troca, já que a inversão de papéis sempre se dá internamente – a técnica de aplicá-la é que pode, por isso mesmo, mudar de forma.

ALIÁS, TOMADA DE PAPEL, QUE É ISSO MESMO?

Passou a ser voz corrente no psicodrama brasileiro afirmar que uma inversão de papéis só é verdadeira quando realizada com as pessoas reais envolvidas na relação *trabalhada.*

Ou seja, a proposta de inversão de papéis pode ser feita a um protagonista em cena utilizando egos-auxiliares como personagens. Nesse caso, um ego-auxiliar profissional ou um companheiro de grupo vai fazer o papel de alguma pessoa do átomo social do protagonista (a mãe, o namorado, o chefe, o irmão etc.). Pessoas que não estão ali naquele momento. Na cena, o diretor vai propor troca de papéis. Ora o protagonista, ora os egos-auxiliares ou companheiros de grupo como tal, os papéis são invertidos a todo instante, de um lado ou de outro da relação em questão que está sendo dramatizada. Ou, se em uma terapia de casal ou de família, a troca de papéis pode ser feita com as pessoas reais. Fulano troca de papel com a mãe (verdadeira), que assume o papel do filho (verdadeiro) e assim por diante.

Por outro lado, a Filosofia do Momento de Moreno (que Garrido Martín, a meu ver, acertadamente, define como apenas uma filosofia de atitudes, não escrita nem sistematizada como tal) se baseia na noção de *encontro* que, para ocorrer, depende de uma condição prévia e interna que é a capacidade das pessoas envolvidas nesse *encontro* de se colocarem no lugar uma da outra, uma inversão de papéis (a famosa poesia de Moreno fala em se olhar com o olhar do outro).

Portanto, o mesmo termo, inversão de papéis, nomeia uma técnica psicodramática e uma condição humana de ordem filosófica.

A ideia de uma inversão de papéis poder ser verdadeira ou falsa, refere-se tanto às pessoas de verdade ou a egos-auxiliares desempenhando seus papéis na utilização da técnica de inversão de papéis quanto a certa qualidade de percepção como condição prévia à situação de encontro. Ou seja, uma salada que mistura filosofia com teoria e técnica.

Ora, inversão de papéis é o nome universalmente conhecido e adotado da principal técnica do psicodrama. Basta o diretor propor *troca de lugar com seu irmão* ou simplesmente *troca* para que se entenda que ele está aplicando a técnica de inversão de papéis. Portanto, se na cena a troca de lugar com um outro qualquer ocorre, isso será sempre uma inversão de papel. Não importa se com as pessoas de verdade ou com egos-auxiliares ou com companheiros de grupo; se bem realizada ou mal realizada; se com fina percepção ou com percepção zero. Sempre será uma inversão de papel e assim será chamada.

Por essa razão, não há sentido algum em chamar de *tomada de papel* uma inversão de papel, quer ela seja realizada sem uma percepção profunda (pré-encontro) ou por egos-auxiliares ou companheiros de grupo em vez das pessoas reais. Não faz sentido falar em inversão de papel verdadeira (condição pré-encontro) ou substituir o termo por *tomada de papel.*

Aliás, o termo *tomada de papel* tem origem na progressão de um desempenho qualquer de papéis que, segundo Moreno, passam pelas fases obrigatórias de *role-taking* (daí tomada de papel), *role-playing* e *role-creating*. Como toda classificação, essa também nos passa uma ideia estanque de tais fases, nos levando a não considerar o fator tempo.

Tomar o papel, jogar o papel e criar o e no papel são atos simultâneos e praticamente instantâneos, mesmo que a criação seja pobre e o papel pouco treinado.

Quando um diretor de psicodrama diz ao protagonista: *Entre no papel do seu pai e responda*, o protagonista concretiza o pedido do diretor na cena e é o próprio jogo de papéis que vai fazê-lo tomar o papel do pai. Ou seja, ele entra no papel, joga o papel e cria o papel praticamente ao mesmo tempo. Então, pergunto, qual o sentido de substituir o termo inversão de papel por tomada de papel? Só porque essa inversão foi malfeita ou pouco perceptiva? Só porque as pessoas *verdadeiras* não estão em cena? Uma *tomada* de papel pode ser igualmente desastrosa. Só por isso deixaríamos de chamá-la de *tomada* de papel? Seria uma tomada de papel não verdadeira?

DUPLO QUE TE QUERO DUPLO

Qual a essência e a finalidade da técnica do duplo?

Em geral, quando se fala em duplo, tanto nas aulas de psicodrama quanto na literatura psicodramática disponível, ou se insiste em correlacioná-la com a primeira fase da matriz de identidade em uma perspectiva desenvolvimentista (fase anterior ao reconhecimento do eu) ou se descreve a sua aplicação – em que um ego-auxiliar se coloca do lado ou atrás do protagonista, reproduz sua postura corporal e expressa os sentimentos e emoções que ele não está podendo expressar.

Mais que isso, a experiência clínica mostra que o duplo se constitui como uma pequena dramatização, que tem em sua essência um caminho revelador de conteúdos latentes ocultos por conteúdos e expressões corporais manifestas, em que se reflete uma falta de espontaneidade e de criatividade. O duplo, mais do que provocar *insights* dramáticos, põe a descoberto iniciadores emocionais, que por sua vez acionam iniciadores corporais, aprofundando um aquecimento para atos espontâneos e criativos do protagonista ou de qualquer outro membro do grupo, podendo, em se tratando do protagonista, ser aplicado à pessoa do protagonista diretamente ou ao protagonista, indiretamente, no papel de um personagem qualquer da sua vida. Não é, portanto, uma técnica acabada em si mesma, mas um caminho para.

Igualmente, sua forma de execução transcende a mera receita de reprodução de uma postura corporal, podendo ser aberto um leque maior de possibilidades técnicas tanto do diretor quanto do ego-auxiliar.

Em se tratando de um grupo, tanto o diretor, na prerrogativa de sua função ego-auxiliar, quanto o ego-auxiliar podem fazer um duplo em qualquer momento de uma sessão de psicodrama.

Se o duplo é feito em uma etapa de aquecimento inespecífico (não é feito só na dramatização), ele poderá ser aplicado a qualquer integrante do grupo, como parte desse aquecimento inespecífico, à procura de emergentes grupais e até para ajudar um emergente grupal a se tornar um representante grupal, para que ele seja levado à cena e se torne um protagonista. Por exemplo, o duplo evidenciando um conteúdo e explicitando uma emoção e levando o grupo a acolher e escolher seu representante. Pode também mostrar a alguém a necessidade de aprofundar algumas questões pessoais.

Quando damos ao diretor a alternativa de também poder fazer duplos na função ego-auxiliar do diretor, partimos do princípio de que, se o diretor percebe alguma coisa em alguém que lhe dá a ideia de um duplo, não faz sentido pedir ao ego-auxiliar que o faça porque, é claro, o ego-auxiliar fará o duplo (não estará provavelmente aquecido para isso) com sua percepção e não com a percepção do diretor. O duplo feito pelo diretor é o duplo feito pelo diretor, e o duplo feito pelo ego-auxiliar é o duplo feito pelo ego-auxiliar. Podem ser parecidos ou completamente diferentes ou até complementares. Tanto um quanto outro podem ou devem fazer duplos quando assim lhes aprouver – dependendo, para isso, de seu aquecimento e de sua percepção.

O duplo realizado durante uma dramatização tanto pode ser um duplo do protagonista, diretamente, como de qualquer um de seus personagens e realizado tanto pelo diretor quanto pelos egos-auxiliares (profissionais ou não). Esse duplo dos personagens pode ser feito tanto do protagonista no papel de seus personagens quanto dos membros do grupo no papel dos personagens do protagonista. Pode ter em vista tanto um aprofundamento do aquecimento de todos os envolvidos na cena, para a sua maior fluidez, quanto para evidenciar o cruzamento da intersubjetividade presente na revelação do Drama privado de cada um. Por exemplo, o diretor, ego-auxiliar profissional ou qualquer membro do grupo, por iniciativa própria ou a convite do diretor, podem fazer um duplo do protagonista na cena ou do protagonista no papel do seu pai, ou irmão, ou chefe etc., ou o duplo de algum membro do grupo que esteja, em dado momento da cena, no papel da mãe ou da namorada do protagonista etc. Possibilidades múltiplas.

Em se tratando de um atendimento individual bipessoal, todos os duplos possíveis serão executados pelo diretor em sua função ego-auxiliar, mesmo sem sair os dois de suas cadeiras, se for o caso.

Se a finalidade do duplo é intensificar a conjunção de iniciadores que facilite o aquecimento para a ação espontânea e criativa da dramatização, teremos de considerá-lo como uma pequena dramatização. E se esse duplo ocorre durante uma dramatização, ele será uma dramatização dentro de uma dramatização.

Portanto, o segredo técnico da execução do duplo não está só na enunciação de um conteúdo latente escondido atrás de uma falta de espontaneidade e criatividade manifestas. Se ele tem também como função desencavar um iniciador emocional oculto, ele terá de ser feito com uma carga dramática suficiente para desencadear emoções. Quem faz o duplo terá de fazê-lo como um ator interpreta um texto. Por exemplo: diante de um protagonista rígido, em cena, diante de um personagem qualquer, se aquele que faz o seu duplo perceber um desejo de aproximação poderá declarar esse desejo oculto e corporalmente acentuá-lo no tom de voz e/ou estender os braços ou se aproximar etc., em um acento dramático.

Logo, o equívoco muito difundido sobre a técnica do duplo de que se trata de uma técnica invasiva não tem qualquer fundamento. Primeiro, porque nunca vi ninguém pedir licença para fazer uma interpretação (vide meu ponto de vista em *Ainda e Sempre Psicodrama*, que repito aqui). Por que se pediria licença, como muitas vezes é ensinado, para fazer um duplo ? A intenção tanto da interpretação como do duplo não é a de ajudar o paciente e/ou o protagonista ? O que muitas vezes se define mal como *invasão* é apenas o impacto da carga dra-

Psicodrama – O forro e o avesso

mática de um duplo bem feito com a emoção e profundidade de um *insight* dramático.

Assim, adotar a postura corporal do protagonista para fazer um duplo é apenas, no meu modo de ver, um procedimento de aquecimento daquele que faz o duplo se ele julgar necessário aquecer-se para isso dessa maneira. Duplo se faz de qualquer lugar e sem avisar. O protagonista não é idiota que não perceba, mesmo após um titubeio inicial, que está diante de alguém que representa o seu papel. O que importa mesmo é o conteúdo, o tom de voz (voz de pastel, de computador, é ineficaz) e a carga de dramaticidade que conjugue iniciadores emocionais e corporais em busca de iniciadores ideativos (cenas).

Por isso, como Lorca queria o verde, duplo que te quero duplo.

12. A ETAPA DE AQUECIMENTO INESPECÍFICO

Costumo dizer e repetir, como registrei em *Ainda e sempre psicodrama*, que meu método de trabalho se chama *método vovô-viu-a-uva*. Tem como origem a cartilha da minha infância com a qual minha geração aprendeu a ler. Começava assim: *Vovô viu a uva. Ivo viu o ovo...* Ou seja, o beabá fundamental. O feijão com arroz do aprendizado.

Em todos esses anos de profissão tenho treinado meu olhar, direcionando-o para a leitura mais simples, mais concreta e mais direta, dos fenômenos grupais e individuais dos processos psicodramáticos. Tal preocupação me dá maior agilidade em minhas intervenções técnicas e, o que é fundamental para um psicodramatista, arranca-me da cadeira das desnecessárias análises especulativas para a coconstrução cênica de uma realidade suplementar na aventura protagônica e suas consequentes transformações existenciais. Nada ilustra tão bem essa questão como a compreensão teórica da etapa de aquecimento inespecífico de um grupo de psicodrama.

Tudo em psicodrama depende dessa etapa. Da clareza de nomeação dos elementos que a envolvem, com fundamentação teórica bem embasada. Da visão objetiva das funções do diretor, aqui revistas. Da previsão dos seus acidentes de percurso. Da compreensão clara da ação e funções dos egos-auxiliares, quando eles existem, nessa etapa específica. Finalmente, do manejo preciso da técnica aplicado a cada fenômeno que nessa etapa se escancara, sem perder de vista tanto o caminho percorrido quanto o objetivo final pretendido.

O QUE É UMA ETAPA DE AQUECIMENTO INESPECÍFICO EM PSICODRAMA?

Classicamente, ela é descrita como o primeiro momento de um grupo de psicodrama – seja ele um grupo processual, como o de consultório, ou um grupo apenas formado para a realização de um ato psicodramático, grupo esse com qualquer finalidade de funcionamento, clínico ou não clínico (grupos terapêuticos, sociodramáticos, axiodramáticos, de *role-playing*, de supervisão etc.) –, quando a sua trajetória se encaminha para a escolha de um protagonista (veremos a revisão do conceito de protagonista mais adiante). Esse protagonista, por sua vez, representará o grupo na montagem e desenvolvimento de uma cena ou cenas na ação psicodramática. Não há psicodramatista que não saiba disso: quando se chega a um protagonista (na verdade a um representante grupal, que definiremos na sequência), termina a etapa de aquecimento inespecífico e se inicia a de aquecimento específico do protagonista (ainda aqui empregado em seu significado original) para a próxima etapa, que será a de dramatização. Essa é a concepção clássica da etapa de aquecimento inespecífico, em linhas gerais. Em seu conceito clássico e ainda não atualizado.

Cabe aqui um reparo sobre o emprego, algumas vezes confuso, dos conceitos de aquecimento inespecífico e aquecimento específico com que deparamos em alguns trabalhos publicados e monografias existentes na literatura psicodramática brasileira.

Quando um aquecimento inespecífico caminha em uma forma verbal até a definição de um representante grupal, não há nenhuma dúvida em batizá-lo dessa maneira: etapa de aquecimento inespecífico.

A etapa que se segue é a de aquecimento específico. Específico para quê? Específico para a cena psicodramática. Ou seja, terminado o aquecimento inespecífico (a escolha de quem), estamos diante de um representante grupal que será levado pelo diretor para o cenário psicodramático e preparado para o início de uma dramatização (a terceira etapa), na qual ele se revelará como um protagonista do grupo dependendo da sua trajetória psicodramática. Se tivéssemos de ampliar o nome, essa etapa se chamaria *etapa de aquecimento específico do representante grupal para a dramatização*.

No entanto, a etapa de aquecimento inespecífico pode conter algum procedimento psicodramático (ação) sem que deixe de ser um aquecimento inespecífico. Um bom exemplo disso é o emprego de um jogo dramático de aquecimento para fazer surgir emergentes grupais e para definir um representante grupal. Esse procedimento é muito utilizado em atos psicodramáticos, nos quais se lança mão de técnicas específicas visando a mobilização de iniciadores corporais, emocionais e ideativos. Uma vez definido o representante grupal, essa etapa é encerrada e a ela se segue a etapa de aquecimento específico desse representante.

Portanto, não é a existência ou não de um procedimento de ação no cenário psicodramático que define se uma etapa é de aquecimento inespecífico ou específico, mas a sua finalidade: definir um representante grupal ou prepará-lo para a montagem de uma cena psicodramática.

Outra variante dessa questão é a proposta grupal de um jogo ou de um teatro espontâneo ou de um jornal vivo, por exemplo.

A etapa de aquecimento inespecífico, nesse caso, pode se dar verbalmente até a proposta do método de ação escolhido para a ação psicodramática. Uma vez definido o caminho psicodramático a seguir, inicia-se um aquecimento específico do grupo para a realização do jogo ou teatro espontâneo ou jornal vivo etc., podendo ser considerados modos de dramatização em que a espontaneidade e a criatividade dos participantes serão atuadas mesmo não se definindo um protagonista.

Em algumas situações, no caso da multiplicação dramática, observaremos protagonistas sucessivos numa sequência de ação dramática.

Esses exemplos e a dificuldade de definição dos fenômenos observados nessa etapa é que levaram à ideia equivocada, já discutida, de considerar o grupo como protagonista.

Paradoxalmente, a utilização de um procedimento psicodramático como método de aquecimento inespecífico, como já comentamos, faz coexistir um aquecimento inespecífico com o que podemos considerar uma dramatização, ao mesmo tempo. Uma pequena *dramatização* contida numa etapa de aquecimento inespecífico.

VISÃO PÓS-MORENIANA DA ETAPA DE AQUECIMENTO INESPECÍFICO

A criação e a revisão de alguns conceitos teóricos, próprios dos psicodramatistas brasileiros, nos obriga a revisar nosso olhar para a etapa de aquecimento inespecífico e o nosso modo de operar com o grupo nessa etapa em busca de uma maneira que se mostre mais eficiente.

Quais são esses conceitos?

Destaco como particularmente fundamentais para essa nova compreensão e manejo, os conceitos de Drama privado, Drama coletivo, clima protagônico, emergente grupal, representante grupal, tema protagônico e a redefinição de protagonista.

DRAMA PRIVADO E DRAMA COLETIVO

Naffah Neto é o responsável pela introdução, em 1979, desses dois termos na literatura psicodramática.

Ele parte do princípio de que o protagonista de um grupo é *escolhido* como tal porque seu Drama privado sintetiza os interesses de cada membro do grupo e por tal razão pode ser o seu representante e, por isso mesmo, encarna em sua trajetória psicodramática (drama-ação) o que ele chama de Drama coletivo do grupo.

No ano seguinte, 1980, em seu livro *Psicodramatizar*, ainda Naffah Neto, no ensaio "O psicossociodrama da Pietá" defende o ponto de vista de que todo psicodrama é ao mesmo tempo um sociodrama. Ou seja, os Dramas privados não podem ser dissociados dos Dramas coletivos.

Ora, Volpe (1990) sintetiza muito bem o significado de Drama:

O homem está lançado no palco de sua existência buscando realizar continuamente um "script" que lhe foi entregue na entrada do Teatro de uma vida e mesmo antes. Participar desse Drama e reconhecer-se integrante de uma trama cujo sentido escapa sempre, entrar numa 'fala' deixada por outrem, estruturada ao longo das gerações (pais e avós) e, posteriormente, transmitida aos descendentes, através da linguagem e das redes de papéis sociais.

Logo, Drama privado e Drama coletivo, psicodrama e sociodrama, são faces da mesma moeda, que universaliza o homem em seu desejo aprisionado por um modo conservado de atuar seus diversos papéis sociais. É esse aprisionamento que lhe dá a ilusão alienada de vivenciar seu conflito apenas no plano privado, sem inscrição na teia coconsciente e coinconsciente do grupo, em uma perspectiva microssocial dos diversos grupos em que atua. No entanto, ele está igualmente vinculado ao Drama coletivo do grupo humano de uma maneira geral, em uma perspectiva macrossocial.

No Capítulo 9 deste livro introduzo o termo coprotagonista justamente para enfatizar que os membros de um grupo estão ligados por um laço ao mesmo tempo coconsciente e coinconsciente.

Logo, é justamente essa inscrição coconsciente e coinconsciente, individual e grupal ao mesmo tempo, que dá substrato teórico para comprender a extensão do que significa em um grupo o protagonista, em dado momento. Resta saber em qual momento.

CLIMA PROTAGÔNICO

Eva, em 1976, em seu artigo "Grupos terapêuticos psicodramáticos", introduz o termo clima protagônico para caracterizar o momento da etapa de aquecimento inespecífico em que as atenções, sentimentos e sensações dos integrantes de um grupo convergem para um mesmo ponto, depositando em um de seus menbros a indicação do caminho a ser seguido. Mais que o resultado, também o caminho. Ou seja, clima protagônico também se refere claramente, por inferência, a um andamento sem tropeços do grupo em uma etapa de aquecimento inespecífico que desembocará na escolha do protagonista. Qual a novidade que Eva introduz? Que na etapa de aquecimento inespecífico o grupo só poderá estar em duas situações. Ou estará em um clima protagônico, encaminhado ou se encaminhando para ele, ou não estará em um clima protagônico.

Nesse último caso, o diretor terá diante de si a tarefa de pesquisar o que impede o grupo de entrar em um clima protagônico (retomaremos as consequências desse fenômeno mais adiante).

EMERGENTE GRUPAL, REPRESENTANTE GRUPAL E O NOVO PROTAGONISTA

Falivene Alves, em um congresso, em 1990, e em um artigo, em 1994, que foi ampliado em 1999 num livro de vários autores, organizado por Castello de Almeida (*Grupos, a proposta do psicodrama*), redefine protagonista situando-o apenas no contexto dramático.

No contexto grupal, para ele, não existe protagonista e, sim, somente emergentes e representantes grupais. Na verdade, Rojas-Bermúdez (1970) fala em emergentes grupais, mas apenas como um atributo do protagonista. Falivene Alves é o primeiro a lhes conferir o *status* de categoria teórica.

Como para mim emergentes e representantes grupais são coisas diferentes, e no texto de Falivene Alves não fica muito clara a diferença no que diz respeito ao seu caráter sucessivo, conferi com o próprio autor, pessoalmente, que confirmou a mesma diferença que eu estabeleço entre esses dois conceitos.

Ora, se existe uma progressão natural de emergente grupal para representante grupal e deste para protagonista, e se emergente grupal e representante grupal só existem no contexto grupal e protagonista no contexto dramático, quais são as consequências práticas dessa redefinição, no que diz respeito à etapa de aquecimento inespecífico?

1. Se a etapa de aquecimento inespecífico se refere a um contexto grupal, nessa etapa não existe e nem pode existir protagonista.
2. Logo, se existe progressão de emergente grupal para representante grupal, ela ocorrerá apenas no contexto grupal de uma etapa de aquecimento inespecífico.
3. Portanto, em uma etapa de aquecimento inespecífico surgirá ou surgirão, primeiro, emergente ou emergentes grupais. Ou seja, membros do grupo enunciando temas comuns ou aparentemente variados. O emergente ou um dos emergentes grupais se tornará um representante grupal (há algumas variantes que discutiremos adiante), encerrando-se assim a etapa de aquecimento inespecífico.
4. O representante grupal será então levado para a cena pelo diretor. Primeiro em uma etapa de aquecimento específico para essa cena e depois para a etapa de dramatização propriamente dita, em que se consagrará ou não como protagonista.

Portanto, as redefinições teóricas de Falivene Alves, se as adotarmos (e eu as adoto), redirecionam nosso modo de expressão psicodramática da seguinte forma:

- Não se pode mais chamar de protagonista aquele que surge em uma etapa de aquecimento inespecífico. Será primeiro um emergente grupal e depois, se escolhido, um representante grupal.
- Protagonista é o representante grupal que, na cena dramática, aglutina o grupo à medida que desvela sua trama oculta em um processo de coprotagonização, ou seja, de aglutinação dos Dramas privados dos membros do grupo e do seu Drama coletivo, em uma trama ao mesmo tempo coconsciente e coinconsciente. Só assim verdadeiramente *escolhido*.
- O que Eva chamou de clima protagônico é o processo da etapa de aquecimento inespecífico em que se costura e se promove o surgimento de emergentes grupais até a consagração de um representante grupal. Essa seria a versão atualizada do conceito por ele criado.

TEMA PROTAGÔNICO

Tema protagônico é definido por Falivene Alves (1999) como "o texto, o roteiro ou o assunto construído e desenvolvido durante o ato psicodramático (*lato sensu*)".

Podemos entender como sinônimo de Drama coletivo de Naffah Neto? Algo que se superpõe ou que se assemelhe ao velho conceito de dinâmica grupal? O que Falivene Alves enfatiza é que o tema protagônico surge no grupo pela voz dos emergentes grupais e se sintetiza no discurso do representante grupal.

Deixemos aqui o tema protagônico, para retomá-lo mais adiante, assim como em uma receita culinária se reserva uma mistura de ingredientes para adicioná-la, mais para a frente, a um assado, refogado ou fervura.

MANEJO TÉCNICO

Em geral, a atenção do psicodramatista está mais voltada à detecção do que se convencionou chamar de tema protagônico.

A origem mais provável dessa preocupação está na forma de olhar um grupo focando sua dinâmica, forma originária dos grupos de orientação psicanalítica: visualizar a dinâmica para interpretá-la.

Ora, a experiência de trabalho com grupos de psicodrama lança luz em outras duas direções:

1. Se o tema protagônico é visualizado na etapa de aquecimento inespecífico e se nesta etapa (veja o Capítulo 9) predomina um compartilhamento grupal coconsciente, aquilo que chamamos de tema protagônico é, no mínimo, incompleto, porque suas implicações coinconscientes ainda não são visíveis nessa etapa. A experiência clínica nos mostra isso, claramente, a todo momento:

em psicodrama, enquanto a etapa de dramatização se desenvolve com o desvelamento da trama oculta do protagonista, aquilo que chamamos inicialmente de tema protagônico se amplia, se desenvolve ou muda completamente de direção. Logo, o que detectamos inicialmente, na etapa de aquecimento inespecífico, como um tema protagônico, pode mudar e muda frequentemente de cara no desenvolvimento da ação dramática. Como consequência, falar de tema protagônico na etapa de aquecimento inespecífico é obviamente e altamente impreciso.

2. Como já exposto, por definição, os emergentes grupais, o representante grupal e, depois, no contexto dramático, o protagonista, encarnam o Drama privado de cada membro do grupo e o Drama coletivo do grupo, o que será evidenciado sequencialmente na ação dramática. Logo, o trabalho do diretor nessa etapa de aquecimento inespecífico será o de identificar pessoas e não temas. A razão imediata, como já vimos, é que o tema protagônico é impreciso e apenas manifesto nessa etapa. Seu conteúdo latente só aparecerá na dramatização. Logo, tentar identificar o tema protagônico nessa etapa é uma ginástica mental inútil e improdutiva que imobilizará o diretor na sua cadeira, sem conseguir ir para a cena, tentando decifrar o que está ocorrendo.

Tecnicamente é muito mais fácil somente identificar o emergente ou os emergentes grupais, promover a escolha do representante grupal e levá-lo para a cena, aquecendo-o especificamente para a dramatização, apostando que à medida que o Drama privado do protagonista se desvela na ação dramática com a sua trama oculta, faz emergir o que está latente, em um processo grupal que torna coconsciente o que até então era coinconsciente. Muito mais coerente com o embasamento teórico e muito mais fácil de operar tecnicamente. Ovo de Colombo a agilizar a proposta da ação psicodramática.

Tal forma de operar não é incompatível com o fato de que cada emergente grupal tem seu tema e que esse tema possa ser o fator de escolha do representante grupal. O que quero dizer é que o *verdadeiro tema* ainda está oculto nessa etapa.

ACIDENTES DE PERCURSO

Retornando ao que Eva chamou de ausência de clima protagônico e que agora podemos caracterizar melhor como ausência de um acordo grupal, que sintetiza os *interesses* coinconscientes grupais em torno de um representante grupal, podemos ampliar nossas reflexões.

Na prática, ou não existe claramente emergente ou emergentes grupais, ou se existem não se chega a um representante grupal nessa situação específica.

O diretor capta esses sinais ao mesmo tempo observando o grupo (sinais objetivos) e sentindo o grupo com sua percepção e intuição como instrumentos (captação subjetiva). É claro que o diretor, como membro do grupo, apesar do seu papel diferenciado, também entra com o seu Drama privado nas escolhas e impasses do grupo que está dirigindo e muitas vezes *fala* pela voz do coinconsciente grupal do qual ele também faz parte. Ele também *escolhe* (retomaremos esse ponto com mais detalhes no Capítulo 13).

Quais os sinais objetivos de ausência de clima protagônico que o diretor pode observar? Por exemplo, o grupo se comportando como em um bate-papo social, sem enunciado aparente de questões pessoais que, se colocadas, não encontram ressonância grupal ou emoção da parte de quem coloca ou de quem ouve. E assim por diante. Ou a existência de colocações pessoais sem definição de quem irá para a cena (representante grupal).

Ou o diretor sente (captação subjetiva) que algo não bate (nele ou no grupo), mesmo sem perceber exatamente o que ou por quê. Algo trava. Não identificado ou parcialmente identificado. O diretor sente sua espontaneidade e criatividade bloqueadas por algo que não está bem claro. Não está convencido de que a protagonização é possível naquele momento e, portanto, não está livre para dirigir. Nesse caso, o caminho é não insistir e pesquisar o que está ocorrendo no grupo ou nele mesmo.

Aqui vale uma ressalva. Muitos diretores se perdem nesse ponto. Diante do não saber o que fazer, propõem um procedimento psicodramático qualquer para se livrar do impasse. Por exemplo, uma proposta de um jogo dramático aleatório que os livre da inanição psicodramática. E ainda se referem ao fenômeno dizendo que *o grupo é que é o protagonista*. Quantas vezes ouvimos psicodramatistas experientes dizerem que *o grupo é ou está sendo protagonista*!

Protagonista

Conceitualmente, o grupo jamais pode ser *protagonista*. O conceito de protagonista é *um*. Por definição o protagonista é um representante do grupo que encarna, no seu percurso de herói, na trajetória do seu Drama privado, os Dramas privados dos membros do grupo e o Drama coletivo grupal, rompendo com um *destino* conservado e criando algo novo ou renovado, resultado de um ato criativo. Portanto, à vista dessa concepção conceitual, o grupo não pode ser representante de si mesmo, situação essa paradoxal e encerrada em si mesma em um círculo fechado.

Quando se diz, equivocadamente, que o grupo é que está sendo *protagonista*, na verdade se quer dizer é que o grupo não tem naquele momento um representante grupal e que se está lançando mão de um procedimento técnico grupal, seja para pesquisar a razão da ausência desse representante grupal, seja para realizar um aquecimento grupal visando o surgimento de emergentes grupais. Ou seja, uma etapa intermediária a ser cumprida para desembocar em uma protagonização de fato.

Protagonização

É necessário não confundir foco com estado de protagonização. Por exemplo, costuma-se dizer que no início de uma sessão ou vivência psicodramática o diretor é o *protagonista* e sua primeira tarefa é a de deslocar a *protagonização* dele para o grupo. É verdade que é bastante comum, não em 100% das vezes, que a primeira atenção do grupo se dirija para o diretor: o grupo focado no diretor. Obviamente só isso não o caracteriza como emergente grupal, nem como representante grupal e muito menos como protagonista, como já definimos anteriormente. No máximo podemos considerá-lo sempre um coprotagonista (veja o Capítulo 9) porque sua subjetividade também estará sempre presente. No seu papel de diretor, seu Drama privado jamais será dramatizado explicitamente e, por isso mesmo, ele jamais será protagonista em seu pleno significado. Portanto, embora o diretor possa ser, em alguns momentos, o foco do grupo, isso não significa que ele está sendo seu protagonista. A linguagem corrente de *ser protagonista de alguma coisa* provoca confusão e afasta a compreensão mais precisa do que significa em psicodrama *ser protagonista*.

Encerrando essa ressalva e retomando o impasse do diretor diante da ausência de um clima protagônico, formulamos a pergunta óbvia: Que faz o diretor diante desse impasse? Diagnosticada a ausência de um clima protagônico, feitas as atualizações necessárias, só resta ao diretor pesquisar o tipo de impasse e suas causas e, uma vez diagnosticadas, promover suas resoluções, que às vezes ocorrem concomitantemente com o processo de diagnóstico.

Eva define tais impasses da seguinte forma:

São de duas ordens os impedimentos grupais para o surgimento e desenvolvimento de um clima protagônico:

1. Impedimentos inter-relacionais dos integrantes do grupo, podendo incluir o diretor e os egos-auxiliares, a que chamei e chamo de impedimentos de ordem sociométrica.

2. Impedimentos decorrentes da ação no grupo de fantasias inconscientes grupais, a que chamo hoje, por coerência com os conceitos psicodramáticos, de fantasias coinconscientes grupais.

Esses dois fenômenos se interpõem periodicamente em um processo de grupo, como em uma espiral em que se alternam clima protagônico e ausência de clima protagônico, decorrente de uma das duas causas, sem uma ordem específica, dependendo dos acontecimentos do grupo que levam a cada um dos dois tipos de impasse. Nos atos psicodramáticos isso também pode ocorrer, apesar de o processo grupal ser mais curto (retomaremos tal questão no Capítulo 13).

O primeiro tipo de impasse, o de ordem sociométrica, aponta para uma resolução sociodramática para que se restabeleça o clima protagônico do grupo. Ou seja, tensões detectadas entre os membros do grupo e, repito, incluindo ou não o diretor e os egos-auxiliares, são resolvidas tecnicamente com confrontos diretos, necessitando ou não ser aprofundado o trabalho com as eventuais transferências detectadas. A experiência clínica demonstra que, quando esse tipo de impasse está presente, o trabalho psicodramático focado na sua resolução tem total precedência. Ou seja, enquanto as tensões interpessoais não forem resolvidas, a fluência do grupo, no sentido da recuperação da sua capacidade operativa, retomando a possibilidade da reconstrução de um clima protagônico, não acontecerá. Isto vale para qualquer grupo. Seja ele processo ou ato psicodramático, seja grupo terapêutico, grupo de *role-playing*, aula de psicodrama ou supervisão. Por essa razão, o diretor de psicodrama tem sempre de estar preparado, a qualquer momento, para intervir sociodramaticamente. O diretor de psicodrama terá de ser sempre também um diretor de sociodrama (mesmo que em potencial).

O segundo tipo de impasse decorre da ação de fantasias coinconscientes grupais. Um ótimo exemplo, porque muito bem acabado e que não canso de repetir quando volto ao tema, é o de uma situação ocorrida em um grupo de supervisão nos idos dos anos 1970, da qual eu participava ainda como aluno do curso de formação de psicodrama na SOPSP (Sociedade de Psicodrama de São Paulo), dirigido por Miguel Perez Navarro, meu supervisor na época.

Estávamos todos em uma etapa de aquecimento inespecífico em que não se detectava um clima protagônico. Navarro perguntou ao grupo o que estava acontecendo e o grupo não soube responder (a pergunta direta é o meio mais simples de pesquisar a causa do impasse). No entanto, o grupo concordou com o supervisor que havia um impasse, dando a ele o sinal verde para pesquisar a causa psicodramaticamente. Navarro pediu então ao grupo que caminhasse pela sala. Nessa caminhada, um dos integrantes se aproximou de uma lousa que existia na sala e espontaneamente desenhou um cemitério com o giz. Logo outro se aproximou e desenhou um fantasma, outro um vampiro, outro um Frankenstein e outros desenharam monstros vários. O supervisor, pegando imediatamente o gancho dos desenhos na lousa, pediu que cada um encarnasse como personagem aquilo que tinha desenhado. Rapidamente o cenário psicodramático estava povoado de fantasmas, vampiros, mortos-vivos e frankensteins. Na ação espontânea que se seguiu, um vampiro dava uma mordida sensual no pescoço de um fantasma que, por sua vez, passava a mão na bunda de um morto-vivo, que se esfregava no frankenstein, e assim por diante. O diretor congelou a cena e afirmou, mais do que perguntou: *Há alguma coisa sexual no grupo*. Essa observação foi suficiente para desencadear no grupo um processo de compartilhamento, em que seus integrantes puderam falar da atração física existente entre eles, o que teria sido desencadeado algumas semanas antes em uma aula de expressão corporal, desfazendo a tensão grupal e recuperando a construção de um clima protagônico para efeito da supervisão psicodramática proposta. O que tinha acontecido?

Uma aula de expressão corporal desencadeara a consciência de uma atração física existente entre os membros desse grupo de alunos, permanecendo latente no coconsciente e no coinconsciente do grupo. Coconsciente porque de alguma forma foi percebida pelos seus integrantes. Coinconsciente porque travou o grupo em uma outra aula, com outro professor, como um medo (os desenhos eram aterrorizantes) de dramatizar que esvaziava qualquer clima protagônico (fantasias coinconscientes grupais, medo de aproximações). O grupo quando perguntado não sabia responder naquele momento qual era o impasse. A dramatização proposta não só revelou espontânea e sucessivamente o medo como o conteúdo sexual desse medo. Corroborando Moreno, a ação dramática precedeu a consciência. Se o grupo tinha tanto medo de falar dessas atrações, não teve medo de atuá-las na cena psicodramática por meio de personagens que, ousadamente, aproximavam-se uns dos outros com uma manifestação clara de sua sensualidade, permitindo, logo depois, um compartilhamento explícito dessas atrações. Consequentemente, a dramatização permitiu não só o diagnóstico do impasse, contido em uma fantasia coinconsciente grupal que barrava qualquer clima protagônico, como também possibilitou a elaboração dramática dessa fantasia, explicitamente atuada no cenário psicodramático (o medo foi enfrentado). E isso graças à atuação pronta, precisa e sensível do diretor, que soube muito bem recuperar o clima protagônico em um contexto de supervisão, que vivi intensamente como um integrante desse grupo, para nunca mais esquecer a lição aprendida vivencialmente (obrigado, Miguel!).

Outros exemplos comuns: o diretor estar prestes a sair de férias (grupo processual) e o grupo começar a manifestar fantasias de abandono; duas ou três pessoas saírem de um grupo ao mesmo tempo e o grupo experimentar fantasias de dissolução grupal, e assim por diante. É como dizer a uma criança pequena que perdeu a avó: *Calma Joãozinho, não vai morrer mais ninguém, vem aqui pro meu colo que você estará seguro.*

Recuperado o clima protagônico, a via desimpedida para os emergentes e representantes grupais, vamos em frente.

OUTRAS OCORRÊNCIAS POSSÍVEIS: ALGUNS EXEMPLOS

Tudo que acontece em uma sessão ou vivência psicodramática individual ou grupal, antes do início do aquecimento específico para a cena psicodramática, está contido na etapa de aquecimento inespecífico.

Reitero, é fundamental que não se esqueça que tal afirmação também vale para o atendimento individual.

Ora, o psicodramatista visa sempre a dramatização como seu instrumento inequívoco de trabalho.

Basicamente, visando a construção de um clima protagônico, ele vai deparar, eventualmente, com as duas ordens de impasses que acabamos de apontar, exigindo dele primeiro o diagnóstico e depois a resolução que deixe caminho livre para seu trabalho psicodramático, como acabamos de demonstrar.

No entanto, outros fenômenos que merecem nossa atenção podem estar presentes nessa etapa de aquecimento inespecífico:

1. Em um grupo processual, por exemplo, pode ocorrer, em um início de sessão, um compartilhamento atrasado não ocorrido ou parcialmente ocorrido na sessão anterior. Isso pode acontecer de maneira direta ou indireta.

   Por exemplo, a dramatização em dada sessão pode ter sido muito importante e profunda, o grupo conseguindo apenas realizar um compartilhamento mudo que é retomado explicitamente em palavras no início da sessão seguinte. Ou, implicitamente, se o grupo nesse início de sessão fala de algo que é evidentemente um compartilhamento que seus integrantes ficaram *devendo* ao protagonista, sem se darem conta disso, uma forma indireta.

   Isso ocorre ou porque não houve tempo para um compartilhamento ou ele foi curto demais, o grupo retomando com mais tempo na sessão seguinte.

2. Quando o grupo sente necessidade de elaborar o conteúdo levantado em uma ou mais de uma das sessões anteriores, precisando digerir e pôr em ordem a compreensão das coisas antes de um novo mergulho. Tal fenômeno acontece com certa frequência após sessões em que ocorrem dramatizações sucessivas, principalmente se com muita carga de emoção. Uma parada para respirar.

3. Entrada de integrantes novos e comunicação de saída de outros membros. Uma *parada* do grupo para movimentar e absorver sua nova configuração sociométrica com boas vindas, eventuais impasses, acertos e despedidas verbais ou dramatizadas.

4. A utilização de jogos e de recursos do teatro espontâneo, do jornal vivo e do teatro de reprise pode ser indicada, por exemplo, em uma dramatização grupal com foco no treinamento da espontaneidade e criatividade de uma maneira geral, como recurso de aproximação sociométrica, como aquecimento para que surjam emergentes grupais, como método diagnóstico de um impedimento grupal para o clima protagônico etc.

A VOZ DISCORDANTE DO GRUPO

Frequentemente, uma etapa de aquecimento inespecífico de uma sessão psicodramática grupal processual ou de um ato psicodramático em um pequeno ou grande grupo caminha sem incidentes no percurso da colheita de emergentes grupais, tecendo um clima protagônico. Corre lisa e solta.

De repente, um membro do grupo destoa da harmonia geral e *atrapalha* o curso *natural* do grupo, já em vias de escolher o seu representante semipronto para a dramatização. Bastaria um pequeno micro-ondas.

Muitas vezes, até mesmo o diretor não esconde certa irritação. Como que conversando consigo mesmo ele *diria*, claro que caricatamente: *Pô, tive uma trabalheira danada para aquecer o grupo até aqui, surgiram emergentes grupais e o representante grupal está na boca da caçapa de uma dramatização que já promete ser linda, profunda e emocionante, e lá vem esse "chato" contrariar tudo e barrar esse meu momento de glória como diretor, para o qual estou aquecidíssimo.*

Calma, Diretor! Não esqueça, primeiro, que você está a serviço do grupo como um todo e não da sua vaidade. Consequentemente, da leitura dos fenômenos grupais que passam a ser particularizados. O *chato*, na verdade, não passa do que eu chamo de *a voz discordante do grupo* e, como tal, ela é apenas sinalizadora de uma direção a seguir. Muitas vezes a direção verdadeira que está latente por baixo da aparente harmonia manifesta.

Essa voz discordante aponta, no mínimo, que já existe algo a ser pesquisado no grupo antes de prosseguir no caminho inicialmente tomado. O mesmo se pode dizer de uma indicação ou manifestação da plateia enquanto uma dramatização já esteja ocorrendo. O diretor tem de estar aquecido para eventuais mudanças de rumo. Haja jogo de cintura!

Pois bem, essa voz discordante do grupo, na etapa de aquecimento inespecífico, pode estar apontando outro ou outros emergentes grupais, até então não percebidos, ou redirecionando a escolha do grupo para um representante grupal que não o escolhido – ou quase escolhido inicialmente. Pode estar também escancarando um impasse grupal, desfazendo o clima protagônico costurado até aquele momento. Por exemplo, a via psicodramática com o protagonista pode estar obstruída pela necessidade de uma intervenção sociodramática que a desobstrua e que pode até ser pequena, embora decisiva naquela situação.

Portanto, Diretor, ouvidos atentos à *voz discordante do grupo*!

AS FUNÇÕES DO DIRETOR REVISITADAS: ALGUMAS CONCLUSÕES

A maneira de entender os fenômenos presentes na etapa de aquecimento inespecífico, desenvolvida neste capítulo, nos obriga a redefinir as funções do diretor, de forma a clarificar e simplificar suas intervenções coerentemente com as bases teóricas aqui sistematizadas. Como tal, podemos destacar:

A trajetória do diretor nessa etapa tem como alvo a coconstrução e a detecção de um clima protagônico no grupo.

Essa trajetória é tecnicamente mais simples se voltada para a detecção de emergente ou emergentes grupais ou para *pescar* do grupo tais emergentes.

Sua tarefa seguinte é ajudar o grupo a escolher entre os emergentes grupais o seu representante, escolha da qual o diretor também pode participar ativamente (mais bem aclarado no Capítulo 13). Nesse ponto termina a etapa de aquecimento inespecífico. O diretor conduzirá, então, o representante grupal para o aquecimento específico para uma cena psicodramática que, uma vez montada, iniciará a etapa de dramatização na qual esse representante grupal se tornará ou não protagonista.

A detecção de um tema protagônico será sempre parcial e mais trabalhosa, fazendo o diretor correr o risco de ficar imobilizado na cadeira. É bom lembrar que nessa etapa o tema protagônico, em grande parte, estará imerso ainda no coinconsciente grupal, a se revelar na cena psicodramática no percurso do protagonista desvelando a sua trama oculta. Por tal razão, passa a ser secundário tentar decifrá-lo nessa etapa.

Caso o diretor não detecte um clima protagônico no grupo (falta de emergentes grupais ou de representante grupal), cabe a ele assinalar o impedimento e pesquisar sua causa, ou seja, impedimentos de ordem sociométrica ou impedimentos decorrentes da ação das fantasias coinconscientes grupais. Para isso, a pesquisa pode ser feita perguntando ao grupo diretamente (tipo: *Vocês sabem o que está acontecendo?*). Muitas vezes o grupo sabe e informa (por exemplo: *Tenho algo atravessado com Fulano ou Beltrano ou com o terapeuta etc.*). Ou, se o grupo não se dá conta da causa da ocorrência, o diretor lançará mão de algum recurso psicodramático para pesquisar e diagnosticar a causa do impasse. Não para se livrar do impasse.

Se o impasse do grupo (qualquer tipo de grupo) for diagnosticado pelo diretor como de ordem sociométrica, sua atuação nesse instante será uma intervenção sociodramática, sem a qual não será possível restabelecer o clima protagônico do grupo e recuperar sua capacidade operativa.

Caso o impasse do grupo seja originado por alguma fantasia coinconsciente grupal, o procedimento psicodramático empregado não só pode ser suficiente para fazer o diagnóstico como pode também ser uma via de ação que ajude a elaborar psicodramaticamente a fantasia em jogo e transformá-la de forma positiva, recuperando o clima protagônico. Considerar que o início dessa etapa também pode indicar um compartilhamento retardado referente à sessão ou sessões anteriores, ou um pedido de elaboração verbal de dramatizações já ocorridas, ou a necessidade do grupo de reacomodação sociométrica (entrada de novos elementos, saída de outros) para reconstrução de uma proximidade e continência que recomponha o clima protagônico.

Basicamente são essas as funções revisitadas do diretor nessa etapa de aquecimento inespecífico. Simples assim? Simples assim.

NOTA SOBRE A ATUAÇÃO DOS EGOS-AUXILIARES NESSA ETAPA

Procurando desfazer alguns equívocos de conceituações:

1. A par do conceito de unidade funcional em psicodrama, que nomeia o trabalho conjunto de mais de um terapeuta profissional psicodramatista, ou seja, um diretor e um ou mais de um egos-auxiliares, vemos muitas vezes a utilização do termo coterapia quando em um contexto psicoterápico o diretor e/ou o(s) ego(s)-auxiliar(es) alternam a direção. Aqui, dessa forma, tal nomeação é equivocada. Por quê? Ora, uma unidade funcional é composta de dois ou mais terapeutas. Logo, não importa que papel eles desempenhem, fixos ou alternados, a unidade funcional será sempre e em qualquer momento uma coterapia.

2. É diferente utilizar o termo codireção (valendo o termo também para os não terapeutas). Ou seja, uma coterapia com uma unidade funcional pode ser ou não uma codireção.

Mesmo assim, o termo codireção precisa ser mais bem analisado porque depende do momento do grupo e do aquecimento dos membros da unidade funcional. Exemplificando: Há unidades funcionais em que seus integrantes alternam a direção. Ou dizem alternar. Em uma primeira eventualidade, o que é mais comum acontecer com uma dupla de alunos em formação de psicodrama, os integrantes da unidade funcional alternam a direção em cada sessão. Ou seja, trabalham com papéis fixos (um é diretor e o outro é ego-auxiliar) em sessões alternadas. Convencionou-se chamar essa forma de trabalho de codireção, quando na verdade trata-se de uma *direção alternada* (Agenor de Moraes Neto, em um excelente trabalho de 1999, defende a definição de papéis entre os integrantes de uma unidade funcional, para evitar instalar confusão nos membros do grupo e evitar promover dramatizações truncadas). Uma das desvantagens dessa maneira de trabalhar é que, se predominar o respeito à alternância, nem sempre será diretor o integrante da unidade funcional mais aquecido para dirigir naquele dia ou um determinado representante grupal ou protagonista. Um está mais aquecido, mais pronto, mais apto para ser diretor em dado momento, mas é o *dia do outro* dirigir.

Existem propostas de alternância mais flexíveis, em que quem dirige é sempre o que está mais aquecido para dirigir. Ou, se ambos se sentem igualmente prontos, decidem na hora quem vai ser o diretor.

Nesse último caso, muitas vezes se pergunta ao representante grupal por quem ele prefere ser dirigido naquele instante. É uma saída possível, não isenta de suas implicações sociométricas, incluindo sentimentos e emoções decorrentes de escolhas positivas ou negativas. Ressentimentos subterrâneos podem ocorrer em decorrência disso.

Na verdade, nessa proposta, os dois membros da unidade funcional, mesmo com o contrato explícito de alternância de direção, no início da etapa de aquecimento inespecífico, funcionam como dois diretores que encaminham os emergentes grupais e o grupo para um clima protagônico. Não há, até aqui, uma diferença de função. Trata-se inicialmente de uma codireção. No entanto, naturalmente, um dos dois acaba se ocupando de encaminhar o grupo para a escolha do

Psicodrama – O forro e o avesso

representante grupal que ele toma também para si em um trabalho de direção. Ou seja, ele completa seu aquecimento como diretor.

Em uma unidade funcional bem azeitada, diante dessa evidência, o outro integrante da unidade deve abandonar imediatamente qualquer movimento de aquecimento para o papel de diretor e iniciar ou continuar (se já estava nesse caminho) seu aquecimento como ego-auxiliar. Nesse momento acaba a codireção e os dois papéis, diretor e ego-auxiliar, se tornam fixos para a dramatização poder ocorrer sem tropeços.

Na etapa de compartilhamento, ambos podem atuar novamente em codireção, ou seja, dirigir o compartilhamento juntos.

Muitas vezes, em supervisão, deparamos com unidades funcionais que dizem alternar direção durante a dramatização e que isso é feito com muita facilidade. O que acaba sendo evidenciado, na maioria das vezes, é que na etapa de aquecimento inespecífico os dois integrantes da unidade funcional só se aqueceram para o papel de diretor. Não houve aquecimento de um deles para o papel de ego-auxiliar. Na dramatização, o que fica de fora permanece como um outro diretor crítico da direção do primeiro e um e/ou outro acabam dando um jeito de contemplar os dois em seus desejos de dirigir a cena psicodramática. Isso em parte decorre do preconceito de que o trabalho de ego-auxiliar seria *menor* do que o trabalho do diretor, quando é apenas diferente. É mais frequente ocorrer com alunos porque eles não querem ver *desperdiçadas* as oportunidades de dirigir grupos (uma competição pela direção), decorrência da situação de treinamento.

Isso é diferente da eventualidade, sempre aberta (retomaremos o tema no Capítulo 13), de o diretor se ver, em cena, com algum tipo de dificuldade de direção e pedir auxílio explícito ao seu companheiro, que assumirá a direção por um momento ou durante o resto da cena. Trata-se de uma alternância de direção durante a dramatização a pedido do próprio diretor, o que exige muita coragem, aquecimento e determinação. Enfrentar de cara uma derrapagem de manejo, ou uma deficiência técnica momentânea, ou uma cena temida do diretor face a face com os demônios de sua subjetividade.

13. A DIREÇÃO DE GRANDES GRUPOS: ATOS PSICODRAMÁTICOS

Esse é um relato de cabeça e de coração, pontuado com retalhos de memória. Bem do jeito das histórias do Dr. Abrahão, o médico de família de Miraí, pelos idos de 1960, nas madrugadas dos partos fora de hora, em volta da mesa da cozinha, café e pão, tirando da valise surrada cantos de galo antecipando o amanhecer.

DO QUE SE TRATA?

Desde o seu início no Brasil, em fins dos anos 1960, nos acostumamos com duas formas básicas de trabalho grupal com psicodrama.

A primeira, o modelo de trabalho de psicoterapia de grupo praticado nos consultórios, em geral com constância semanal (há algumas experiências brasileiras com proposta quinzenal, referências em Goiânia e São José do Rio Preto, que me lembre), entre seis e dez participantes, aproximadamente, um modelo processual e constante.

A segunda, a que chamamos inicialmente de vivências, os ibero-americanos de *talleres*, os americanos e outros europeus de *workshops,* que os brasileiros, dos anos 1980 para cá, passaram a chamar de atos psicodramáticos e, alguns, de atos socionômicos.

Como geralmente essa segunda modalidade é praticada em nossos congressos, o número de participantes chega a ser muito grande. Tanto podemos contar 20 quanto 100 ou 800 participantes, podendo ser realizados num único tempo com duração de duas ou três horas, em média.

Esse mesmo tipo de trabalho (modelo ato psicodramático) também pode ser realizado num miniprocesso, dois ou três dias, com o mesmo grupo ou com o grupo ligeiramente modificado a cada dia (alguns integrantes comparecendo só no primeiro dia e não no segundo, outros no segundo e não no primeiro etc.).

Na linguagem corrente, acabamos falando de trabalho com grandes grupos e de atos psicodramáticos, quando nem sempre o grupo é grande e nem sempre se constitui em um único dia ou ato. O que importa é que básica e tecnicamente o trabalho é semelhante, com pequenas variações, exigindo do diretor um apuro técnico diferente daquele que é empregado nos grupos processuais.

A literatura brasileira sobre o tema é muito escassa e a realização desse trabalho exige do diretor muita coragem porque o seu aprendizado se dá quase de "orelhada" (encontramos um artigo isolado de Terezinha Tomé Baptista, *Psicodrama com grandes grupos*, de 2003, abordando princípios gerais e a postura psicodramática que rege essa aplicação do psicodrama).

TRAJETÓRIA

Meu aprendizado de psicodrama foi construído com muito trabalho prático. No meu último ano de formação em psicodrama na Sociedade de Psicodrama de São Paulo (SOPSP), antes mesmo de terminar o curso, eu dirigia dez grupos processuais semanalmente (na própria Sociedade, no Hospital do Servidor Público Estadual de São Paulo e no consultório). Participei de inúmeros grupos (vivências) dirigidos pelos mais diversos colegas brasileiros e estrangeiros, e eu mesmo dirigindo atos psicodramáticos únicos ou miniprocessuais a partir de 1982. E, é claro, participei como integrante de grupo processual de psicoterapia psicodramática e de grupos de supervisão.

Por essa razão e por causa das orelhadas, dei a este capítulo um formato de compartilhamento com vocês, leitores, porque foi a partir dos meus acertos e erros e dos sucessos e impasses de outros diretores de psicodrama que fui, com o tempo, construindo a sistematização e a depuração técnica que são meus marcos de referência para esse tipo de trabalho tão útil e necessário como trabalho em si e como aprendizado, por excelência, da prática e da teoria do psicodrama.

A minha intenção é contar a vocês minhas descobertas, meus tropeços e minha transformação no modo de pensar e agir como diretor de psicodrama, na primeira pessoa mesmo, tudo isso entremeado de retalhos da história do psicodrama brasileiro de que participei e presenciei (não a verdade, mas o meu subjetivo ponto de vista), que dá sentido a essa trajetória e a essa tentativa de sistematização.

PRIMÓRDIOS

Em 1977, em Curitiba, foi realizado um congresso de psiquiatria e de higiene mental que tinha entre seus organizadores vários psicodramatistas paranaenses.

Naquela época, São Paulo se configurava como o principal polo difusor e formador do psicodrama brasileiro, por meio de suas duas principais instituições de ensino: a Sociedade de Psicodrama de São Paulo (SOPSP) e a Associação Brasileira de Psicodrama e Sociodrama (ABPS), originárias do *racha* (por volta de 1970) do grupo inicial de psicodramatistas que iniciaram sua formação com Rojas-Bermúdez.

A ABPS permaneceu com Bermúdez e a SOPSP, inicialmente órfã, acabou, por intermédio de seus fundadores, por se aproximar e continuar sua formação com Dalmiro Bustos. Constituíram-se então duas tendências refletidas na forma de fazer e de pensar o psicodrama, do que decorreram até inimizades e incompreensões de parte a parte. Fatos mais que sabidos e vividos por todos.

Assim, Alfredo Soeiro viajava regularmente a Fortaleza para ensinar psicodrama para um grupo de profissioanais cearenses (mais tarde a Portugal); Miguel Navarro a Goiânia; José Fonseca e Ronaldo Pamplona a Curitiba e Porto Alegre, englobando alunos de Florianópolis; Alfredo Naffah Neto, Antonio Carlos Eva e Aníbal Mezher a

Salvador; Brasília iniciou sua formação um pouco mais tarde com Maria Rita Seixas.

Pois bem, foram esses alunos de Curitiba que ajudaram a organizar o congresso de 1977 e montaram um programa com mesas-redondas de psicodrama e várias vivências psicodramáticas. Essas vivências eram realizadas em três dias (miniprocesso) com grupos fixos, um grupo para cada diretor. Os diretores eram os professores supervisores da época, tanto da SOPSP quanto da ABPS, e Dalmiro Bustos e Carlos Calvente como convidados estrangeiros.

Naquela ocasião, na SOPSP, só os psicodramatistas formados podiam frequentar os grupos de terapia e de supervisão do Bustos.

Sendo assim, em Curitiba foi a primeira vez que pude participar de uma vivência com o Bustos, em um grupo composto quase exclusivamente de psicodramatistas jovens das várias cidades nas quais se fazia formação com os *paulistas*. É claro que fui protagonista nesse grupo logo no primeiro dia. Foi inesquecível. Por que esse fato tem tanta importância? Além de todos nós, que participamos desse grupo, nos tornarmos mais tarde professores e supervisores de psicodrama em nossas cidades de origem e ficarmos ligados por laços de amizade até hoje, estaríamos todos presentes nos três primeiros congressos brasileiros de psicodrama: Serra Negra em 1978, Canela em 1980 e Caiobá em 1982.

Os dois primeiros congressos repetiram o modelo de 1977. As vivências de três dias eram dirigidas só pelos mais *velhos* a que chamávamos jocosamente de *vacas sagradas*.

Em 1982, os mesmos paranaenses que ajudaram a organizar o congresso de 1977 compunham agora a comissão organizadora desse congresso de Caiobá. As mesmas *vacas sagradas* estavam programadas para dirigir as vivências de três dias e, antes da abertura do congresso, estávamos todos na fila de inscrição para tais vivências quando veio a notícia: as *vacas sagradas* desistiram de dirigir as vivências já impressas no programa. Não preciso dizer que as vivências psicodramáticas eram as atividades mais esperadas e mais procuradas dos nossos congressos.

Logicamente nossos colegas organizadores ficaram desesperados. Recorreram a quem? Aos colegas-amigos dos vários estados que compuseram o grupo de vivência do Bustos em 1977.

E assim substituímos os *velhos* em nosso batismo de fogo como diretores de vivências (atos psicodramáticos em miniprocesso) em congressos brasileiros de psicodrama. Depois dessa, passamos a ser chamados de *bezerros de ouro*! Foi essa a minha estreia como diretor de vivências em congressos.

Para vocês terem uma ideia de tal batismo de fogo, me deram uma *sala* que era uma sauna desativada, sem janelas, com as paredes cobertas de armários de aço, bancos duros e compridos e, pasmem, um piano num canto, que, aliás, me salvou a pele. Além de tudo isso, chovia sem parar à beira da praia (Caiobá é um balneário próximo a Curitiba).

Nos primeiros momentos do primeiro dia do grupo eu perguntava candidamente por que tinham me escolhido (cala-te-boca!) e o grupo dizia que não tinha me escolhido. Eu sobrara como diretor porque a *vaca sagrada* que ia dirigir tinha faltado.

Para piorar as coisas, na sala ao lado um outro diretor fazia um aquecimento do seu grupo utilizando técnicas de bioenergética com um barulho ensurdecedor. O meu grupo me dizia: *Aí do lado já está havendo até catarse de integração. E você? Não vai fazer nada?*

Tempos heroicos. Me salvou uma emergente grupal, desde então minha amiga, carioca como eu, que acabou sendo uma protagonista sensível e emocionante, montando uma cena de infância composta com uma lição de piano, aproveitando o piano da *sauna*.

Aprendi para sempre com esse grupo como reverter a direção das escolhas negativas de um grupo quanto ao diretor. Uma lição de piano e uma lição sociométrica.

Depois ficamos sabendo que os velhos fizeram de propósito. Retirando-se de cena abriram espaço para nós, os mais novos, inaugurarmos um papel novo que nunca parou de se desenvolver. Mas que foi na marra, ah, isso foi!

CARISMA, COMEÇO, MEIO E FIM

Dessa experiência de Caiobá me ficou a questão do aquecimento do diretor e do grupo, um processo simultâneo, nos momentos iniciais de um ato psicodramático. Como construir e consolidar um carisma espontâneo que deixe o grupo na mão do diretor e em que medida ser mais ou menos diretivo sem perder a fluidez do aquecimento nesse tipo de grupo que tem de ter começo, meio e fim?

Em Canela, dois anos antes, fui participar de uma vivência dirigida por Antonio Carlos Eva, um dos pioneiros do psicodrama no Brasil. Uma das *vacas sagradas*. Encontrei-o na porta da sala recebendo o grupo e poucos minutos depois estava ele esfregando as costas na parede, subindo e descendo quase até o chão, enquanto o pessoal ia entrando. Que esquisito, pensei. Perguntei: *Que é isso, Eva?* E ele: *É que sou um tanto tímido para enfrentar o grupo e essa é a minha forma de me aquecer.* Aprendi mais uma. Cada diretor tem seu jeito próprio de se aquecer, por mais bizarro que possa parecer.

Na época se dizia, e se diz até hoje, que no primeiro momento do grupo o diretor é protagonista. Discordo inteiramente. O diretor jamais poderá ser protagonista, que tem sua definição e sentido claros, como já discutido no capítulo anterior. Que ele seja frequentemente o foco das atenções nesse primeiro momento, isso é verdade.

Frequentemente é o próprio diretor o responsável por se colocar em foco e manter o grupo focado nele. Muitas vezes é proposital e está inserido como parte do aquecimento.

Por exemplo, todos os diretores estrangeiros formados em Beacon (o centro de treinamento de Moreno) que vi atuar no Brasil e no exterior, inclusive a própria Zerka Moreno, iniciavam o grupo falando longamente sobre psicodrama. Nesse caso não sei dizer se sua intenção era didática, já que não tinham como medir o conhecimento de psicodrama do público brasileiro. Fato é que, para nós, já psicodramatistas há um bom tempo, esse discurso inicial com poucas novidades mais desaquecia do que aquecia. Ficava monótono e esvaziava o carisma do diretor, porque a expectativa do grupo era a ação dramática tal qual dirigida por aquele psicodramatista.

Tal experiência me ensinou que o tempo todo o diretor tem de estar invertendo papel internamente com o grupo, porque é a única forma de afinar a sua percepção em relação a ele para poder deflagar e manter um nível ótimo de aquecimento. Ou seja, no caso exemplificado, se escolho o modelo Beacon de dirigir (em que escolho começar falando de psicodrama), ou se preciso mapear antes o interesse do grupo, ou as diferenças de conhecimento de psicodrama de seus integrantes, ou prestar atenção no interesse do grupo enquanto falo ou pergunto se estão interessados e, me calar se os sinais do grupo apontam nessa direção. Sendo apenas um participante e prestando atenção nos meus sentimentos, na minha relação com o diretor e no meu aquecimento, fui apreendendo a dirigir pelo efeito em mim das intervenções do diretor. Pela via do contrapapel.

A maior ou menor diretividade do diretor está acoplada ao fator tempo. Um bom exemplo pode ser dado por meio de uma situação ocorrida em um dos nossos congressos. Fui participar de uma vivência depois do almoço. Todo mundo já um pouco mais lento, fazendo a digestão. Todo mundo um pouco atrasado porque o período do almoço foi curto e a fila do restaurante era grande. Consequência óbvia: o diretor já começava o grupo com meia hora de atraso. Logo, seus procedimentos teriam de ser mais objetivos se quisesse um trabalho com profundidade, início, meio e fim. Como se tratava de uma época anterior à atual patrulha dos fumantes, o diretor enveredou pela *via democrática* e resolveu consultar o grupo se poderia fumar ou não na sala, a que se seguiu uma longa e interminável discussão que acabou reduzindo ainda mais o tempo de que ele dispunha para dirigir o grupo. Resultado: seu trabalho acabou sendo corrido e superficial, corrida contra o relógio.

Zerka Moreno, em 1978, na sua primeira vez no Brasil, iniciou assim o seu trabalho no primeiro momento: *Nessa sala não se fuma.*

Tenho alergia a cigarro. Ponto. E iniciou o trabalho com o grupo. Limites colocados concisamente em prol do andamento do grupo.

A atitude do primeiro diretor discutindo a questão do cigarro refletia, naquela época, uma tendência, nem sempre bem resolvida, da forma de Dalmiro Bustos trabalhar.

Bustos nos ensinou a consultar o grupo e o protagonista em cena. Por exemplo, num início de sessão: *O que vocês querem hoje?* Ou (ao protagonista): *Por onde você quer ir?*

No entanto, Bustos sabia cortar quando preciso. Tinha e tem uma boa medida para isso. Nós, mirando-nos no exemplo de Bustos, acabávamos, certa época, exagerando no democratismo (o modelo anterior de Bermúdez partia das determinações do diretor), porque vivíamos sob uma ditadura militar e éramos mais avessos a qualquer coisa que nos parecesse impositiva.

Ora, uma coisa é dirigir um grupo de oito pessoas e perguntar a cada uma delas o que querem fazer no grupo naquele momento, outra é perguntar a cada um em um grupo de duzentos. Inviável. Pode-se perguntar em um grupo grande e cortar as respostas após a indicação de caminhos por uma pequena amostragem de respostas, já suficientes para prosseguir o aquecimento grupal.

Quanto ao carisma do diretor, pouco ou nada se fala. Carisma não se fabrica. Ele flui ou não por ser decorrente da espontaneidade e da criatividade do diretor como diretor e como pessoa. Quanto mais espontâneo e criativo, mais carismático ele pode ser.

Se, por um lado, não se monta uma estratégia eficiente para quem não tem carisma, por outro há procedimentos facilitadores para a sua visibilidade, dos quais podemos lançar mão. Exemplos:

Vemos, às vezes, certos diretores dirigirem um grupo com uma atitude nitidamente treinada de animador de auditório ou próximo dos padres marcelos ou de alguns líderes de igrejas de cultos carismáticos ou de chefes de torcida. Soa falso. É uma estratégia forçada em que falta algo. Falta um estar junto verdadeiro. Falta densidade humana.

No verdadeiro carisma pode até haver algo de animador de auditório, de líder de torcida etc., mas são momentos em que a forma não é estereotipada e está agregada a uma vivência humana da qual o diretor também participa profundamente, com a qualidade de uma disposição para explorar uma via de acesso a um verdadeiro encontro, mesmo que ele não aconteça. Os limites são sutis e indefiníveis. Apenas passíveis de ser vivenciados na sua relação com o grupo.

DOS PROCEDIMENTOS FACILITADORES

Com grupos grandes, o uso de microfone, recurso óbvio. A comunicação tem de ser clara para todos. De preferência sem fio, para facilitar seus movimentos em cena e poder estendê-lo ao protagonista e seus personagens (a utilização de dois microfones acaba mais atrapalhando que facilitando o desenvolvimento das cenas).

Eu, particularmente, que sou baixinho, pelo menos no início do trabalho, fico de pé em uma cadeira no meio do grupo para que possa ver todos e para que todos possam me ver, o que facilita muito a comunicação, procedimento que fui criando com o tempo.

Como parte do meu aquecimento, gosto de ir com antecedência para a sala onde vou trabalhar e me deixo impregnar pelo ambiente e pela sua cultura. Isso vai alimentando a minha criatividade sem que eu mesmo perceba.

Por exemplo, a chuva lá fora, que poderá me dar a ideia quando aqueço o grupo de andar na chuva, abrir e fechar um guarda-chuva imaginário etc. Ou, como em Quito, cidade localizada no sopé de um vulcão, fazer o grupo passear imaginariamente ao redor desse vulcão. Numa cidade de praia, na praia, numa de montanha, na montanha etc. Se eu absorvo o ambiente, absorvo também o ambiente onde o grupo está ou pode estar na imaginação. Facilita o aquecimento fazer tais voos imaginários.

Uma vez na sala, enquanto as pessoas vão chegando, chego perto de um e outro, pergunto o nome, converso um pouquinho, vou me preparando para estar do lado de qualquer uma delas para dirigí-las como protagonistas. Vou costurando com elas o grupo dentro de mim. Esse é o meu camarim.

Chamou-me a atenção uma vez, em uma etapa de aquecimento inespecífico, um diretor propor um procedimento muito simples (nenhum problema quanto a isso), mas acrescentar à proposta um comentário para o grupo, enfatizando que não ia fazer nada espetacular como se fazia por aí com emoções fortes, obrigatoriamente transbordando em finais apoteóticos.

Sua fisionomia era, ora muito severa, sublinhando o teor das críticas, ora ressentida, como se dar um andamento suave e mais verdadeiro ao grupo fosse considerado algo menor e suplantado pelo apelo sensacionalista de diretores que pretendem estar no centro da mídia. É mesmo um limite delicado sujeito a exageros e também possível alvo de inveja. Carisma não é deslocar o foco para o talento ou brilhantismo do diretor em detrimento do grupo.

Entretanto, o carisma do diretor tem de ser forte o suficiente para se prestar, quando necessário, a ser o "cimento" do grupo, não se intimidando com uma possível inveja que possa paralisar a sua criatividade, navegando nas várias emoções. Desde um simples olhar desinteressado ou um mero rubor até a expressão máxima de uma dor dilaceradora. O carisma do diretor tem que estar a serviço de tudo isso. A serviço. Sem esconder as fagulhas do seu talento com uma falsa humildade hipócrita.

PROCEDIMENTOS SOCIOMÉTRICOS COMO PARTE DO AQUECIMENTO

O IV Encontro Internacional de Psicodrama aconteceu em São Paulo em 1991, organizado pela Febrap (Federação Brasileira de Psicodrama), com o apoio (não patrocínio) da IAGP (International Association of Group Psychotherapy). A abertura foi um ato psicodramático dirigido pelo nosso José Fonseca.

Nessa época, em nossos congressos e fora deles, discutíamos os diversos modelos de direção grupal e havia um consenso de que na direção de grandes grupos a primeira tarefa do diretor era transformar um agrupamento de pessoas em um verdadeiro grupo, para que a protagonização fosse possível. Logo, o diretor tinha sempre pela frente um trabalho de tecelão sociométrico antes de qualquer coisa.

Não foi pois por outra razão que Fonseca, naquele encontro, iniciou o aquecimento inespecífico do grupo (inespecífico porque voltou-se para a configuração de um representante grupal) solicitando que as pessoas se agrupassem segundo seus países e os brasileiros, que naturalmente eram a maioria, por estados. Rapidamente o grupo se dispôs no cenário como um mapa vivo dos congressistas segundo seu local de origem.

Mapeamento feito, em todos os países e em todos os estados havia um grupo grande ou pequeno de pessoas, exceto um único sujeito isolado, da Finlândia, país representado só por ele, que acabou consagrado pelo grupo como protagonista em uma cena muito tocante e inesquecível, que congregou todos os congressistas, que se ressentiam da ausência de muitos psicodramatistas que não puderam estar presentes no evento. Na mesma semana tinha estourado a Guerra do Golfo e o medo de sequestro e explosões de aviões era algo no ar, os governos de vários países recomendando evitar viagens aéreas. Essa tônica esteve sempre presente nesse encontro internacional.

Não preciso dizer que Fonseca aproveitou muito bem a oportunidade de tessitura de uma rede sociométrica internacional naquele grupo, a ponto de chegar fácil e naturalmente a um representante grupal muito sensível e expressivo.

De 1991 para cá presenciei inúmeras vezes, em vários congressos e eventos outros, os mais diversos diretores utilizarem o mesmo procedimento que Fonseca utilizara, com pouquíssimas variações. Tipo: *Quem tem mais de 40 anos para lá, quem tem menos para cá*; *Quem participou do último congresso para cá, do primeiro para lá*; *Mulheres para cá, homens para lá* etc., e o que dava na veneta do diretor subdividir.

Até aí, tudo bem. Quem disse que não se pode empregar um procedimento técnico que deu tão bom resultado?

Entretanto, de tanto repetir, o procedimento vira conserva quando vira lei. Quando um aluno de psicodrama ou um psicodramatista jovem fala casualmente: *E aí, como primeiro passo sociométrico, dividi o grupo em psicodramatistas e não psicodramatistas* etc. Bem, nesse ponto já virou receita de bolo do único bolo possível, sem aprofundamento do embasamento teórico que rege o procedimento e sem acrescentar nem ao menos uma pitada de criatividade do diretor, porque copiar prevalece sobre a reflexão teórica.

Para entender melhor essa questão, é necessário articular os procedimentos sociométricos à utilização de iniciadores na direção de grandes grupos ou atos psicodramáticos.

INICIANDO OS INICIADORES

Salvador, 1988. Lá estou eu de novo dirigindo um grupo de umas 30 pessoas em um congresso brasileiro de psicodrama. Na sala ao lado, uma sala muito maior, um grupo de mais de 100 pessoas participa de uma vivência dirigida pelo Bustos. Meu grupo está com uma disposição intimista. Ao lado, zoeira total, que invade a minha sala, repetindo em uma escala maior o que sucedeu comigo em Caiobá.

Alguém do meu grupo (todos nós estávamos de pé) bate o pé no chão com raiva: *Que saco! Eles não podiam fazer barulho em outro lugar?*

Pego o mote e peço a esse membro do grupo que maximize a batida de pé e logo todo o grupo está batendo o pé. Eu inclusive. Desconfio que a rapidez como aproveito esse movimento espontâneo do grupo, e que me dá muita satisfação, é a minha vingança pessoal acumulada desde Caiobá até Salvador ou, quem sabe, todas as minhas vinganças acumuladas.

O fato é que a maximização corporal pegou e contagiou todo o grupo, a ponto de vazar a barulheira para a sala do Bustos que, nesse instante, estava quieta.

O que observei no grupo, nesse dia, foi a velocidade grande com que se chegou a um representante grupal. A etapa de aquecimento inespecífico tinha sido muito rápida e eficiente com uma grande economia de procedimentos técnicos. Qual o segredo? Eu tinha acionado prontamente iniciadores corporais dos integrantes do grupo.

Quais as consequências posteriores dessa vivência de Salvador?

1. Nunca mais iniciei a direção de grupos dessa natureza conversando ou explicando alguma coisa, a não ser brevíssimamente.
2. Passei a começar o trabalho de grupo acionando sempre e de algum modo os iniciadores corporais.
3. Passei a procurar um procedimento técnico que ao mesmo tempo acionasse iniciadores corporais e criasse também um esboço de vinculação sociométrica (isso depois do psicodrama do filandês em 1991), me libertando de repetições da divisão compulsiva e obrigatória do grupo.
4. Sempre que possível procurava acrescentar alguma cor local ao procedimento.

Tomei como minha bandeira, e faço isso até hoje, ousar experimentar sempre alguma coisa nova em minha maneira de trabalhar. Às vezes dá certo e eu a incorporo no meu arsenal de recursos e às vezes não dá certo e eu abandono a ideia ou, refletindo no que deu errado, tento aperfeiçoar essa ideia nova. Às vezes, copio o procedimento técnico que vi algum colega utilizar e o modifico ligeiramente ou quase completamente, ajustando-o à minha forma de trabalhar e à minha identidade como psicodramatista. O texto a seguir apresenta exemplos que ilustram essas reflexões.

Aos poucos fui cada vez mais economizando palavras no início da etapa de aquecimento inespecífico, mesmo porque, como já disse, eu já realizava o meu próprio aquecimento antes de abrir as portas para o público. Em 2004, em Belo Horizonte, radicalizei de vez. Não disse nem bom dia para o grupo. Disparei de onde estava, enganchei o braço no braço de uma pessoa, comecei dançar com ela uma valsa e ao mesmo tempo convidei o grupo a fazer o mesmo. Quando o grupo pegou o tom, me afastei e continuei pedindo ao grupo para dançar um samba, um rock, um tango, ao mesmo tempo que os convidava a trocar de par algumas vezes.

Não tinha como não dar certo. Eu estava acionando iniciadores corporais explicitamente em todo o grupo e acoplando à proposta um jogo, com a dança, que obrigava o grupo a um contato, ainda que breve, com várias pessoas, um esboço de vinculação sociométrica, levando a um aquecimento ultrarrápido sem necessidade de fazer algum tipo de mapeamento sociométrico.

Por que a minha preocupação com o desenvolvimento de técnicas de aquecimento rápidas? Muito simples: quanto mais tempo sobrar para um trabalho protagônico, mais confortável ele será para o protagonista e para o diretor, com maiores chances de mergulhos mais profundos e com maior tempo para um compartilhamento sem atropelos. É possível, dessa forma, fazer surgir de um grupo grande emergentes grupais em aproximadamente meia hora.

Um pequeno exemplo do que chamo de cor local:

Certa vez eu estava na sala de embarque do aeroporto de Congonhas a caminho de alguma cidade brasileira, não estou certo se era Florianópolis, e junto comigo se espalhava um bando de adolescentes da mesma cidade com uniformes escolares de moletom, totalmente entediados. Quem tem filho sabe o que é um adolescente entediado. Imaginem um bando deles juntos.

Lá pelas tantas o tédio baixou mais feio e, sem constrangimento algum, até com certo desafio próprio da idade, eles se levantaram, fizeram uma roda e começaram um jogo de bater palmas na frente do corpo, embaixo da perna e nas mãos dos companheiros de cada lado, ritmados e aumentando o número de palmas de cada vez. Quem errava saía da roda.

Vocês já adivinharam que utilizei o jogo deles no aquecimento para os psicodramatistas locais um pouco depois da aterrissagem, modificando-o um pouco. Várias rodas em vez de uma. Quem errava não saía, mudava de roda. Ora batiam palmas de frente ora de costas para os demais da roda.

Em uma cidade de praia utilizei trombadas de barcos no meio do mar. Em cidade grande um engarrafamento de trânsito, e assim por diante. O princípio daqueles carrinhos elétricos de trombadas de parque de diversões.

Como já vimos no Capítulo 10, um iniciador corporal não vem sozinho. É um pacote dos três tipos fundamentais: corporais, emocionais e ideativos. Como se aplica esse princípio no aquecimento de grandes grupos/atos psicodramáticos e como entender, por exemplo, a ação da música ou da poesia nesse aquecimento e o aproveitamento dos talentos artísticos e humanos do diretor?

O PACOTE DE INICIADORES

Em Canela, em 1980, participei de uma vivência dirigida pelo Eva, o mesmo do aquecimento do diretor na parede. Começou assim: Eva pediu a todos que se dessem as mãos em um círculo e perguntou: *Temos um protagonista?* Alguém respondeu: *Eu.* Eva consultou o grupo, que disse sim, e ele então logo passou ao aquecimento específico do proponente e à dramatização. E deu tudo certo. Esse foi o aquecimento inespecífico mais rápido que já vi. Parecia aqueles gols nos primeiros segundos de um jogo de futebol com um chute lá do meio de campo encobrindo o goleiro. Efeito da parede nas costas do Eva?

Embora tal ousadia possa sempre ser tentada, habitualmente a etapa de aquecimento inespecífico requer uma série de providências visando um estado de espontaneidade grupal que faça brotar, primeiro, seus emergentes, em sequência, seu representante, se o trabalho do diretor visa claramente chegar a um clima protagônico. Para isso é necessário ter em mãos um mínimo de continência grupal *medida* por um razoável grau de compartilhamento (pré-compartilhamento). Segundo, um representante grupal comprometido com sua emoção e seu tema (já vimos no Capítulo 12, trata-se de um tema manifesto não necessariamente em primeiro plano).

Em um grupo processual as pessoas já se conhecem, encontram-se semanalmente, sabem *coisas* umas das outras, estabelecendo, portanto, um campo sociométrico em que transitam com razoável conforto. Em geral se expressam verbalmente no início de uma sessão, até como emergentes grupais explícitos, comunicando ao grupo seu desejo de *trabalhar* alguma coisa de ordem pessoal naquele dia específico.

Em um ato psicodramático e, particularmente, em um ato psicodramático com um grande grupo, tudo está por construir. Daí a necessidade de tomar providências de ordem sociométrica e de preparar o grupo cuidadosamente para um estado de espontaneidade cocriativa (ou cocriadora).

Isso só pode ser feito, tecnicamente, com propostas de modos de aquecimento visando a mobilização dos vários tipos de iniciadores para tal.

Ora, como vimos no Capítulo 10, as três ordens de iniciadores principais – corporais, emocionais e ideativos – andam juntas indissociavelmente. É a habilidade técnica do diretor em conjugá-los sempre que configura não só o bom aquecimento como também sua manutenção, inclusive na etapa de compartilhamento. Aquecer e manter o aquecimento do grupo, do começo até o fim de TODAS as etapas de um evento psicodramático, cada uma com a sua especificidade de possibilidades espontâneas. É como no teatro manter a atenção e a emoção do público do primeiro ao último ato. Parece óbvio, não? Veremos que para muitos diretores não é tão óbvio assim. Vocês já assistiram a uma comédia no teatro, cinema ou televisão, que se inicia nos provocando gargalhadas, mas que não se sustenta, nos deixando apenas sorrindo no meio e que fica morna, chata e repetitiva no fim? (Como é difícil fazer comédia! Como é difícil fazer psicodrama! Ah, o tônus da ação dramática!).

É necessário compreender, primeiro, que os três tipos de iniciadores operam juntos e ao mesmo tempo. Se visualizamos um dos seus tipos em primeiro lugar ou escolhemos um artifício técnico que vá estimular um de seus tipos como primeira medida, isso significa apenas que percebemos primeiro ou operamos primeiro um deles. Não que os demais não estejam atuando ou sendo mobilizados. É apenas uma questão de escolha do diretor da via de acesso que ele vê primeiro ou a que está mais acostumado ou livre para operar.

Por que esses três tipos de iniciadores precisam ser acionados?

1. O iniciador corporal deflagará a movimentação corporal necessária para o deslocamento dos personagens atuados na cena psicodramática, tendo o corpo como veículo e vitrine das emoções expressas pelo protagonista e egos-auxiliares, encarnando personagens da trama oculta desse mesmo protagonista e dos personagens internos coconscientes e coinconscientes dos egos-auxiliares, que na verdade são coprotagonistas.

2. Ainda o iniciador corporal, na etapa de aquecimento inespecífico de um grande grupo em um ato psicodramático, como está aderido a emoções e cenas internas de cada integrante do grupo, uma vez acionado trará à tona essas emoções e cenas mais facilmente, abrindo caminho para cada membro do grupo se tornar um emergente grupal. Além disso, o corpo cria pontes sociométricas com os corpos dos outros membros do grupo.

3. O iniciador emocional dará o colorido da atuação dos personagens em cena e reatualizará os sentimentos e sensações necessários como via associativa para a revivência de cenas, para os insigths dramáticos e para a explosão catártica espontâneo-criativa, capaz de agir de forma transformadora abrindo um caminho novo e provocando no grupo uma catarse de integração (só no grupo, segundo Albor Reñones), continuando a pairar no clima grupal da etapa de compartilhamento com o protagonista, que se segue à dramatização.

4. O iniciador ideativo, acoplado à emoção como voz do corpo, coloca cada membro do grupo em uma cena, deflagrando um

aquecimento para a sua revivência, alçando cada um à condição de emergente grupal, à disposição do grupo para se tornar seu representante e na sequência seu protagonista na ação (contexto) dramática.

Por tais razões, o bom aquecimento tem de passar obrigatoriamente pela deflagração dos três tipos de iniciadores. Não serve um ou dois, tem que ser os três. O diretor, tecnicamente, estará diante da escolha inicial de procedimentos conjugados ou em sequência que contemplem o aquecimento por meio dos três tipos de iniciadores. Esse é o segredo da boa direção.

É nesse ponto que muito diretor se perde. Quando se aciona um dos tipos de iniciadores, esse tipo está acionado. Não é necessário utilizar um segundo procedimento para acionar o mesmo tipo de iniciador.

Quando um diretor comete esse equívoco, na verdade ele estará, com grande probabilidade, repetindo procedimentos que incorporou em seu longo aprendizado, sem refletir a respeito do seu fundamento teórico. Ou seja, ele deve sempre se perguntar: *A serviço de que iniciador estou empregando essa proposta de aquecimento para o grupo?*

Por exemplo, propor dois ou três procedimentos de interiorização e reflexão (iniciadores ideativos) em sequência, sem nada fazer para conectar com emoção ou com algum tipo de expressão corporal. Ou vários procedimentos corporais sem deles *puxar* cenas dos integrantes do grupo. Ou propor contatos entre pessoas (por exemplo escolher um par para conversar) sem considerar que a *conversa* é a explicitação de cenas de cada um disparada por iniciadores ideativos, e sem fazer algo para facilitar a emergência de sentimentos (iniciadores emocionais), que encurte o caminho para a cena, ou sem, antes da escolha do par, fazer um aquecimento corporal (iniciadores corporais) que facilite tanto a emergência de cenas quanto de emoções. Lembrar que tudo isso conjugado estará a serviço da emergência de um estado de espontaneidade que colocará cada um na posição de um emergente grupal e de um coprotagonista. Por isso é fundamental saber com que iniciador e conjunto de iniciadores se está operando, para que as propostas técnicas não sejam redundantes e repetitivas, o diretor tendo de ficar atento ao tempo do grupo para levar adiante cada uma de suas propostas.

Exemplificando: num congresso, participei de uma vivência em que, lá pelas tantas da etapa de aquecimento inespecífico, o diretor pedia ao grupo que fechasse os olhos, entrasse em contato com a sua emoção (estava, é claro, acionando um iniciador emocional, o que sempre nos faz despender energia e que, dependendo do tipo de emoção em jogo, pode demorar um pouco para ser vivenciado) e a localizasse em algum momento da vida (evidentemente deflagrando um iniciador ideativo, cena ou cenas). Rapidamente o diretor pedia ao grupo uma outra coisa qualquer relacionada ao tema da vivência, uma proposta preocupada em não perdê-lo, mas que fugia ao momento.

Como me senti naquele instante?

Primeiro, mergulhado comprometidamente na minha emoção e, para isso, eu precisava de um tempo. Depois, viajei longamente com essa emoção até uma cena da minha vida cheia de personagens e me vieram à cabeça semelhanças com algo difícil que eu estava vivendo no meu presente. De novo eu precisava de tempo para me inteirar da minha emoção, da cena, de vários personagens da minha vida. Eu estava me tornando um emergente grupal e um leve toque do diretor me faria compartilhar com o grupo o que estava ocorrendo comigo, deixando-me na fronteira de ser um representante grupal e até um protagonista. No mínimo um coprotagonista.

A nova proposta do diretor, muito rápida e focada em outras direções, tirou-me desse estado pré-protagônico. Nem ele me deu o tempo necessário para vivenciar o que ele mesmo tinha proposto e nem ele, provavelmente, se deu conta do ótimo aquecimento que tinha feito até certo ponto, porque não tinha incorporado a noção de conjugação de iniciadores com que estava operando. Cutucou a onça com vara curta e ao menor rugido tentou, atabalhoadamente, empurrá-la de volta para dentro da toca. Não culpemos o diretor. Uma das coisas mais difíceis de incorporar é o tempo ágil e um tanto quanto preciso e econômico de suas intervenções, afinadas à sua percepção, espontaneidade e criatividade. Nem sempre é possível para qualquer um de nós.

No congresso ibero-americano do México, em 2005, presenciei uma das mais admiráveis expressões públicas dos dilemas que um diretor pode atravessar, com uma resolução brilhante pela sua verdadeira humildade e solução eficiente em favor do protagonista.

A diretora alongou o aquecimento – que foi, por sinal, muito criativo e bem feito. Restou pouco tempo para o trabalho com o protagonista que emergiu do grupo. Toda a cena para a resolução de um conflito foi montada. No entanto, a cena não se resolvia, não deslanchava, apesar dos recursos variados que a diretora empregava. Troca de papel pra lá, troca de papel pra cá, etcétera e tal. E o tempo da vivência acabando. O grupo tenso esperando um desfecho. Nesse ponto, a diretora não teve dúvidas (foi a única vez que presenciei isso), olhou para a plateia e pediu (todos os participantes eram psicodramatistas ou estudantes de psicologia): *Algum diretor venha me ajudar* (que peito, hein, diretora!). Três pessoas se apresentaram para ajudar, e a cena se resolveu. Mérito todo da diretora, que colocou o protagonista e o grupo acima de tudo, reconhecendo suas limitações naquele instante. Quais seriam? Uma cena temida sua? Limitação técnica não era, pois tratava-se de uma psicodramatista muito tarimbada. Nem importa responder a essas perguntas. O que importa, com esse exemplo, é que sempre há uma saída para o diretor, mesmo quando ele está face a face com seus impasses. Ele não está sozinho, mesmo quando pareça estar.

Castello de Almeida, como já comentamos no Capítulo 10, menciona uma classe de iniciadores chamados de temáticos, considerados por ele como um subgrupo dos iniciadores intelectivos (já discutimos essa questão no capítulo mencionado).

Segundo seu ponto de vista, tais iniciadores *temáticos* não passam de uma variação dos iniciadores ideativos e aqui adquirem certo relevo no que diz respeito à questão do preaquecimento do grupo e ao seu manejo pelo diretor.

É comum no mundo inteiro uma vivência psicodramática qualquer ter um nome de batismo. Para mim isso tem várias facetas. Se, por um lado, tal costume propicia um *flash* da criatividade do diretor contida no título, por outro lado, muitas vezes só revela o caminho de aquecimento que o diretor utilizará em seu trabalho. Considerando que um grupo sempre tem uma trajetória imprevisível, não é possível garantir ao diretor a manutenção da sua proposta se um outro acontecimento grupal se impuser naquele momento, obrigando-o a mudar o foco de seu trabalho. A necessidade de uma intervenção sociodramática no grupo é um bom exemplo que, sinalizada por seus integrantes, obrigará o diretor a mudar sua proposta. Nesse caso, o título é limitador e não reflete de fato todas as possibilidades de trabalho grupal. Por isso sempre preferi dirigir vivências sem título porque, para mim, a falta de um título caracteriza a disposição aberta para o momento do grupo, em que tudo pode caber.

Entretanto, me rendi às evidências e imposições mudas dos congressos e desconfio que nós todos cedemos ao modelo primário dos congressos da IAGP (International Association of Group Psychotherapy), que engloba profissionais de várias linhas que trabalham com grupos (o modelo não é só psicodramático) e em que todos os workshops têm título.

Acabamos caindo em uma armadilha que todos criamos. Nos congressos acaba acontecendo que as escolhas das vivências (*workshops*) muitas vezes se fazem pelo nome bonitinho ou engraçadinho.

Se não tivesse nome, mas apenas *Vivência com Fulano* ou *Vivência com Sicrano*, a escolha predominante recairia nos diretores mais famosos e os mais novos se defrontariam com suas salas vazias ou quase vazias (retomarei o tema no Capítulo 20).

Em se tratando de vivências psicodramáticas com nome de batismo, é inevitável nos defrontarmos com o fenômeno do preaquecimento.

Posto isso, que Castello de Almeida considera iniciador temático, eu considero apenas como um modo direto ou indireto de acionar iniciadores ideativos. Por quê?

Quando damos um nome a alguma vivência psicodramática que vamos realizar e ela é divulgada, as pessoas viajam no tema mesmo por dias ou semanas antes de participar dela efetivamente. Uns mais do que outros. Alguns se mobilizam mais, aparentemente, pelo nome do diretor. Trata-se, pois, de um preaquecimento que depende também do quanto o nome é mais ou menos instigante.

Por exemplo, ultimamente tenho utilizado música em meus trabalhos de direção com grandes grupos e tenho dado títulos tirados de letras de músicas conhecidas ou brinco com elas: *Não sei se vou te amar, Se eu escutasse o que mamãe dizia, Acho que o amor é ausência de engarrafamento, La puerta se cerró detrás de ti* (um bolero) etc.

Ter utilizado tais temas não me dispensa de utilizar também procedimentos dirigidos a mobilizar iniciadores ideativos, apesar do título da vivência. Mas é claro que o grupo já chega preaquecido, assim como ele já me encontra preaquecido, tanto pelo tema como por meu processo de autoaquecimento que já descrevi. Sim, me facilita o trabalho e faço o aquecimento do grupo aproveitando o tema, fazendo o grupo cantar e eu cantando com ele, por exemplo. Dividindo o grupo em duas vozes (*Eu sei que vou te amar* × *Não sei se vou te amar* ou *La puerta se cerró detrás de ti* × *La puerta no se cerró detrás de ti* etc.), levando comigo meu ego-auxiliar musical, Sonia Polonca, psicodramatista e professora de música, tocando piano ao vivo e pontuando uma trilha sonora para cada situação com uma sensibilidade extraordinária. A música de encomenda para cada grupo, para cada protagonista e para cada coprotagonista.

Essa experiência psicodramática e musical me fez perguntar por que o aquecimento com música é tão rápido? Essa rapidez de aquecimento é uma comprovação do meu trabalho prático. Até aqui, em 100% das vezes.

A resposta é simples. A música aciona ao mesmo tempo e rapidamente os três tipos de iniciadores. Vocês já viram alguém ficar inteiramente parado ouvindo música? No mínimo balança a cabeça, o corpo, bate o pé, revira os olhos, batuca com os dedos, alguma expressão do ritmo aparece no corpo por menor que seja (iniciadores corporais). Mobiliza emoções. Alguém duvida? (iniciadores emocionais). Nos faz viajar por lembranças (iniciadores ideativos). Portanto, a música nos coloca em uma cena com emoção e com alguma mobilização corporal ao mesmo tempo. E rapidamente. Antessala da espontaneidade e criatividade.

Aliás, outra questão que envolve o diretor na escolha de procedimentos para o aquecimento grupal, respeitando o foco em cada tipo de iniciador, é levar em conta sua maior familiaridade com algum tipo de método que vá de encontro aos seus talentos naturais, o que facilitará, e muito, o seu trabalho.

Por exemplo, sendo músico amador e poeta nas horas vagas, tenho utilizado poesias e música nos meus aquecimentos. Quem pinta poderá utilizar pintura ou qualquer forma de arte ou de material que esteja acostumado a apreciar ou a utilizar, seus *hobbies* etc. São meios de deixar fluir mais naturalmente a espontaneidade e a criatividade do diretor, sem os exageros da 25 de Março.

ENCRUZILHADAS PRÉ-PROTAGÔNICAS

Até aqui fica patente que na etapa de aquecimento inespecífico desse tipo de trabalho, o diretor se dirige para a coconstrução com o grupo de um clima protagônico ou se encaminha para um trabalho grupal sem um protagonista específico (caso de trabalhos com subgrupos, por exemplo).

Tanto em um caso como no outro ele terá de utilizar algum procedimento sociométrico e alguma coisa que mobilize conjunta ou sucessivamente os iniciadores corporais, emocionais e ideativos. Quanto mais ele puder criar meios de juntar em uma mesma proposta técnica os vários ingredientes necessários para um bom aquecimento, melhor para ele e para o grupo.

No primeiro caso (trabalho com protagonista) seu objetivo será chegar ao representante grupal por meio de seus emergentes. No segundo caso, em geral, na proposta de montagem de cena ou de imagens coletivas de cada subgrupo (quando envolve esse tipo de trabalho).

O procedimento mais comum em ambos os casos, utilizado entre nós no correr de várias décadas, é o da formação de pares e depois de subgrupos sucessivamente maiores, o que facilita o manejo de um grupo quando ele é numeroso.

A forma mais simples pode ser exemplificada com a maneira como Zerka Moreno utilizou esse recurso em 1978, em São Paulo. O trabalho psicodramático foi realizado em um anfiteatro com cadeiras fixas, permitindo pouquíssima mobilização. Zerka iniciou o aquecimento pedindo que cada um conversasse com um de seus vizinhos sem sair do lugar. Tanto havia uma intenção de criar um movimento sociométrico quanto, pelo relato, de explicitar algo (história ou emoção) que pudesse ser aproveitado como cena psicodramática, dependendo do segundo passo do diretor.

Em todos esses anos repetimos a frase como diretores: *Caminhem pela sala* (sala sem cadeiras fixas), *fiquem em silêncio* (ou não), *olhem-se nos olhos* (ou não) *e escolham um companheiro, de preferência que não conheçam ou com quem não tenham intimidade* (ou não) *e procurem um lugar para conversar com ele*. Todo psicodramatista já passou por isso mil vezes (brasileiros e estrangeiros).

Muito bem. O que é isso? Um par sociométrico que se escolhe com mutualidade positiva para o critério *conversar* em uma vivência de psicodrama.

Em geral, uma vez que o grupo como um todo, em um bom aquecimento, foi aquecido por meio dos três tipos de iniciadores deflagrados, emoções e cenas estão na ponta da língua dos integrantes do grupo. Só falta falar e o ouvido é colocado na sua frente em uma situação de certa intimidade (um papo a dois).

Experimentei, como diretor, diversas formas de fazer isso. Da primeira vez, privilegiei a conversa em si. O par. Da segunda, privilegiei um contato mais profundo, uma maior intimidade estabelecida entre os integrantes do par. Como?

Primeiro tempo: conversa; segundo tempo: o par se dá as mãos em silêncio; terceiro tempo: o par comunica um ao outro o que sentiu. Variantes que fui experimentando: primeiro dar-se as mãos e/ou comunicar-se com as mãos; segundo (e/ou) dar-se as mãos e depois se olharem nos olhos. Jeitos modificados e acrescentados de facilitar a ação de iniciadores emocionais e a comunicação de *cenas* extraídas da conversa por meio de iniciadores ideativos. Os iniciadores corporais estavam presentes no próprio contato corporal diversificado do par.

Em outras ocasiões, privilegiei a ancoragem sociométrica do grupo não deixando que a conversa com o par se alongasse, pedindo troca de par depois de breve conversa. Em situações diferentes experimentei trocar de par duas, três, quatro, cinco vezes e até, em grupos pequenos, todos os pares possíveis, em um mesmo aquecimento.

O que observei nesses casos, em todas as vezes, é que a primeira troca se fazia obedientemente, sem qualquer reclamação. A segunda troca era mais relutante que a primeira. E a cada troca os protestos eram mais veementes, sendo que algumas vezes a desobediência imperava e em alguns pares a nova troca não se fazia.

Não é difícil entender. Era um sinal de aquecimento do grupo (que dizia: *Agora que está ficando bom você interrompe?*), de laços sociométricos mais consequentes se formando, de continência e de esperança de continência se estabelecendo. Um esboço de compartilhamento começava a ser construído. Logo, ficava para o diretor a tarefa de detectar emergentes grupais caso sua intenção fosse o foco protagônico. Caso fosse trabalhar com subgrupos o ponto de virada seria o mesmo.

Para tal, de tanto ver o modelo repetido de outros diretores eu acreditava que tinha obrigatoriamente de pedir a formação de pares que, inicialmente, eu desfazia. Em seguida, ampliava o movimento para a formação de um quarteto, depois de um subgrupo de oito, tudo dependendo do tamanho do grupo.

Por muito tempo e até hoje a maioria de nós trabalha assim. Com o tempo fui modificando a maneira de trabalhar pelas respostas e efeitos que eu observava nos grupos e pela sistematização teórica que fui construindo aos poucos.

1. Primeiro me chamou a atenção que a troca de par muitas vezes superficializava o compartilhamento (aqui estou me referindo não à etapa de compartilhamento, mas partindo do princípio que no trabalho psicodramático há vários níveis de compartilhamento, inclusive, como nesse caso, na etapa de aquecimento inespecífico). Muitas vezes o grupo se queixava disso (na verdade dependia da qualidade do contato possível: tanto um primeiro contato poderia ser superficial como profundo, o mesmo podendo se dizer de um quinto contato, por exemplo).

2. Desfazer o par para formar um quarteto muitas vezes exigia um reaquecimento. Resolvi, em uma outra oportunidade, experimentar ampliar para quarteto sem desfazer o par inicial. O par procurava outro par para construir um quarteto. Essa providência exigia menos aquecimento.

3. Experimentei então fazer a ampliação para quarteto dentro de uma situação imaginária, pensando em um aquecimento visando uma dramatização posterior. Ficar em cena com o outro à vontade.

Como passei a fazer? Em vez de desfazer o par e/ou pedir para formarem um quarteto, passei a pedir que levantassem e ficassem de braços dados com seu par (maximizando os laços com o par) e passeassem (aqui utilizava a cor local) na praia (se era cidade de praia) ou na montanha (por exemplo, no congresso de Campos de Jordão) ou na chuva (se chovia) ou naquele jardim (que de fato se via pela janela da sala, puxando imaginariamente o jardim externo para o cenário psicodramático) e que paquerassem outras duplas que também estavam de braços dados. Ou seja, procurei transformar essa passagem sociométrica para quarteto em uma pequena dramatização coletiva divertida, dentro de um cenário psicodramático com cor local, com ótimos resultados (por favor, não copiem; apenas, caso copiem, recriem!).

4. A passagem da configuração de subgrupos de quatro para oito integrantes me deu mais trabalho. Em um ato psicodramático com um grande grupo que dirigi em uma cidade brasileira fora de São Paulo, essa passagem resultou em uma superficialização de trocas no subgrupo maior com perda de intimidade, ficando muito difícil a captação de emergentes grupais e, mais ainda, a definição de um representante grupal. Tive de encontrar outra saída. O aquecimento do grupo se perdeu e esvaziou o clima protagônico.

Passei então, a partir daí, a viver um dilema toda vez que em um aquecimento utilizava o procedimento de dividir o grupo em subgrupos. Chegava uma hora que eu tinha de atravessar a encruzilhada dos oito. E aí? Mando ou não mando o quarteto se transformar em octeto? O que faço quando o grupo de oito teima em ser dez ou doze? E ficava eu com minhas antenas em campo tentando medir o aquecimento do grupo com o termômetro da minha percepção. Até que um dia mandei o subgrupo de oito às favas. Suspense. Mais adiante conto como foi e quais foram as consequências disso. Foi o vulcão de Quito que me inspirou com seu rio de lava.

5. No nosso congresso de 2002 na Costa do Sauípe, derrapei nos subgrupos e no meu democratismo. Lá vinha eu, belo e faceiro, em pleno sol da Bahia, *quando de repente, não mais que de repente...* escorreguei numa esquina de suposições. *Pois é, fica o dito e o redito por não dito.* Não é Vinícius? Não é Jobim?

Ou seja, aqueci o grupo sem dificuldade e acabei por dividi-lo em onze ou doze subgrupos de oito ou dez pessoas. Quis ser Deus como Moreno. Em vez de quebrar o braço, quebrei a cara. Pedi a cada subgrupo que escolhesse um protagonista (eu me expressava assim naquela época, sem as devidas atualizações) ou protagonistas ou que montasse uma cena a partir do subgrupo ou que fizesse uma imagem coletiva. Dá para perceber que abri no mínimo onze ou doze possibilidades muito diferentes que dificilmente uniriam o grupo? Pois é. Fui democrático e teimoso até o fim. Cada subgrupo queria uma coisa e eu atendi a cada um obedientemente. *Democraticamente.* No último terço do trabalho a sequência de dramatizações estava cansativa até para mim. Algumas pessoas já saíam da sala.

Refletindo hoje sobre aquele acontecimento, penso que polarizei em mim um dilema embutido no psicodrama brasileiro da época e que perdura até hoje: trabalhar com ou sem protagonista. Depois dessa experiência, em congressos, decidi trabalhar com protagonistas, que é o que tenho feito até então, e deixei de ter medo de ser mais diretivo quando julgar necessário, tomando as decisões que achar melhor. Isso também é espontaneidade. Não é uma questão de autoritarismo. É uma questão de liderança. O diretor tem de saber quando aparecer e quando desaparecer. Quando sua liderança é invisível e muda e quando ativa e a bom som.

A próxima encruzilhada protagônica merece um capítulo especial.

CONFIANÇA

Caldas Novas, congresso de 1986, histórico.

Esse congresso foi um marco porque foi a primeira vez que abrimos participação para colegas estrangeiros. Foi assim que conheci Monica Zuretti da Argentina, já muito bem cotada na época como uma discípula querida de Zerka.

Lá estava eu na sua vivência, por sinal, lotada. Aqueceu o grupo muito bem etecétera e tal, até chegar àquela hora crítica de pescar do grupo seus emergentes grupais e dali sair um representante. Não aparecia ninguém. Silêncio tímido.

Monica estendeu a mão para um integrante do grupo (estávamos de pé e em círculo), trouxe-o para o meio da roda e disse: *Não precisa falar nada. Apenas olhe as pessoas do grupo nos olhos. Uma a uma. E diga apenas se elas são confiáveis ou não para que você possa contar algo de seu.* E a pessoa que estava com ela disse que sim e voltou para a roda.

Monica repetia o processo com outra, outra e outra, todas dizendo sim, até que ela propusesse um segundo passo: *Quem quiser vir aqui no meio para contar qualquer coisa, por favor se aproxime.* E assim foram surgindo os emergentes grupais até que o trabalho protagônico foi possível de ser realizado. Foi também uma forma psicodramática de contratar a confiança do grupo solidificando uma ética grupal.

A partir daí fiquei mais atento à confiança do grupo como impedimento para a configuração do clima protagônico e muitas vezes utilizei o recurso técnico de Mônica, copiado descaradamente ou modificado e introduzido de maneiras diferentes em momentos diferentes da etapa de aquecimento inespecífico.

Uma vez, tal e qual. Outra vez, dentro da sequência do próprio aquecimento. O grupo estava junto, bem junto, sentado no chão, bem aquecido. Eu já tinha pedido que viajassem internamente em suas cenas (mais adiante comentarei essa variante). Estavam a ponto de contar cenas suas e/ou de expressar seus sentimentos. Antes que falassem pedi: *Antes de falarem, aí mesmo de onde estão, olhem nos olhos uns dos outros e vejam se esse grupo é confiável.* A mesma coisa, dentro do aquecimento, e a mesma pesquisa, só que simultaneamente com o grupo todo, com a intenção de intensificar o aquecimento para que surgissem emergentes grupais.

Outra vez fiz o mesmo, perguntando antes (havia uma pequena hesitação): *O que falta? Coragem? Confiança?* E daí por diante.

Esse procedimento se torna importante principalmente quando o aquecimento é rápido e o grupo se dá conta, e o diretor também, de que o passo foi maior que a perna.

ABAIXO OS OITO

Em 2007 fui convidado para dirigir o psicodrama de abertura do III Congresso Equatoriano de Psicodrama para um público de aproximadamente 200 pessoas.

Fui aquecendo o grupo utilizando recursos de mobilização de iniciadores corporais, emocionais e ideativos e de ordem sociométrica, até a formação de pares e, depois, quase a de quartetos. Cheguei àquele ponto em que me aproximava do dilema de ampliar ou não para subgrupos de oito (seriam muitos subgrupos, levando-se em conta os 200 participantes; dez ou doze talvez fosse muita gente em subgrupos), quando me veio uma ideia. Já tinha pedido ao grupo a formação de pares e procurei partir dos próprios pares intensificando a ação de iniciadores com cor local.

Na véspera eu tinha passeado por Quito, tinha visto o vulcão à distância e visitado o museu do pintor mais famoso do Equador, Guayasamin, que, pelos traços e temas, lembra um pouco o nosso Portinari. Um museu lindo e muito bem montado. Não há equatoriano que não o conheça. Nele há um quadro, uma obra-prima, de nome *Ternura*, em tons de azul e amarelo, que representa uma mulher de rosto sofrido enlaçando ternamente um menino pobre. A própria ternura me fez ficar diante dele muito tempo, absorvendo a sua beleza e me entregando ao sentimento que ele despertava em mim.

Ora, dois anos antes, no ibero-americano do México, a mesma diretora que pediu socorro ao grupo tinha feito um aquecimento aos pares, solicitando que cada um fizesse uma imagem de seus sentimentos utilizando o seu par (um de cada vez fazia a imagem utilizando o outro).

Na hora juntei as duas coisas. Pedi aos pares que passeassem por Quito de braços dados e depois que entrassem no museu de Guayasamin e, após um tempo, que se detivessem diante do quadro *Ternura* e que absorvessem o que o quadro lhes transmitia. Pedi que reproduzissem com o seu par a imagem do quadro, corporalmente. Um no papel da mulher e outro no papel do menino. Uma vez feita a imagem dei um tempo para que absorvessem os sentimentos que brotavam desse quadro vivo. Pedi que invertessem papel com o par para que ambos experimentassem as duas posições, a da mulher e a do menino. Tudo isso em silêncio.

Com isso aprofundei o vínculo sociométrico do par (contato corporal, sensações e sentimentos), mobilizei explicitamente iniciadores corporais e emocionais. Quanto aos iniciadores ideativos, eu sabia que estavam sendo mobilizados. Era só explicitá-los. Poderia seguir o caminho de formação de subgrupos: quatro, oito etc. Teria talvez um trabalho maior para manter o aquecimento e ampliar para todo o grupo um compartilhamento geral que trouxesse à tona os emergentes grupais (não esquecer que o objetivo final desse aquecimento inespecífico era costurar com o grupo um clima protagônico até chegar a um representante grupal).

Resolvi arriscar e abandonar, já naquele ponto, a ideia de subgrupos, mesmo os quartetos. Introduzi de novo a cor local. Fui para o meio da sala e pedi que cada par viesse junto de mãos dadas. Disse que eu estava no meio de um vulcão de emoções e que eles seriam esse vulcão. Que se jogassem todos no chão, embolados uns nos outros. E, de repente, tínhamos uma montanha de 200 pessoas aderidas corporalmente umas às outras (iniciadores corporais ligados e contato sociométrico ampliado). Utilizei naquele momento o recurso de reativar iniciadores emocionais pedindo que entrassem em contato com seus sentimentos. Em seguida, acionei mais explicitamente os iniciadores ideativos (eu tinha certeza que estavam acionados, era só explicitar) pedindo que o grupo mergulhasse nesse vulcão de emoções e viajasse para os momento de suas vidas em que houve, faltou ou transbordou ternura (cenas que mobilizariam emergentes grupais; nesse momento todos eram emergentes grupais em potencial). Antes de pedir a explicitação das lembranças (cenas), apesar do bom estado de aquecimento do grupo, só para garantir, pedi que abrissem os olhos e, sem falar, dali mesmo de onde estavam, olhassem nos olhos dos companheiros de grupo e verificassem se era possível confiar neles, explicitando os momentos que lhes viessem à cabeça. O grupo foi assentindo mesmo sem falar e, na sequência, começaram a falar de seus sentimentos e recordações (cenas), surgindo quinze emergentes grupais explicitamente, deles saindo um representante grupal que foi o protagonista do grupo. E assim, em um trabalho com perspectiva protagônica, me livrei do dilema dos oito. Conclusão: não necessariamente, como já se tornou conserva, é preciso subdividir um grande grupo em subgrupos à procura de emergentes ou representantes grupais. Como cheguei a um representante grupal? Abandonei de vez o trabalho com subgrupos? Bem, isso é outra história.

A ESCOLHA DE UM REPRESENTANTE GRUPAL

Em um grupo processual, o surgimento de emergentes grupais e a escolha de um representante grupal se faz espontaneamente e, às vezes, até de certa forma automaticamente, pelo hábito dos encontros semanais e pelo favorecimento da intimidade dos pequenos grupos.

Pode até partir do diretor o convite: *O que vamos trabalhar hoje?*; *Você está com uma cara, o que está havendo?*; *Vamos trabalhar isso que você está contando?*; *Tudo bem gente?* etc.

No trabalho com grandes grupos o percurso do aquecimento inespecífico, em geral, é mais longo.

Todos nos habituamos a ver os mais diversos diretores, no ponto em que estão explicitados alguns ou vários emergentes grupais, iniciar o processo de escolha de um representante entre eles dispondo tais emergentes em cantos diferentes da sala e pedindo aos membros do grupo que coloquem a mão sobre aquele em que recai a sua escolha, todos sendo obrigados a escolher. Uma votação que se decide por maioria. O mais votado é o representante que vai para a cena psicodramática.

Há variações. Quando são muitos os emergentes e dois são os mais votados ou empatados ou quase empatados, alguns diretores refazem a votação só com os dois.

Já vi diretores que dispuseram os emergentes grupais em círculos concêntricos imaginários: o de dentro para os que precisam dramatizar a sua cena naquele momento, no segundo os que gostariam mas que não têm tanta urgência e o mais externo, o daqueles que podem esperar (se der, deu), o que enxuga o processo de escolha.

Também já presenciei diretores que, em uma vivência mais longa (dia inteiro ou dois ou três dias), consideram o mais votado como o representante e deixam os menos votados para serem *trabalhados* na sequência, que pode até ser o dia seguinte.

Tal disposição já deixou muito diretor em saia justa por acabar trabalhando com falsos protagonistas. Ou seja: alguém que se dispõe de fato para a dramatização em um primeiro momento ou que é consagrado pelo grupo nesse momento não se dispõe ou não é um verdadeiro representante em outro momento, no dia seguinte, por exemplo. A cada intervalo deve-se impor uma nova verificação e um novo aquecimento para que tenhamos um representante grupal de fato em todos os momentos em que se dispõe a dramatizar.

Um acontecimento ocorrido no ibero-americano de Buenos Aires, em 2003, não só me refrescou a memória para algo que já praticava nos grupos processuais como mudou minha forma de dirigir a etapa de aquecimento inespecífico em grandes grupos no que diz respeito à escolha do representante grupal.

Nos anos 1970, de tanto ver diretores estrangeiros utilizarem o procedimento de votação para escolha do representante grupal e de abortamento da dramatização ou de um segundo ou terceiro representante escolhido previamente, já discutíamos no Brasil a validade desse tipo de procedimento. Discutíamos, não concordávamos inteiramente, mas continuamos fazendo e fazendo até hoje da mesma maneira.

Mas voltemos a Buenos Aires. Fui participar de uma vivência dirigida por um psicodramatista muito experiente. No primeiro instante ele explicou que sua intenção era utilizar alguma dramatização para ilustrar um conceito teórico que ele estava desenvolvendo. Aqueceu o grupo para isso.

Surgiram uns tantos emergentes grupais. Um deles destoava de todos os outros e estava completamente fora da proposta do diretor. Queria porque queria mergulhar em questões mais profundas envolvendo o relacionamento seu com um parente muito próximo, o que não era a proposta do diretor. Diga-se que, aliás, não só a proposta do diretor agradara em cheio, como o aquecimento que ele realizara criara um tom divertido e de leveza no grupo.

Diante de uma meia dúzia de emergentes grupais, o diretor prosseguiu pedindo ao grupo que escolhesse o seu representante pelo método costumeiro de votação. Não deu outra. O emergente mais escolhido foi aquele que destoava e que tinha uma proposta inteiramente diversa dos demais. O diretor foi tão *democrático* quanto eu em Sauípe. Acatou a escolha do grupo e até o fim da dramatização toureou o protagonista, que, se não entrava de vez nas águas profundas a que teoricamente se propunha, também não deixava o diretor conduzi-lo por um caminho alternativo. O diretor foi extremamente hábil e cuidadoso trabalhando o possível até onde o protagonista deixava. No entanto, nem o diretor demonstrou exatamente o que desejava, nem o *protagonista* (falso, é claro) mergulhou no que disse que queria.

Mais tarde (ninguém tinha condições de saber antes, muito menos o diretor) ficamos sabendo que a maioria das pessoas do grupo que escolheu aquele emergente grupal era constituída por seus colegas de turma de um curso de formação em psicodrama, que estavam não só condoídos, mas também familiarizados com o seu sofrimento e que, com essa escolha, modificaram a proposta do grupo, que era inicialmente também a sua proposta.

A amostra dessa escolha sociométrica era, portanto, viciada e não havia como saber disso previamente. Para que se soubesse haveria necessidade de aplicar um teste sociométrico no grupo. Claro que totalmente inviável no fluxo operacional de qualquer grupo desse tipo. Uma alternativa que me ocorre hoje é pesquisar o índice de rejeição grupal daquele que aparentemente é o mais votado (como se faz com políticos durante campanhas eleitorais).

Fiquei pensando no quanto pode ser falha essa forma de escolha de um representante grupal, forma essa que todos nós praticamos, falha a que estamos sujeitos.

Ora, me pergunto, por que nos grupos processuais de consultório eu me permito de vez em quando laçar um representante do grupo e, até aquele momento, eu não me permitia o mesmo em um grande grupo? Porque conhecia as pessoas melhor? Ou porque não hesitava em confiar na minha percepção, sentimentos e intuição como ferramentas de trabalho? Por que o diretor de Buenos Aires não se recusou a dirigir o aparente *representante grupal* que estava fora da sua proposta? Concluí: o diretor também escolhe.

No congresso brasileiro do ano seguinte, na direção de um grande grupo, estava eu naquele ponto do aquecimento em que iam brotando emergentes grupais. Parei em um deles. Senti: *é por aí*. Consultei o grupo de cabeça. Balançaram a cabeça também em assentimento. Puxei-o para a cena e ele foi o protagonista natural sem nenhum tropeço. Deixei a votação para trás.

Minha subjetividade também está presente. Antes de diretor sou gente também, sou filho de Deus. Ou melhor, também filho de Moreno.

CADEIRAS NUMERADAS

É claro que esse exemplo não significa que o diretor escolha sempre ou que há apenas uma ou duas maneiras de chegar a um representante grupal. Entretanto, essa experiência acabou me trazendo outros desdobramentos da minha forma de trabalhar.

Em uma de minhas direções posteriores a essa última, me veio o movimento natural de privilegiar os emergentes grupais não escolhidos como representantes grupais. Como assim? Eles tinham se exposto ao grupo mas não iriam para a cena psicodramática como protagonistas, embora tivessem se doado ao grupo. Não mereciam um destaque? Não eram eles os coprotagonistas mais explícitos? Antes de iniciar o aquecimento específico com o representante grupal, coloquei os outros emergentes grupais *não aproveitados* aparentemente em um semicírculo destacado na primeira fileira do grupo (tipo reserve), como em cadeiras numeradas à frente da arquibancada (para não esquecer deles enquanto encontrava um caminho para o que fazer com eles depois).

Ao fim da dramatização, considerando que as cenas de cada um tinham de estar encadeadas no coinconsciente grupal, puxei de cada emergente grupal reservado para o fim um compartilhamento dramático. Isto é, uma minidramatização, uma vinheta, que ancorada nos princípios da multiplicação dramática tivesse o peso de um compartilhamento. Uma ressonância grupal que era ao mesmo tempo dramatização e compartilhamento. Após fazer isso com esses *ex-emergentes*, fiz o mesmo com as pessoas da plateia que se dispuseram a compartilhar suas questões com o protagonista. Dependendo da situação e do tempo ainda disponível, nas direções subsequentes, passei a utilizar o mesmo recurso de maneira variável. Com tempo curto, uma vez, pedi apenas que cada *ex-emergente* escolhesse alguma pessoa ou pessoas do grupo para representar o personagem ou personagens mais relevantes da sua *história* e ficasse com eles do jeito que quisesse, em silêncio (era claro que uma cena muda se passava dentro de cada um). O cenário ficava, então, assim: o protagonista ao lado do diretor e rodeado dos demais emergentes grupais com seus personagens, por sua vez, rodeados pelo grupo em um estado de compartilhamento coletivo.

Ou, com um pouquinho mais de tempo: cada um com seu personagem podendo falar alguma coisa curta, se quisesse, para ele. Ou, com mais tempo ainda, uma pequena dramatização com cada um e seus personagens. Em Quito, no ibero de 2009, trabalhei assim com 16 emergentes no fim da vivência.

Se ainda sobra tempo, a mesma coisa com pessoas do resto do grupo, compartilhamento verbal ou dramático, dependendo da situação.

Três coisas me motivaram a escolher essa forma de lidar com os demais emergentes e com essa maneira de promover o compartilhamento. Uma, a prática de atendimento individual com dramatizações mais enxutas, que foram me dando um embasamento teórico por meio da articulação dos diversos tipos de iniciadores para o trabalho com vinhetas e atalhos, que exigem uma condução mais diretiva e mais objetiva.

Num parêntese: Zerka Moreno, na primeira visita de 1978, estava na cena com um protagonista. Ele estava diante de um colega no papel da sua mãe. Diante da mãe ele queria se aproximar e não conseguia. Zerka perguntou: *Por que não se aproxima?* E o protagonista: *Não posso. Há uma barreira entre nós.* Nesse ponto, todos nós estávamos esperando a Zerka fazê-lo trocar de papel com a barreira, investigar o que era a barreira etc. Mas não. Zerka disse simplesmente: *Não há nenhuma barreira aí. Aproxime-se.* E o protagonista depois de um breve susto se aproximou e se desmanchou em uma choradeira interminável. Fechado o parêntese.

A segunda coisa foi a atitude de Eva (de novo) em Caiobá, dirigindo um compartilhamento, depois de alguns minutos de depoimentos mil e abraços mil: *Temos que encerrar o nosso trabalho e o compartilhamento não precisa terminar aqui. Pode continuar lá fora pra quem quiser.*

A terceira foi o compartilhamento após a dramatização, aqui no Brasil, dirigido por um psicodramatista estrangeiro formado em Beacon com Moreno. Quase duas horas de duração de um compartilhamento verbal. Ninguém aguentava mais. Saía gente da sala a toda hora pelo ladrão.

A justificativa do diretor era a de respeitar o direito de cada um de compartilhar suas coisas com o protagonista. Certo, politicamente correto e demais para o meu gosto. Mas, no entanto, o diretor é o diretor daquele grupo e tem de estar atento aos seus interesses e desejos predominantes.

Por exemplo, aprendi a cortar e a abreviar o discurso dos integrantes do grupo quando necessário, nas vezes em que dirigi grupos de colegas de língua espanhola (tendendo a ser mais prolixos que a maioria dos brasileiros). Por algum motivo cultural qualquer, nesses grupos, sempre me vi diante de inúmeros emergentes grupais, cada um falando mais que o outro em histórias geralmente compridas. Era um desafio manter o aquecimento, a concisão e o respeito ao mesmo tempo com fluidez psicodramática.

DRAMATIZAÇÃO EM SUBGRUPOS:
O VIRA-LATA E A PODEROSA AFRODITE

Dependendo das circunstâncias que envolvem o trabalho de um grande grupo, às vezes escolho trabalhar em subgrupos. Nesse caso, para não acontecer o que aconteceu em Sauípe, delimito mais precisamente meus objetivos.

Aqui vale a pena inserir dois comentários específicos.

Há muito tempo vinha me incomodando a profusão de trabalhos psicodramáticos em que o diretor dividia o grupo em subgrupos e pedia para cada um desses subgrupos, depois de uma rodada de compartilhamento, a construção de uma imagem corporal coletiva (de cada subgrupo) que expressasse os sentimentos e o conteúdo do que fora compartilhado.

Muitas vezes me sentia insatisfeito com a construção de imagens óbvias ou incompreensíveis (código particular de cada subgrupo) e com a pouca elucidação do seu significado no grupo. Diversas vezes, para mim, o trabalho não saía da superfície. Pior ainda era a reação do público.

Um exemplo repetitivo: qual o psicodramatista que nunca viu uma imagem grupal com as pessoas de mãos dadas se abaixando e abaixando a cabeça e depois se levantando juntas, levantando os braços e soltando-os lá no alto triunfalmente, às vezes com uma respiração ruidosa em uma alegoria de nascimento?

Eu já vi mil vezes. É raro um trabalho desse tipo não ter a construção de uma imagem como essa. Será que estou muito velho e intolerante com a repetição das coisas? Para os mais jovens não pode ser uma grande descoberta e novidade? Tal imagem em vez de conserva talvez seja um espelho vivo de algo muito rico gravado no inconsciente coletivo ou algo no gênero?

Sendo uma coisa ou outra, a bem da verdade e em bom português, me "enche o saco". E tenho certeza de que o de muita gente.

O que eu chamo de pior, primeiro, a reação do público aplaudindo como se estivesse diante da performance teatral do ano. Segundo, os autores da imagem estufando o peito de orgulho e se comportando como aquele vira-lata que corre latindo atrás de um carro que passa e marcha de volta de cabeça erguida com ar de dever cumprido, não tendo feito nada, mas como se tivesse triturado o dragão.

Por causa disso, num grande grupo que dirigi no Centro Cultural São Paulo, enveredei pelo caminho dos subgrupos e das imagens. E lá veio uma dessas imagens óbvias do subgrupo para o público.

Quando o subgrupo foi previsivelmente aplaudido e já se preparava para sentar com o peito estufado de missão cumprida, congelei o subgrupo onde estava, a meio caminho da plateia, pedi um solilóquio de cada um e depois fui costurando uma cena atrás da outra por meio da interação entre público e subgrupo, povoando a cena de personagens e explorando significados mais profundos.

É bom lembrar que a técnica psicodramática de concretização em imagens (imitada pelos sistêmicos, que a rebatizaram de escultura) é uma técnica diagnóstica de alguma coisa. Um caminho para. Excelente nesse sentido, mas nunca uma técnica resolutiva em si mesma. Por essa razão, esse meu comentário, para lembrar aos psicodramatistas que dispomos de recursos técnicos para ir mais adiante na pesquisa psicodramática que a construção de uma imagem apenas iniciou, senão vira mera performance vazia.

O segundo comentário específico também é um adendo técnico que passei a acrescentar em algumas situações nesse tipo de trabalho com subgrupos.

Hoje utilizo mais o aquecimento e o trabalho psicodramático com subgrupos nas situações em que dirijo um sociodrama.

Certa vez, dirigindo um sociodrama em uma instituição de ensino de psicodrama fora de São Paulo, onde era patente a ocorrência de certo nível de conflitos, me veio a ideia de utilizar um recurso que Woody Allen utilizou no seu filme *Poderosa Afrodite* e que tem tudo que ver com o psicodrama.

Nesse filme, a história se passa em Nova York nos dias atuais. E o enredo de relações amorosas, namoros, separações e infidelidades vai caminhando no filme e é pontuado de vez em quando por um coro grego (os atores vestem túnicas gregas em um cenário de ruínas de templos da Grécia antiga) que comenta a ação de uma forma hilariante. Por exemplo, há uma cena de paquera, surge na tela o coro grego cantando com roupas antigas e uma postura de musical da Broadway cochichadamente: *You do something to me,* um clássico da música norte-americana.

Pois bem, no sociodrama em questão, se chegou a um ponto em que os diversos subgrupos iam montar uma cena retratando a instituição a que pertenciam. Propus então acrescentar o *coro grego.*

Pedi um representante ou dois de cada subgrupo (para comprometer mais todos os subgrupos entre si e ampliar a perspectiva de percepção), dispondo-os em linha no cenário psicodramático, num canto, e pedi que comentassem em voz alta a ação dramática que se desenvolvia na cena, procurando uma forma de expressão acentuadamente teatral, no próprio desenrolar da cena. O resultado, além de muito engraçado, foi muito útil e influenciou decisivamente o rumo que a cena ia tomando. Era fácil entender que o *coro grego* representava as vozes dos bastidores, dos corredores, a rádio-peão.

Nessa primeira vez o único problema que surgiu foi o *coro grego* tentar suplantar a cena do subgrupo, literalmente roubando a cena. A eficiência do coro levava seus integrantes ao entusiasmo de querer competir e abafar a dramatização. Até isso era compreensível, porque era uma voz habitualmente ignorada na instituição. Tecnicamente era só fazer pequenas correções nas instruções do grupo para que cena e coro fossem igualmente visíveis e ouvidos.

Poucos meses depois repeti a proposta em um sociodrama de um grupo de profissionais de RH com muito sucesso, pois se tratava da própria matéria prima com a qual trabalhavam, a rádio-peão das empresas.

INTERVALO PARA UM PEQUENO AJUSTE
DE NOMENCLATURA

Já que estou falando em sociodrama, quero esclarecer que utilizo o termo somente quando o trabalho de grupo visa diagnosticar e tratar tensões intergrupais a partir de um conflito qualquer. Sem isso, para mim, não existe sociodrama.

Comumente os psicodramatistas concordam, com poucas variações, com a definição de sociodrama. Assim, Rosa Cukier (2002), Menegazzo, Zuretti e Tomasini (1995), Moysés Aguiar (1998) e Cybele Ramalho (2008) apontam para um método psicodramático que atende a relações intergrupais e ideologias coletivas, tal qual Moreno o definiu.

Aguiar compreende que seu objetivo é o desenvolvimento de um grupo preexistente *que continuará existindo depois, vinculando-se ao cotidiano da vida*. Cybele Ramalho aponta como objetivo trabalhar problemas ou temáticas sociais. Menegazzo, Zuretti e Tomasini situam o sociodrama como um método capaz de visualizar conflitos em grupos naturais ou espontaneamente formados e grupos instrumentais.

O próprio Moreno já o definia como uma modalidade especial de psicodrama, cujo sujeito é o grupo, de resolução de conflitos interpessoais, em que as causas coletivas não podem ser tratadas exceto em sua forma subjetivada.

Alfredo Naffah Neto, em 1980, em seu ensaio "O psico-sócio-drama da Pietá", em *Psicodramatizar*, põe mais lenha na fogueira e defende o ponto de vista de que qualquer psicodrama é, no fundo, um "psico-sócio-drama", não podendo a perspectiva individual ser separada, de fato, de uma ideologia coletiva, na qual ela também se insere.

Portanto, podemos pensar que, se partirmos do grupo e de seus conflitos interpessoais, atingiremos cada indivíduo e suas subjetividades. Em contrapartida, se o ponto de arranque é o indivíduo (uma maneira clássica de separar o que é psicodrama e o que é sociodrama), não há como não cair nas suas inserções sociais em todos seus papéis.

Por isso, o "psico-sócio-drama". A questão é, portanto, como fazer e como nomear o método utilizado, qual o seu foco e o seu caminho de resolução. Tendo em vista tal articulação, como encaixo a minha prática? Para qualquer atividade psicodramática utilizo o termo genérico psicodrama, que poderá ser um psicodrama público, um grupo de *role-playing*, um sociodrama, um axiodrama, um teatro espontâneo, um jornal vivo etc. O nome genérico é psicodrama e não vejo por que mudar. Já critiquei, em *Fragmentos de um olhar psicodramático*, a tendência de chamar atos psicodramáticos de atos socionômicos, como se introduzir o termo socionomia, mesmo em um sentido qualificativo, fosse a forma de cobrir o psicodrama com um manto de respeitabilidade acadêmica. Sabem mesmo o que eu acho? No mínimo rançoso.

Sendo assim, o trabalho psicodramático se tornará um sociodrama apenas em duas situações:

1. Por encomenda. Quando um psicodramatista é contratado para operar com o psicodrama em uma situação dentro de uma comunidade qualquer em que esteja ocorrendo um conflito ou na qual é previsível que um conflito ocorra. Por exemplo: um problema com uso de drogas em uma escola; um conflito racial em um bairro; um problema habitacional em uma favela; desentendimentos ocorrendo em uma instituição qualquer; e assim por diante.

2. Não encomendado. Quando se detecta em um grupo qualquer (alunos em aula de psicodrama ou supervisão, grupo de terapia, qualquer grupo com funcionamento regular), no momento em que o diretor está diante dele, tensões entre os seus membros, o que exige do diretor de psicodrama uma intervenção sociodramática para recuperar a capacidade operativa do grupo (em um grupo de terapia, por exemplo, recuperar o clima protagônico).

Vendo assim, muito me espanta batizarmos de sociodrama um psicodrama (nome genérico) de abertura ou de encerramento de nossos congressos. Para mim o nome genérico inclui até a possibilidade dessa atividade psicodramática se tornar um sociodrama. O nome seria psicodrama de abertura ou de encerramento.

Chamar previamente de sociodrama é fazer uma encomenda falsa. É como se supuséssemos que o grupo de congressistas tem um conflito a ser tratado e que sabemos disso por antecipação e ele não.

O diretor que aceita dirigir um sociodrama de abertura ou de encerramento, caso ele mesmo não faça essa correção de nomenclatura no primeiro minuto da sua direção, já começa contaminado, procurando tensões e conflitos onde não existem. Pelo menos aqueles de uma qualidade que ele imagina existir.

O mesmo se pode dizer para psicodramas tematizados. Sociodramas tematizados só se encomendados por ou para uma comunidade qualquer em que o tema e os problemas que estejam atravessando tenham uma relação direta.

Para mim, sociodrama se refere a tal foco de trabalho descrito aqui e não a uma forma específica de utilização da técnica. Por quê? Porque, equivocadamente, às vezes se difunde a ideia segundo a qual psicodrama está ligado à noção de protagonista e sociodrama não (ou erroneamente dizer que o grupo é protagonista).

Ora, é muito simples: assim como é possível trabalhar com sociodrama sem um protagonista específico, com subgrupos, por exemplo, também é possível trabalhar com sociodrama por meio de um protagonista que encarne o drama coletivo do grupo.

BLINDAGEM

Vamos utilizar o termo chique da moda que hoje serve para encobrir políticos corruptos preparando-os incólumes e imaculados para as próximas eleições.

O que acontece quando o diretor de psicodrama depara pela primeira vez com um grupo de pessoas que ele não conhece, ou não conhece bem, e uma delas se lança escancaradamente em uma superexposição que beira quase a autoflagelação?

Esse episódio de direção de grupos ocorreu comigo em outro país. Tratava-se de um grupo de profissionais da área, não só de psicodrama, de aproximadamente 50 pessoas.

Aqueci o grupo *et cetera* e tal, sem incidentes, até o momento de surgimento de vários emergentes grupais. Pelo menos quase um terço do grupo tinha falado, eu tentando, como um pescador, dando linha e puxando linha do grupo, levando-o mansamente para a escolha do representante grupal, quando uma moça começou a falar e o que falava era uma sequência de desgraças de arregalar os olhos de todo o grupo. Estava visivelmente muito fragilizada e comprometida e muito provavelmente medicada. Não parava de falar. Enganchava um assunto no outro. Estava, é claro, necessitadíssima de ajuda. Ajuda que o grupo não podia dar porque se angustiava mais e mais, ficando já um tanto impaciente. Perdia-se aos poucos o aquecimento dos emergentes grupais anteriores. Estava eu entre a cruz e a caldeirinha. Não podia abandoná-la (seu estado de solidão era terrível). Tinha de protegê-la sem perder de vista a manutenção do aquecimento, procurando recosturar a continência e o acolhimento.

Apenas pedi ao grupo que levantasse a mão quem já vivera algo semelhante ao que ela contava. Várias pessoas levantaram a mão e eu pedi a ela que olhasse para isso, pois de alguma forma estava acompanhada. Perguntei se queria alguém do lado dela, ela disse que não e se acalmou.

Não foi escolhida como representante grupal (o grupo é sábio) mas a cada protagonista que se sucedia (era um trabalho de dois dias) ia rompendo aos poucos o seu isolamento, se aproximando das pessoas e compartilhando com cada protagonista cada vez de uma forma mais presente até o último, cujo tema era solidão. Durante esse seu compartilhamento comovido, dessa vez com total ressonância no grupo, pedi que prestasse atenção na proximidade do grupo e nesse momento o grupo chegou perto, compartilhando com ela, agora sem medo, seus momentos de solidão e terror, com o fantasma da morte rondando por perto.

Tinha sido rompida sua casca de isolamento, mesmo sem que ela saísse do lugar ou dramatizasse explicitamente algo seu. Na verdade, durante aqueles dois dias eu estivera com ela todo o tempo, de alguma maneira, e sentia que ela percebia isso a cada compartilhamento novo. Foi possível, então, pedir a ela, sem sair do lugar, que chamasse as pessoas significativas de toda a sua vida que queria perto naquele momento, representadas pelos seus companheiros de grupo. Seu mundo então se povoou de personagens ali mesmo, agora acompanhada sem ter saído do lugar mas tendo saído de sua posição encapsulada.

É isso que estou chamando de blindagem, porque quando alguém fica isolado sociometricamente em um grupo em decorrência dos seus próprios mecanismos de solidão, prisioneiro de uma espontaneidade embotada, o grupo pode tender a isolá-lo ainda mais. Sua posição ficará periférica no grupo, invibializando até a sua possível protagonização, ou o grupo poderá até lançá-lo no abismo sem acolhimento de um falso *status* protagônico. Algo terá de ser feito, mesmo sem dramatizar (dramatização clássica), para elevar o seu patamar sociométrico, ampliando o perceptual dele em relação ao grupo e do grupo em relação a ele pela via de alguma forma de compartilhamento. A maior ou menor criatividade do grupo, o diretor incluído, é que será a chave decisiva da quebra do círculo de solidão sociométrica que aquela pessoa representa para o grupo.

Esse relato responde em parte (nem todos os acontecimento e variáveis foram discutidos, trata-se apenas de um recorte) às preocupações que alguns psicodramatistas manifestam hoje com a possibilidade de superexposição dos protagonistas em psicodramas públicos, preocupações essas mais frequentes nos últimos anos.

No congresso ibero-americano de 2001, em Portugal, um colega argentino me perguntou sobre isso em uma mesa-redonda.

Dirigir um grande grupo, trabalhar visando a protagonização é mesmo um trabalho delicado e difícil, que exige do diretor um exercício constante de afinamento da sua sensibilidade e apuro técnico que vá de encontro às necessidades do grupo em cada momento. Moreno

Psicodrama – O forro e o avesso

forneceu o modelo, essa é a essência do psicodrama e, na prática, apesar das fantasias dos psicodramatistas com menos experiência nesse tipo de trabalho, nunca vi ninguém enlouquecer porque foi protagonista em um ato psicodramático. O diretor caminha até o limite permitido pelo protagonista. É prestar atenção no que ele sinaliza. Sempre. O que não deve intimidá-lo, em seu trabalho corriqueiro de enfrentar resistências.

O fundamento principal é que o compartilhamento devolve ao protagonista a consciência de que seu drama privado é apenas parte do drama coletivo do grupo ao qual ele também pertence, o diretor incluído – diretor esse sempre inacabado em seu processo contínuo de construção e reconstrução. Humano, técnico e teórico, amalgamado como uma coisa só. Trajetória repleta de titubeios e impasses. Sempre. Apesar de tudo, sempre também vale e continua a valer a pena tentar. Em algum lugar chegaremos. Em que lugar? Confesso que não sei. Saberemos juntos coconstruindo na cena a nossa realidade suplementar.

14. MR. MULTILOCK: QUANDO O PACIENTE TRAVA[19]

Fechado em si mesmo, parecia atado à cadeira na sala de espera. Quase sumia, a ponto de se destacar pelo próprio sumiço. Era um alto-relevo do seu baixo-relevo. Precisava de alguma palavra-chave, algum gesto, algum convite que o desamarrasse momentaneamente para que produzisse, na sala de atendimento, alguns passos tortuosos parecidos com os de alguns personagens do Jerry Lewis ou outro ator de comédias de cinema. O dramático se tornava quase cômico por ser tão desajeitado.

Eu, que o acompanhava nesse pequeno trajeto, acabava tropeçando em obstáculos imaginários e, com meu bom-dia, era como se tentasse remover com manobras complicadas uma daquelas travas de aço antifurto de automóveis. Daí *Mr. Multilock*, o nome que me ocorria.

Era uma tortura para ele me encarar e encarar a si mesmo. Lembro-me de que na primeira entrevista ele resumiu toda sua vida em cinco minutos e ficou me olhando placidamente, como que satisfeito e saciado, esperando uma pronta solução – a flecha certeira que eu dispararia no alvo de todos os seus males. Cão obediente esperando o osso.

---

19. Publicado originalmente com o título de "Mr. Multilock", como capítulo de *Quando a psicoterapia trava*, organizado por Marina da Costa Manso Vasconcellos. São Paulo: Ágora, 2007.

Quem de nós, terapeutas, nunca se sentiu assim, em um misto de *eu quero muito ajudá-lo e não sei nem por onde começar*, simpatia e desânimo duelando o tempo todo, até o *já não sei mais o que fazer?* Até que nos transformemos em terapeutas contramultilocks?

> *Ai dos tímidos que se encolhem aos abraços, que gaguejam emoções e palavras e que ruborizam às mais óbvias trivialidades!*
> *Ai dos rígidos de coração que nem tentam explicar o que nem sabem que sentem!*
> *Ai dos cimentados de corpo que nunca pularam de alegria ou no carnaval e que escondem embaixo da cama a sua tosca e fosca sensualidade nunca vivida!*
> *Ai dos aparentemente insensíveis, eles próprios uma chaga viva de suas dores mais doídas!*
> *Tende compaixão de nós! Rogai por nós! Ai de nós! Ai de mim!*

Essa é uma oração que me ocorre e que nem de longe aponta o mínimo da vasta possibilidade de *travas* do ser humano. Por que ela logo de cara e não uma classificação teórica, uma nomenclatura sofisticada que dê uma espécie de apaziguamento para aquilo que não entendemos ou não manejamos muito bem? Porque, antes de tudo, tal confronto se dá entre nossa empatia e o cerco de solidão que luta por não deixá-la entrar, ao mesmo tempo gritando um pedido mudo de socorro.

Se na primeira entrevista estivermos procurando apenas os pontos que superficialmente nos aproximem de nossos pacientes, que será dos chatos, dos antipáticos, dos desagradáveis, dos sem assunto? Estarão condenados a nunca achar um terapeuta que se disponha a estar a seu lado?

A solidão humana assume as formas mais terríveis e estranhas na pele de nossos pacientes *difíceis*. Só mesmo a convicção de estar a serviço do sofrimento humano, e não de um diletante autoconhecimento, nos habilitará a estabelecer um movimento empático em direção àquele que se encontrássemos na rua, mudaríamos de calçada.

Enxergar a solidão dessa pessoa por trás de sua *trava* é o único caminho, em uma perspectiva psicodramática, para tornarmo-nos capazes de nos colocar sempre no lugar dela e sofrer seu sofrimento. Esse é nosso paciente mais necessitado de cuidado. E essa é nossa função: fazer a ponte entre o isolamento e o mundo.

Se pudermos realmente abrir essa porta do nosso coração, o resto é percepção, presença, metodologia e técnica harmonicamente articuladas entre si.

Por outro lado, hoje tenho plena convicção de que na área de psicologia e psicoterapia há um excesso de teorias que, muitas vezes, forma a *trava* do terapeuta.

Essas teorias são falsas promessas de resolução de nossa impotência e de nossos impasses. É como se nos remetêssemos a uma espécie apócrifa de dicionário de homeopatia que nos dissesse: *Para paciente com pele rosa colonial, cuspe grosso, peido alto, caroço na asa do nariz e marca de biquíni, ministrar "hybiscus pulverizatus", uma gota e meia sete vezes e um quarto, de 47 em 47 minutos.*

No entanto, por mais que se tente enquadrar teoricamente o ser humano, ele sempre consegue driblar as mais pormenorizadas explicações. Ele é único e singular, e sua criatividade é infinita, fazendo que escape às mais sutis chaves classificatórias. Felizmente!

Temos de aprender quando e como teorizar e quando parar de fazê-lo. É como *discutir a relação*. Tem hora de falar e tem hora de simplesmente amar. Sinto tanto prazer em aposentar os excessos teóricos quanto em clicar no *sim* quando o computador me pergunta pela janela aberta: *Tem certeza de que quer jogar na lixeira essa maravilha de programa que todo mundo adora?* Confesso que sinto até certo prazer perverso nessas práticas, em que me sinto quase como um *gênio do mal* das histórias em quadrinhos.

E o paciente *travado*, ó meu, está enrolando só porque não sabe o que teorizar?

Proponho uma maneira psicodramática de visão, em que privilegio a criatividade e suas implicações, a complementaridade de papéis e a posição do sujeito no seu átomo social como três vertentes – não as únicas –, em que tal fenômeno pode ser visto e estudado com consequências técnicas e metodológicas diretamente delas derivadas. Convido os leitores a cocriarem comigo.

À primeira vista, o que chama a atenção no paciente *travado*, não importa que tipo de *trava* tenha, é um estereótipo que ele carrega em suas diversas relações. Traduzindo para uma linguagem psicodramática, falta a ele espontaneidade em seus mínimos movimentos existenciais, que são realizados sem nenhuma ou com pouca criatividade. Ou seja, seu comportamento é conservado, preso a conservas culturais, a antítese da criatividade.

Esses movimentos existenciais pobres são visíveis na atuação de seus papéis sociais. Em complementaridade de papéis sociais simétricos ou assimétricos. Por exemplo, complementaridade de papéis sociais de amigos, irmãos, amantes, colegas de trabalho (simétricos); e de patrão-empregado, paciente-terapeuta, professor-aluno (assimétricos).

A migração desse movimento existencial conservado ou não movimento (se considerarmos as possibilidades criativas) repete-se de uma complementaridade de papéis para outra pelo efeito cacho ou feixe de papéis.

Importa saber, em uma primeira aproximação, se a *trava* (movimento existencial conservado ou não movimento, pouco ou não criativo) acontece apenas na complementaridade de papéis simétricos ou assimétricos ou nas duas situações. Isso pode ter importância na caracterização da transferência (do ponto de vista psicodramático) que está em jogo na construção dessa *trava*. Esse modo conservado de atuar em um papel social, que estamos chamando de *trava*, configura um personagem conservado (imerso num conjunto transferencial) que se *apossa* do sujeito como algo que o reveste de uma identidade especial, como: *Ih! Lá vem o Mr. Multilock!* e, assim por diante, transformando-se muitas vezes até em apelidos, tal a constância de sua configuração e dificuldade.

É claro que, se pensarmos na vida como uma peça de teatro, um personagem conservado provocará nas pessoas que o rodeiam a tendência a atuar complementarmente o seu *script* repetitivo. Assim, alguém diante do *Sr. Travado* ou *Mr. Multilock* se comportará também como *travado*, mesmo que não o seja com os outros. Ou então, como um *destravador* compulsivo, por exemplo, tentando arrastar o *Mr. Multilock* para festas, para dançar, ou ridicularizando-o etc., em todas as variações de complementaridade de papéis sociais possíveis, ou até deixando-o de lado; reação que *Mr. Multilock* provoca, ressuscitando os fantasmas de cada um.

Consequentemente, dependendo da forma ou da falta de complementaridade de papéis sociais diante desse personagem conservado, podemos ter como resultado, o que é frequente nesses casos, um isolamento sociométrico em seu átomo social. Ou seja, poucas pessoas estarão presentes em seu mundo de relações interpessoais ou esse mundo estará pleno de incongruências de escolhas ou de mutualidades negativas de escolhas, um conceito sociométrico.

A sociometria ocupa um lugar de destaque na teoria do psicodrama e fundamenta-se nas posições que as pessoas ocupam em qualquer grupo de que façam parte, que em seu conjunto denominamos átomo social.

Essas posições, mais ou menos isoladas, dependem das escolhas positivas e de rejeições que se estabelecem de uma maneira mútua ou incongruente (escolha positiva de um lado e rejeição do outro que ocupa o lado oposto da relação), permeada por uma percepção adequada ou distorcida da escolha do outro em relação a si mesmo. Disso decorre uma posição do sujeito mais integrada em um grupo ou mais isolada.

O paciente *travado* tende a ocupar uma posição mais isolada no grupo pela própria configuração de seu personagem, rejeitado mais facilmente. Por outro lado, a consciência de sua configuração *travada* contribui para que possa predominar uma percepção de que sempre será rejeitado, o que, muitas vezes, pode se caracterizar como uma distorção perceptiva, que aumentará seu grau de isolamento, favorecendo mais incongruências de escolhas ou mutualidades negativas. Esse é apenas um exemplo de como pode ser o mundo interno e o mundo relacional do paciente *travado*, apesar de nem sempre as coisas acontecerem dessa maneira.

Dentre as categorias de papéis descritas pela teoria psicodramática, atualizadas pelos autores pós-morenianos (surgidos após Moreno, seu criador), a categoria papel imaginário define um papel conservado no sujeito e não atuado. No caso do paciente *travado* como o *Mr. Multilock*, seria o *personagem destravado* transitando livre e solto em todos os seus papéis sociais.

O conjunto transferencial a que me refiro se compõe, no mínimo, dos sinais indiretos da transferência como um todo (equivalentes transferenciais) nas mais diversas relações (complementaridades de papéis sociais diversos), do personagem conservado atuado pelo efeito cacho ou feixe de papéis nos mais diferentes papéis sociais, das lógicas afetivas de conduta que fornecem a pauta de atuação desse personagem conservado e do poder simbólico do personagem que configura o papel complementar nas relações primárias.

Simplificando com um exemplo hipotético, na visão psicodramática, descobre-se que o *Sr. X* atua como *Mr. Multilock* nas diversas situações relacionais em sua vida e esse é seu personagem conservado. Diante de uma mulher, sente o corpo paralisado (sinal indireto de uma transferência ou equivalente transferencial), diante do chefe, fica mudo (outro equivalente transferencial) etc. Descobre-se que na infância ficava rígido e mudo diante da mãe (personagem que reveste o papel social complementar de uma relação primária e que aqui detém o poder simbólico na construção desse movimento transferencial) *para não apanhar e não sofrer mais* (lógica afetiva de conduta, do tipo: *Se eu ficar quieto e mudo quem sabe não serei castigado e poderei ser amado*).

Do ponto de vista teórico, rastrear psicodramaticamente esse caminho na direção do *status nascendi* desse conjunto transferencial, ajudando a promover um substrato cocriativo e coespontâneo por meio de uma realidade suplementar (atuação e cocriação na cena psicodramática do protagonista, no caso o *Sr. X*; do diretor, o terapeuta psicodramatista, e dos egos-auxiliares, os companheiros de grupo, se for uma sessão de grupo ou terapeutas auxiliares), é instrumento suficiente para demolir o poder simbólico do personagem que reveste o papel complementar da relação primária e para desconstruir as lógicas afetivas de conduta, desfazendo, com isso, o personagem conservado pela transferência e permitindo o surgimento da atuação psicodramática espontânea e criativa do papel imaginário conservado dentro do sujeito. Isso permitirá a inauguração de uma nova forma relacional, um novo movimento existencial em que *Mr. Multilock* não estará mais presente, pelo menos em alguma de suas dimensões.

Teoricamente, é o que se espera e praticamente o que se faz no contexto psicodramático como fundamento teórico principal. No entanto, tudo isso faz parte de um processo. Não se pode esperar que um paciente com tão fortes inibições (é claro que não estamos considerando aqui pacientes *travados* em decorrência de deficiência mental, quadros psicóticos graves e crônicos, pacientes com sequelas neurológicas ou de doenças degenerativas) fique livre de suas amarras com uma única sessão de psicodrama. As implicações técnicas, suas razões e suas bases, relativas a esse tipo de paciente, a essa compreensão teórica ao longo de um processo de psicoterapia psicodramática, estão apontadas para algumas direções fundamentais.

A *TRAVA* DO TERAPEUTA

Todo aquele que constrói dentro de si um personagem conservado – e o paciente *travado* não é diferente – *puxa* do outro com o qual se relaciona, em dado momento, uma forma particular de complementa-

Psicodrama – O forro e o avesso

ridade à qual esse outro se adapta ou não. Costumo dizer que esse fenômeno de complementaridade de papéis sociais se dá pelo positivo ou pelo negativo da fotografia.

Ou seja, se o nosso *Mr. Multilock* apresenta-se como um personagem conservado com base em um conjunto transferencial, tendo como alicerce uma lógica afetiva de conduta do tipo *vou me travar para não ser castigado ou rejeitado*, em claro movimento de proteção que estende para suas relações de maneira geral, ele tanto pode provocar no outro uma reação de distanciamento quanto de hostilidade, de exagerada piedade ou de excessivo acolhimento. Tudo dependerá da fisionomia do personagem conservado do outro.

Tanto ele (esse outro) poderá reproduzir as atitudes do personagem que reveste o papel complementar primário interno de *Mr. Multilock* (a mãe, no exemplo dado anteriormente), agindo com distanciamento ou o seu contrário (expressão do desejo de *Mr. Multilock*), incorporando uma atitude exageradamente acolhedora e compensatória de sua imensa solidão. Ou ainda, em dado momento, sob determinadas circunstâncias, comportar-se de uma maneira e, em outro momento, de outra.

O que importa é percebermos o mesmo significado transferencial por trás de reações diferentes na vivência relacional por meio da mesma complementaridade de papéis.

Naturalmente, quando isso acontece na relação com o próprio terapeuta (relação assimétrica), ainda que ele se sinta *travado* e mesmo impedido de ajudar seu paciente (impotente, exasperado, imobilizado etc.), essa compreensão poderá auxiliá-lo a objetivar na cena psicodramática a *trava* (de *Mr. Multilock*.) e a *contratrava* (a do terapeuta) como ponto de partida do desenvolvimento da cena psicodramática até o desvelamento da trama oculta do protagonista (*Mr. Multilock*) em seu conjunto transferencial e sua reversão, a não ser que o terapeuta também esteja imobilizado por seus fantasmas (suas transferências).

SOLIDÃO, TRANSFERÊNCIA E POSIÇÃO SOCIOMÉTRICA

Noel Rosa e Orestes Barbosa no samba *Positivismo* já diziam:

O amor vem por princípio, a ordem por base,
o progresso é que deve vir por fim.
Desprezaste esta lei de Augusto Comte
e foste ser feliz longe de mim.

O que é causa, o que é consequência e o que pode ser um processo de libertação de uma condição de isolamento?
That's the question, Hamlet!

Se considerarmos um sujeito em um grupo (qualquer grupo), ele será menos isolado, ocupando uma posição sociométrica central em relação aos demais membros componentes desse grupo, quanto mais relações de mutualidade de escolhas ele possa estabelecer.

Para isso, não só os sinais (positivos, negativos ou indiferentes) de suas escolhas precisam ser emitidos claramente para que os outros os percebam com relativa facilidade, como também sua percepção quanto às escolhas dos outros direcionadas a si mesmo precisa ser igualmente clara. São, portanto, seus índices de emissão e de recepção de mensagens, de que nos fala Bustos, que devem estar desimpedidos e em pleno bom funcionamento.

Tanto a distorção de emissão de mensagens quanto a de recepção implicam maior possibilidade de escolhas incongruentes (positivas de um lado e negativas do outro, por exemplo), tendo como consequência um maior isolamento sociométrico, uma posição periférica no grupo.

Por outro lado, o estabelecimento de relações de mutualidades negativas, embora, por definição, não desloque o sujeito para uma posição isolada, também não o sustenta em uma posição confortável. A mutualidade negativa sempre gera tensões dentro de um grupo e de qualquer relação.

A transferência é o fenômeno intrapsíquico que se objetiva inter-relacionalmente, comprometendo não só a emissão como a recepção de mensagens. Logo, é ela a última responsável tanto pelas incongruências de escolhas como por certas mutualidades de escolhas negativas envolvendo as relações humanas.

Por que *certas mutualidades de escolhas negativas?* Porque algumas vezes as mutualidades de escolhas negativas, pelo menos teoricamente, podem ser estabelecidas em um campo de adequação de escolhas, e não em um campo transferencial interferindo na clareza dessas escolhas.

Portanto, se a transferência é responsável por tudo isso, é dela a *responsabilidade* pelas posições sociométricas periféricas e pelo isolamento sociométrico; enfim, pelos condicionantes da solidão. No paciente *travado*, se a *trava* decorre de um *conjunto transferencial,* é esse conjunto que leva o sujeito à condição de solidão.

Sendo assim, tecnicamente importa considerar a solidão um sinal indireto da transferência, um equivalente transferencial, que seja um ponto de partida da cena psicodramática que nos leve ao seu *status nascendi.*

Logicamente, por solidão como ponto de partida entenda-se também poder partir de cenas da vida do sujeito em que suas incongruências de escolhas, suas mutualidades negativas de escolhas e o borramento de sua percepção em relação aos outros possam ser detectados no cotidiano do seu átomo social por meio da complementaridade de seus papéis sociais. Esse é o fundamento teórico da aplicação da técnica no método psicodramático.

DRAMATIZAR OU NÃO DRAMATIZAR COM O PACIENTE TRAVADO?

Para acalmar os psicodramatistas mais jovens: para qualquer psicodramatista, não importa quantos anos de prática tenha, é sempre difícil dramatizar com o paciente *travado.* Obviamente, se ele é *travado* na vida, em seu átomo social, em seus diversos papéis sociais, por que não seria *travado* na sessão de terapia, nos papéis sociais cliente-terapeuta, já que o terapeuta faz parte de seu átomo social?

Por outro lado, a própria dramatização, mesmo em uma sessão de psicoterapia psicodramática individual bipessoal, favorece a exposição do paciente. Se já é difícil falar com o terapeuta, imaginem o que é dramatizar na frente dele.

A situação é vivida como um teatro que *faço para o outro* e não como um meio de reviver sentimentos e emoções. A tendência é *travar* de vez ou de refugiar-se em um desempenho meramente racional e distorcido e, desse modo, ineficiente.

O psicodramatista, nesses casos, deparará então com algumas questões fundamentais:

- O conceito de dramatização e a expectativa do psicodramatista.
- A utilização de técnicas auxiliares.
- O treinamento de papéis – técnicas de *role-playing*.

O conceito de dramatização e a expectativa do psicodramatista

O aprendizado e o exercício do psicodrama têm como modelo básico inicial as vivências (*workshops*). Por exemplo, as realizadas em congressos ou as sessões de psicoterapia psicodramática grupal, dirigidas em geral por psicodramatistas mais experientes, nas quais todos os instrumentos do psicodrama estão presentes (protagonista, diretor, egos-auxiliares e plateia).

Em geral, essas dramatizações têm começo, meio e fim, ou seja, passam por todas as etapas de uma sessão de psicodrama (aquecimento inespecífico, aquecimento específico, dramatização e compartilhamento). Dessa forma, as dramatizações são muitas vezes empolgantes e ricas de criatividade.

É natural, portanto, que o psicodramatista busque sempre a excelência da dramatização que dirige, tendo esse modelo inicial como base e ficando muitas vezes decepcionado consigo mesmo e com o paciente quando isso não ocorre.

Primeiro, nem sempre há clima para uma dramatização acontecer por diversas razões:

- ou há algo para ser elaborado verbalmente para que possa ser restabelecido um clima protagônico;
- ou há algo a ser explicitado e resolvido na relação entre os membros de um grupo, inclusive o terapeuta, ou entre terapeuta e cliente no âmbito de uma sessão individual: são impedimentos de ordem sociométrica que exigem do psicodramatista uma intervenção sociodramática para restabelecer o clima protagônico que precede a dramatização.

Esses são alguns exemplos de ocorrências com possíveis obstáculos ao ato de dramatizar.

Por outro lado, se o atendimento é individual, a aplicação técnica do método psicodramático é mais difícil, exigindo do psicodramatista um apuro técnico quanto ao início e à manutenção do aquecimento do protagonista.

É fundamental também considerar que um processo psicoterápico qualquer é um texto com subtexto. No psicodrama, particularmente, é uma ação dramática também com texto e subtexto, que continua em pequenos parágrafos – as sessões –, encerrando capítulos temporariamente, sempre abertos a revisões e modificações, em um livro sempre por se completar, escrito cocriativamente a quatro mãos nas psicoterapias individuais e a várias mãos quando em grupo. Ou seja, tudo pode ser retomado e nada está inteiramente fechado.

Há livros que são escritos rapidamente e outros que demoram anos para serem terminados. E o mundo está cheio de obras inacabadas. Assim é o ser humano.

A alta expectativa do psicodramatista quanto ao que deve ser e como deve ser uma dramatização acaba impedindo que ele veja como dramatização pequenos recursos técnicos que até ele utiliza e não valoriza ou que não utiliza porque espera sempre a emocionante dramatização com começo, meio e fim.

A utilização de técnicas auxiliares – pequenas dramatizações

O paciente *travado* até nas dramatizações que lhe propomos é um bom exemplo de indicação de recursos técnicos psicodramáticos auxiliares a que estou chamando de pequenas dramatizações.

Enfatizo aqui que quando o psicodramatista utiliza esse procedimento ele não está deixando de dramatizar, apenas dramatiza de outra maneira, sem deixar de ser dramatização.

É como no teatro. Há peças de três atos em duas horas e de um ato em meia hora, com cenários luxuosos, sem cenários, com figurino elaborado, com roupas comuns, com música, sem música. Existem pequenas atuações performáticas em bares, festas etc. Nada disso deixa de ser teatro.

Em psicodrama é a mesma coisa. Podemos percorrer um vasto arsenal de recursos técnicos que vai do mais simples ao mais complexo. Exemplos: utilização de jogos dramáticos simples, utilização da técnica do duplo, brinquedos, desenho, argila etc.

A técnica do duplo para o paciente *travado* pode ser utilizada frequentemente no transcurso de uma sessão inteira ou quase inteira. O psicodramatista pode fazer o papel do paciente, mesmo sem sair de seu lugar, expressando o conteúdo latente de sua fala ou de sua pouca fala, expressando como se fosse ele, as emoções e sentimentos não visualizados (ou não visualizados claramente). A repetição dessa técnica em uma sequência de sessões no processo psicoterápico pode ajudar o paciente *travado* a se soltar aos poucos, perdendo o medo de se expressar mais profundamente.

O desenho em psicodrama, técnica introduzida por Altenfelder Silva Filho, e brinquedos, uma contribuição de Arthur Kaufman, são

Psicodrama – O forro e o avesso

utilizadas em psicodrama como dramatização. Ou seja, não é uma ilustração para uma interpretação, mas sim um desenrolar de cenas psicodramáticas da mesma forma que são desdobradas no cenário psicodramático, só que objetivadas no papel ou com brinquedos, incluindo falas dos personagens e encadeamento de várias cenas. São mais fáceis de ser realizadas pelo paciente *travado*. A argila também pode ser utilizada para o mesmo fim, e o suporte teórico para essas três técnicas é o princípio psicodramático de objeto intermediário.

A psicoterapia da relação, técnica criada e desenvolvida por Fonseca (1999), embora não deixe claro no nome, não passa da utilização da função ego-auxiliar do diretor de psicodrama. Nela o psicodramatista, sem deixar de ser diretor – porque continua controlando o tempo da sessão, fazendo todas as interrupções necessárias e comandando a direção dos procedimentos –, cumpre função de ego-auxiliar, que denomino, por essas razões, de *função ego-auxiliar do diretor*. Essa função ego-auxiliar, no caso da terapia da relação, consiste em tomar o papel dos personagens do átomo social do paciente (nesse caso, do paciente *travado*), dialogando diretamente com ele e propondo, conforme o desenrolar do diálogo, trocas de papel em que o terapeuta passa a ser o paciente e o paciente passa a ser os personagens de seu mundo interno. Um parêntese: a técnica do duplo é outra função ego-auxiliar do diretor, quando é ele (o diretor) que a utiliza.

A técnica do psicodrama interno, que nada mais é que uma dramatização que privilegia tecnicamente o uso dos iniciadores ideativos (na classificação de Bustos, substituindo o termo iniciador mental de Moreno) como ponto de partida e como desenvolvimento psicodramático, é outro recurso muito útil para aplicação com o paciente *travado,* embora a *trava* também apareça frequentemente na vigência desse recurso técnico.

Cabe deixar aberta a discussão, no caso de utilizar desenhos, brinquedos, psicoterapia da relação e psicodrama interno, se mais do que técnicas esses procedimentos poderiam ser considerados variantes metodológicas do psicodrama.

O treinamento de papéis – técnicas de role-playing

Em uma comunicação pessoal, em uma jornada de psicodrama, Wolff surpreendeu-me reeditando Moreno criativamente. Moreno descobriu as possibilidades terapêuticas do psicodrama com o caso Jorge-Bárbara, caso conhecido por todos os psicodramatistas. Quando, em seu teatro espontâneo, pede a Bárbara que deixe de fazer os papéis de heroínas do *bem* e passe a atuar como personagens do *mal* (bruxas, prostitutas, madrastas etc.), ela começa a melhorar sua relação com Jorge, seu marido, passando gradativamente do personagem conservado a *megera* – e com um desempenho, na vida real, em casa – para o papel de esposa mais dócil, mais carinhosa e mais cordata. Resultado criativo de um treinamento de papéis que posteriormente passou a ser incorporado como técnica do método de *role-playing*, aqui, com Bárbara, por seu oposto (treinamento de papel de esposa pela repetição de seu lado ruim e caricato).

Wolff, em uma sessão individual com um paciente *travado*, resolve aplicar esse recurso de Moreno também utilizando a função ego-auxiliar do diretor. Ele propõe ao paciente ir com ele para a cena psicodramática com a cena aberta, como um teste de espontaneidade. Nela, Wolff assume os mais diferentes e aleatórios papéis psicodramáticos, jogados na cena psicodramática, puxando de seu paciente *travado* qualquer complementaridade para cada um daqueles papéis que ele atua diretamente na ação do psicodrama. Utiliza essa forma de emprego da técnica apenas com a finalidade de treinar e de exercitar a espontaneidade e a criatividade do seu paciente *travado*.

Outra maneira de atingir o mesmo resultado é a utilização da técnica do espelho e da técnica de dramatização do chamado *teatro de reprise*, com variações.

Em uma situação de atendimento individual, uma variante que pode ser utilizada é a de, também cumprindo uma função ego-auxiliar, o diretor ir sozinho para o cenário psicodramático tendo o paciente como plateia. Uma vez no cenário, ele atuará os diversos personagens do seu paciente *travado*, como um teatro espontâneo de um único ator fazendo vários papéis para um único integrante de uma plateia. Isso desencadeará *insights dramáticos* em seu paciente, que poderá ser convidado a entrar em cena se quiser e quando quiser para interatuar livremente com qualquer personagem de sua vida – um princípio do *teatro de reprise* aplicado ao atendimento individual.

Essa mesma forma de trabalho pode ser utilizada com o paciente *travado* na situação de atendimento grupal. A única diferença é que os personagens de sua vida nas diversas cenas são desempenhados por seus companheiros de grupo, seus egos-auxiliares naturais, acrescidos ou não de egos-auxiliares profissionais.

Cabe aqui uma crítica à prática comum em nossos dias, a do chamado *teatro de reprise*. Essa forma de psicodrama privilegia a atuação de egos-auxiliares profissionais que passaram a ser chamados de atores de *teatro de reprise* e que treinam, até duramente, esse seu papel de *ator espontâneo*.

O protagonista fica sempre de fora em uma situação de espelho e, para mim, fica parecendo um *touro de rodeio* escoiceando o cercadinho, doido para entrar na arena e contido a duras penas, proibido de fazê-lo.

Há quem diga, no psicodrama, que essa situação é benéfica porque provoca uma ação reflexiva em uma situação de espelho. Discordo. Protagonista é e sempre será protagonista. É ele que carrega o Drama privado de cada membro e o drama coletivo do grupo. Por isso mesmo será seu principal transformador e desencadeador do compartilhamento, ou seja, da emergência do coinconsciente grupal a partir do coconsciente grupal.

Da maneira como o *teatro de reprise* vem sendo feito comumente, o protagonista fica impedido de transformar seu drama. E nada é mais antipsicodramático do que isso. Sobretudo, os atores espontâneos acabam fingindo não ser egos-auxiliares do protagonista (embora estejam ali para isso). E não é dizer que são *apenas* egos-auxiliares. São egos-auxiliares. Digam isso de boca cheia porque ser ego-auxiliar não é uma atividade secundária. É coconstruir uma realidade suplementar a serviço do protagonista, impulsionando-o para uma explosão espontânea e criativa. Não é pouco.

Não é de hoje que a falta de compreensão dessas atribuições e da importância do ego-auxiliar acaba por levá-lo a *invejar* o diretor. O ego-auxiliar *põe a mão na massa* com o protagonista na cena psicodramática e é o diretor que *leva os louros*. As supervisões de profissionais de psicodrama revelam isso.

Essa situação agravou-se nos anos 1980, no Brasil, quando os egos-auxiliares profissionais passaram a ser menos utilizados, só começando a reaparecer, nos anos 1990, com outra cara, com o movimento crescente da revitalização do *teatro espontâneo* em suas diversas formas.

Pois bem, levando em conta tudo isso, até parece que o *teatro de reprise* é um troco tardio e histórico dos egos-auxiliares profissionais *obscurecidos* durante tantos anos pelos diretores de psicodrama, enfim relegados à mera função de mestres de cerimônias no *teatro de reprise*. Parece filme de suspense no estilo de *A volta das aranhas assassinas*. Ou melhor, *A vingança dos egos-auxiliares 2*.

Assim como está sendo feito, em boa parte das vezes, o *teatro de reprise* deixa de ser psicodrama de fato, parecendo mais teatro amador. Isso fica evidente quando, no fim do *espetáculo*, os atores espontâneos comportam-se como atores do teatro tradicional, vindo à frente da cena juntos para agradecer aos aplausos. O protagonista desaparece completamente nessa hora.

Ora, tal prática denota que o foco não é o protagonista nem o trabalho de ego-auxiliar. O foco passa a ser o teatro e seus atores. Um ego-auxiliar, no psicodrama, está apenas, repito, a serviço do protagonista e é regido por uma ética não explícita segundo a qual é ele quem deve desaparecer no fim da dramatização – os holofotes apontando para o protagonista e, depois, na etapa de compartilhamento, também para a plateia, à qual o ego-auxiliar apenas deve se misturar.

A revolução de Moreno foi justamente romper de maneira drástica a divisão entre a cena dramática e o público.

A meu ver, quatro determinantes contribuem para esse foco exagerado nos atores espontâneos-egos-auxiliares em detrimento do protagonista: a insuficiência de treinamento do papel de ego-auxiliar nos cursos de formação de psicodrama; o fator econômico, que torna caro o emprego de egos-auxiliares profissionais no contexto das psicoterapias, reduzindo a oportunidade de trabalho e de treinamento como ego-auxiliar; a dificuldade de definição do campo de trabalho dos psicodramatistas socioeducacionais (o nome é impreciso, uma saída retórica, como se só os psicodramatistas não psiquiatras e não psicólogos estivessem habilitados a dirigir sociodramas e a atuar na comunidade), de modo que essa forma de trabalho psicodramático a meio caminho acaba funcionando como solução tampão que encobre a questão fundamental que é a definição do campo de atuação dos profissionais de diferentes fontes de formação profissional que atuam no psicodrama; e, finalmente, a importação acrítica e colonizada do modelo norte-americano (que originou o *playback theatre*, pai do *teatro de reprise*) de trabalhar publicamente com o psicodrama de maneira mais distanciada, mais protegida e menos comprometida (nos Estados Unidos tudo acaba em processo).

Por essas razões, defendo veementemente o ponto de vista de que o *teatro de reprise* só se tornará de fato psicodramático (alguns colegas chegam a não considerar o *teatro de reprise* psicodrama) se soltarmos o protagonista de *seu cercadinho* de *touro de rodeio*, libertando-o para a ação psicodramática transformadora, coconstruindo a sua realidade suplementar conjuntamente com os atores espontâneos, que, aí sim, se tornarão de fato seus verdadeiros egos-auxiliares. E, com isso, promover, após a dramatização, um compartilhamento da plateia com o protagonista. Uma ressonância explícita. Mas tudo isso é outra história, é outro capítulo de um livro de psicodrama.

Para o paciente *travado* em grupo, essa técnica, derivada do *teatro de reprise*, compreendida e realizada dessa maneira é uma boa saída técnica grupal, desde que não o transformemos em um *touro de rodeio no cercadinho*, dando-lhe a verdadeira liberdade que o protagonista deve e precisa ter, com ampla oportunidade de compartilhamento e ressonância, trazendo o grupo para um mergulho direto do que era há pouco, antes da dramatização, o seu coinconsciente configurando seu Drama coletivo. Uma esperança real de *destravamento*.

O mesmo recurso aplicado ao atendimento individual e a ele adaptado nada mais é que um misto de *teatro espontâneo* com sua variante técnica o *teatro de reprise*, focado em uma técnica de espelho, aprimorada, na *função ego-auxiliar* do diretor e na *função plateia* do protagonista. E, é claro, também sem *touro de rodeio no cercadinho*.

A INDICAÇÃO DE GRUPO

Um grupo de psicodrama é uma reação química com reagentes desconhecidos. Isso é uma máxima sociométrica.

Existe uma literatura especializada inútil que nos faz perder um tempo precioso procurando predeterminar como deve ser a composição de um grupo para que ele funcione bem etc.

Ora, a sociometria nos diz indiretamente que só quando as pessoas vivenciam as relações, não importa se esse vivenciar é curto ou longo, é que elas estabelecem vínculos em que estão presentes as mutualidades e incongruências de escolhas sociométricas. Em se tratando de ser humano não dá para fazer previsões do tipo *Fulano não vai se encaixar no grupo A* ou *é ideal para o grupo B* etc. Não é possível prever tais coisas porque nunca se sabe que transferências podem ser levantadas de parte a parte com a entrada de um elemento novo no grupo e se essas transferências poderão ou não ser desfeitas com o trabalho psicodramático.

Por analogia, o mesmo se aplica à indicação de grupo para o paciente *travado*. Também não é possível prever. Configurações sociométricas grupais felizes e imprevisíveis podem ajudar, e muito, o paciente *travado* a se *destravar*, bem como configurações desfavoráveis podem *travá-lo* ainda mais. Isso não é sistematizável. É tentar e comprovar. Seguir adiante ou ter a humildade de voltar atrás e retomar o atendimento individual. Obviamente cada caso é um caso.

Igualmente inútil é a tentativa de categorização do paciente *travado* em teorias de desenvolvimento que nada têm de psicodramáticas, de que é exemplo a *teoria da matriz de identidade*. Comumente essa dita *teoria*, tão de agrado dos psicodramatistas, é mais imobilizadora e conservada que criativamente vivenciada nos movimentos existenciais do ser humano.

Deixando uma crítica mais elaborada à parte, assunto do qual já me ocupei diversas vezes, lembro apenas que o psicodrama é puro movimento relacional que contraria francamente o estancamento em fases do ser humano quando visto pela perspectiva da matriz de identidade. Teorizar sobre a criatividade deve deixar margem à própria criação, inclusive na construção de uma teoria.

Só para provocar um pouco os seus defensores, e pararei por aí, proponho uma visão diferente, com algum movimento, caso eu utilizasse esse referencial que me atravessa a garganta.

Dizer que Beltrano está na fase do duplo, na fase do espelho ou na fase da relação em corredor é, para mim, puro imobilismo que restringe a visão do homem. É como dizer que o ser humano é uma besta quadrada que estancou seu desenvolvimento no tempo, inclusive o desenvolvimento neurológico, esperando apenas que lhe coloquemos o babador.

Para o mesmo critério, se eu utilizasse esse referencial, eu diria que Beltrano em um momento relacional específico, para uma complementaridade determinada de papéis sociais, por alguma forma de intromissão transferencial, dentro de um campo sociométrico também específico, no andamento de um projeto dramático determinado, comporta-se, momentaneamente, comprometido por sua espontaneidade e criatividade, como se estivesse na fase de desenvolvimento infantil do duplo, do espelho ou da relação em corredor etc. Caso contrário, é o terapeuta que fica *travado* diante do paciente *travado* com tal *trava* da teoria.

Se teorizarmos sobre criatividade, é fundamental que saibamos quando parar. O resto é com a própria criação. Não acha, *Mr. Multilock?*

15. A SUPERVISÃO PSICODRAMÁTICA

Definir um processo de supervisão (clínica) em psicodrama é definir o amplo leque de demandas do supervisionando, bem como as múltiplas funções do papel de psicodramatista e as características específicas do próprio papel de supervisor. A supervisão psicodramática, quando bem realizada, se constitui como ponte bem pavimentada entre teoria, prática e revestimento pessoal, a serviço da espontaneidade e criatividade do psicodramatista, no sentido da construção de uma agilidade técnica que, aliada a uma atitude de compartilhamento profundo, costure um caminho de acolhimento que resulte num movimento múltiplo de libertação existencial.

DEMANDAS BÁSICAS

Uma queixa muito frequente dos supervisionandos psicodramatistas é a sua dificuldade em dramatizar. Ou seja, a dificuldade de utilizar o principal instrumento do psicodrama, instrumento este que o caracteriza. Logo, é natural que o psicodramatista que não dramatiza facilmente não se sinta um verdadeiro psicodramatista.

Tal queixa pode decorrer de um treinamento insuficiente, resultado de uma deficiência técnica, ou de um embasamento teórico pouco consistente, como da falta de modelo da própria terapia ou de supervisão, em que o terapeuta e/ou supervisor não dramatizam ou dramatizam pouco. Outra razão, no mínimo igualmente importante, está ligada a questões pessoais do supervisionando, que exigem uma elucidação em mergulhos mais profundos.

Parte da solução de tal dificuldade está na oferta do supervisor ao seu supervisionando de um modelo relacional em que a proposta e a realização de dramatizações estão sempre presentes. Trata-se do que Bustos (1975) denominou de introjeção do modelo relacional, válido também para um contexto de supervisão. Ou seja, supervisor psicodramatista que propõe pouco dramatizações ou ilustrações psicodramáticas (veremos adiante do que se trata) reforçará a imobilidade do seu supervisionando na cadeira com dificuldade de se lançar à cena psicodramática.

Portanto, a demanda do supervisionando de ser auxiliado a vencer seu momento de inércia para dramatizar também é um convite que se dirige ao diretor para incorporar a dramatização como seu instrumento de trabalho cotidiano. Aprender a dramatizar e se acostumar sempre a uma predisposição à dramatização por meio da experiência na própria pele, treinando o papel como protagonista, no contrapapel, um *role-playing*, portanto, como diretor (na cena) ou como ego-auxiliar, na situação de supervisão.

Outra questão relevante é considerar a supervisão um aprendizado voltado para o futuro. Qualquer situação de um atendimento supervisionado é trazida como algo ocorrido no passado. A dificuldade do supervisionando em foco, seja ela técnica ou pessoal, não irá nunca se repetir na vida daquela forma. Mesmo a dramatização daquele retalho de atendimento se constituirá como uma realidade suplementar que não se superpõe nunca a uma verdade histórica. Portanto, não existe a possibilidade de voltar no tempo (só na cena psicodramática no plano da imaginação) e refazer aquele atendimento de outra maneira.

Assim, se o que se supervisiona, em dado momento, é algo que possa ser incorporado ao arsenal técnico do supervisionando, que influi na sua *forma de fazer*, tal incorporação terá uma aplicação futura em situações de atendimento semelhantes.

Se o foco do que se supervisiona se dirige para uma dificuldade de ordem pessoal do supervisionando, seu esclarecimento ou solução vai se incorporar no modo de relação que ele estabelece com o paciente, em situação única a partir desse ponto e em situações semelhantes com os outros pacientes que possam deflagrar condutas suas ou inibições repetitivas, ambas situações também localizadas em um tempo futuro (na continuação do processo com aquele paciente ou com outros que virão, um acréscimo da espontaneidade e criatividade do supervisionando). Fora o que transborda para outros papéis sociais.

Por tais razões, não faz sentido copiar um modelo de supervisão clássica, oriunda da psicanálise (nem sei dizer se nos dias de hoje tal modelo se mantém intacto ou prevalece, mesmo entre os psicanalistas) de, em cada sessão de supervisão, o supervisionando ou supervisionandos noticiarem obrigatoriamente a evolução do processo de seus pacientes. O que é diferente de supervisionar em dado instante o próprio processo de um determinado paciente como um todo, em vez de um momento, que será o objeto daquela supervisão específica.

Se a supervisão é feita em grupo – o que é mais comum em psicodrama, em minha experiência pessoal –, o que importa mesmo é o consenso grupal na escolha de um representante que se tornará protagonista para efeito de supervisão, incorporando os interesses do grupo quanto a uma dificuldade específica do presente, técnica e/ou pessoal, voltada para um aprendizado de todos e dirigida para um ponto futuro.

Portanto, o processo de supervisão, mais que uma tutela do supervisionando em seu papel de psicodramatista, é uma teia de possibilidades mais amplas e de caráter global que visa integrar as diversas funções desse papel tão complexo em uma perspectiva mais diversificada. Seu funcionamento se fará em um terreno de interseções coconscientes e coinconscientes de diversas realidades suplementares, em que se mesclam tanto a soma criativa dos resultados de um *role-playing* quanto o compartilhamento profundo decorrente de uma terapia do papel de psicodramatista que o protagonista nos oferece.

Posto isso, ou seja, esses dois pilares da supervisão psicodramática, a incorporação de um modelo de elucidação psicodramática das questões trazidas ao contexto da supervisão, por um lado, e da consciência de um trabalho de aprendizado e treinamento para o futuro, por outro lado, quais as principais demandas dos supervisionandos a desafiar sempre o papel do supervisor?

Demandas técnicas e pessoais: a terapia do papel

Em última análise, sob uma visão psicodramática, as dificuldades explicitadas pelo supervisionando decorrem da insuficiência da sua espontaneidade e criatividade para lidar com aquilo que é objeto do seu trabalho (atendimento individual ou grupal clínico ou não clínico). Como já vimos no Capítulo 8, não é diferente do ponto de partida e do ponto de chegada em uma situação psicoterápica, também a recuperação da espontaneidade e criatividade perdidas.

Essa dificuldade pode decorrer de um treinamento técnico insuficiente (faltam instrumentos capazes de tornar ágeis as suas intervenções ou, mesmo tendo havido um bom treinamento, sempre é possível encontrar pontos cegos, por mais recursos técnicos que ele tenha incorporado); pode decorrer de um embasamento teórico pouco ou não harmonizado com a aplicação da técnica (o por que, quando e como fazer); ou pode decorrer de uma questão pessoal que é paralisante (suas cenas temidas, por exemplo) e que só pode ser resolvida com a terapia do papel.

Vocês, a essa altura, devem estar a perguntar como uma elucidação técnica ou teórica pode resultar em apoderamento da espontaneidade e da criatividade do supervisionando.

Ora, a espontaneidade criativa ou criadora, como querem alguns, depende de uma boa incorporação da historicidade do sujeito (veja Naffah Neto, 1979). As experiências acumuladas na vida constituem um arsenal de recursos que, se bem incorporado, pode ser mobilizado com a velocidade necessária para fazer face a situações novas e para refazer as situações antigas. É o estabelecimento de uma prontidão não impulsiva.

Desse modo, a supervisão oferece um terreno propício para a incorporação de recursos técnicos e teóricos que, se bem assimilados, passam a fazer parte da historicidade do supervisionando como psicodramatista. Logo, passa a compor uma vertente importante de sua espontaneidade criativa.

Por outro lado, a supervisão psicodramática, bem como qualquer outro trabalho psicodramático que não seja uma supervisão, é, no fundo, um teste de espontaneidade e um treinamento de papéis. Não é por outra razão que as fases desse treinamento conjuguem um *role-taking*, um *role-playing* e um *role-creating*. Vimos anteriormente que tais fases do desenvolvimento de um papel ocorrem simultaneamente ou quase.

Portanto, no contexto de supervisão, a atuação psicodramática do protagonista-supervisionando resultará em um *role-creating* (uma resolução da sua espontaneidade), mesmo tendo partido de um bloqueio ou inibição que tenha origem em suas deficiências técnicas ou teóricas. Esse *role-creating* na cena psicodramática, por sua vez, mesmo se pequeno, tornando-o mais espontâneo e criativo, reverterá na incorporação de uma técnica ou num novo modo de utilizá-la ou numa nova ponte entre a teoria e a técnica, o que será complementado com o processamento que se seguirá à dramatização. Pelo menos, é isso que se espera de uma boa supervisão.

Quanto à detecção de uma questão pessoal do supervisionando se interpondo entre ele e o objeto do seu atendimento, frequentemente não é percebida ou não pode ser prevista em uma etapa de aquecimento inespecífico. Muitas e muitas vezes ela só aparece no transcurso da própria cena psicodramática montada em função de uma situação de atendimento. O supervisor pode, em algumas ocasiões, antes da dramatização, *cheirar* que há algo ali. Outras vezes não.

O que fazer diante dessa eventualidade?

Há supervisores que consideram a supervisão invariavelmente como o *tratamento* dessas questões pessoais. Há supervisores que nunca *tratam* dessas questões pessoais, por entender que não é o foco do seu trabalho, preferindo, nesses casos, recomendar ao supervisionando que encaminhe tal questão ao seu terapeuta e, no caso de o supervisionando não estar em terapia, que inicie um processo psicoterápico com alguém que não seja o seu supervisor.

Para mim, tal situação está perfeitamente inserida num contexto de supervisão e esta *mudança de rumo* da dramatização se constitui apenas como uma das demandas a serem supervisionadas. Por quê?

1. Demandas de insuficiências técnicas são um tipo de demanda. Demandas de construção ou de reconstrução ou de atualização de pontes teóricas constituem um outro tipo de demanda. Demanda decorrente de questões pessoais paralisantes (falta de espontaneidade e criatividade bloqueando as ações do supervisionando ou embotando sua percepção) é apenas uma outra categoria de demanda.

2. Tais dificuldades, surgindo em um contexto de supervisão, configuram um lócus e um momento específicos para a sua expressão. Surgem na cena dramática da supervisão, se impõem com uma força dramática e uma emoção que não podem ser desperdiçadas ou ignoradas. Surgem no aqui e agora e demandam um caminho existencial integrado *pedindo* complemento e resolução. Por isso não vejo sentido em interromper a cena ou para dizer: *Deixe isso de lado e vamos ver o que vamos fazer tecnicamente com o seu paciente*. Ou: *Isso você vai ver na sua terapia*. Trata-se de uma postura antimoreniana de atravessar o momento do protagonista já na boca do forno esperando um empurrãozinho.

Deixar tal questão para depois (mandar para terapia, por exemplo) significa sabotar o protagonista impedindo-o de resolver algo existencialmente importante para ele. Tal questão, em outro momento, provavelmente não se repetirá. Pelo menos não com aquela carga dramática e de emoção que o consagra como um protagonista. Por outro lado, Moreno não trabalhava com atos terapêuticos? Nesse caso da supervisão não podemos considerar um ato terapêutico embutido num processo de supervisão?

Carlos Calvente, em 1995, introduziu o termo *terapia do papel*, que adotei prontamente por considerá-lo muito pertinente para nomear essa demanda específica da supervisão.

O mesmo autor, ainda, elabora uma lista de demandas de um processo de supervisão surgidas da própria relação específica entre supervisor e supervisionando. Baseado nisso e em sua observação clínica, constrói uma sequência de etapas que se sucedem, no seu ponto de vista, e que sinalizam ao supervisor uma direção a seguir: a da busca de continência, a do interesse nos aspectos psicopatológicos, a da inversão de papéis e a da *terapia do papel*.

Em minha experiência pessoal, a *terapia do papel* já pode surgir como demanda de um grupo de supervisão desde a primeira sessão do seu processo, a continência para seu aprofundamento efetivo podendo, perfeitamente, ser coconstruída com seus integrantes desde o começo. A subdivisão em fases, no meu modo de ver, com base nos resultados práticos, mais define a metodologia do supervisor, à qual ele se acostuma mais confortavelmente, que a própria realidade das demandas do grupo de supervisionandos.

3. O cuidado inicial do diretor-supervisor nessas situações é garantir ao protagonista a sua anuência confortável e a continência do grupo.

Anuência porque, é óbvio, o protagonista não poderá fazer nada obrigado. Entretanto, é função do diretor mostrar claramente ao protagonista de supervisão que a *terapia do papel* é parte atuante e necessária do processo de supervisão e que, sem ela, a compreensão daquilo que está sendo supervisionado ficará fatalmente prejudicada (no contrato com os meus grupos de supervisão eu incorporo a *terapia do papel* como possibilidade).

Persistindo a recusa do protagonista em aprofundar psicodramaticamente suas questões pessoais, mesmo diante de tais colocações do supervisor, ainda resta a ele reutilizar recursos psicodramáticos mais protegidos para ajudá-lo na medida do possível. Por exemplo, dar a ele a escolha: *Você identifica essa questão pessoal?* No caso de resposta afirmativa: *Você pode ou quer mesmo sem dramatizar abrir só verbalmente tal questão para o grupo?* Ou: *Escolha alguém do grupo para representar tal questão e coloque-a do seu lado, mesmo sem dizer do que se trata, para que você visualize pelo menos a presença dela.* São alguns exemplos de recursos alternativos.

Pode ocorrer que a negativa em abrir para o grupo uma questão pessoal esteja correlacionada com um impedimento que o protagonista explicite ou que o diretor perceba ou que outro integrante do grupo denuncie, ligado a algum outro membro do grupo. Por exemplo: *Não quero falar aqui porque não confio em tal ou qual colega de grupo.* Ou: *Não quero falar porque tal questão envolve pessoas que Fulano* (do grupo) *conhece* etc.

Tal situação passa a se configurar, então, como um impedimento de ordem sociométrica que exige então do supervisor uma intervenção sociodramática que, uma vez bem realizada, poderá remover a dificuldade e propiciar ao protagonista de supervisão a sua *terapia do papel.*

4. O cuidado seguinte do diretor-supervisor é, uma vez realizada a *terapia do papel,* voltar sempre como cena final para a situação do atendimento em que tudo iniciou. Para mim, tal cuidado significa o supervisor nunca perder de vista a perspectiva pedagógica que caracteriza o grupo de supervisão.

5. Em um contexto de supervisão, quando se supervisiona algo focado na técnica e nas pontes teóricas que se fazem necessárias, após a dramatização é possível partir direto para uma etapa de processamento.

No caso da *terapia do papel,* por se tratar de uma exposição de questões pessoais do protagonista, a etapa que se segue à da dramatização é, e só pode ser, uma etapa de compartilhamento (também de questões pessoais); igualzinho a uma sessão comum de psicoterapia psicodramática de grupo. Só depois de completada se deve passar, no meu ponto de vista, a uma etapa de processamento, que é importante que ocorra para caracterizar o foco pedagógico da supervisão.

No entanto, há situações em que a carga de emoção de uma *terapia do papel* impossibilita qualquer processamento teórico final, que poderá ser deixado para a sessão seguinte. Tudo depende da sensibilidade e da habilidade do diretor.

6. Um terceiro cuidado do diretor, dessa vez tendo em vista o processo, é não deixar que um grupo de supervisão se transforme em grupo de terapia em razão de um ou alguns atos terapêuticos nele realizados. Ele estará perdendo a direção e a perspectiva pedagógica do grupo.

A reprodução do modelo do atendimento individual

Uma das características do psicodrama brasileiro é possuir um volume considerável de atendimentos psicodramáticos individuais. Entre os psicodramatistas com mais tempo de atividade, é comum tanto o atendimento individual como o de grupos em sua clínica privada. Entre os mais novos, também é comum realizarem somente atendimentos individuais em seus consultórios.

Consequentemente, é alto o índice de supervisões realizadas de atendimentos individuais, principalmente em grupos constituídos de alunos de psicodrama ou recém-formados.

Ministrando supervisão nesses grupos durante muitos anos, me dei conta de uma demanda indireta decorrente das dificuldades técnicas de trabalhar com psicodrama nos atendimentos individuais (não adoto o nome bipessoal como sinônimo; na verdade, o nome completo é psicodrama individual bipessoal, individual se referindo a um paciente e bipessoal a um terapeuta).

Que demanda?

Ora, um atendimento individual, quando é trazido a um grupo de supervisão e dramatizado, conta com todos os recursos do psicodrama. Estão presentes todos os seus instrumentos: diretor, protagonista, egos-auxiliares e plateia.

Quando a dramatização é montada, o protagonista do atendimento individual põe em cena todos os personagens que quiser, inclusive os personagens de conteúdo simbólico. As soluções cênicas são dadas por todo o grupo coconstruindo com o protagonista uma realidade suplementar num contexto de supervisão.

Portanto, o protagonista dessa supervisão assim montada não vive na própria pele a limitação de recursos de um atendimento individual, em que faltam os egos-auxiliares e a plateia, tendo ele de improvisar sua substituição com objetos intermediários ou com funções egos-auxiliares do diretor.

Por essa razão, há vários anos, criei um artifício técnico para melhor supervisionar as dificuldades técnicas desse tipo de atendimento.

A ideia é simples, embora sua execução seja muito trabalhosa para o diretor-supervisor. Basta reproduzir na dramatização da supervisão com o protagonista as condições do atendimento individual, mesmo estando em grupo. Ou seja, não utilizando os demais membros do grupo como egos-auxiliares. Só objetos intermediários.

Dessa forma, o supervisionando-protagonista experimenta na própria pele o método empregado pelo diretor em um atendimento individual e a aplicação da técnica nessas circunstâncias, caracterizada pela economia de recursos. Por sua vez, o resto do grupo, colocado apenas no lugar de plateia, assiste de fora a fragmentos de um atendimento individual tanto com sua faceta clínica ou não clínica quanto com o enfoque de supervisão. Trata-se de uma forma de trabalho que desafia o psicodramatista porque exige que o aquecimento seja aperfeiçoado e aprofundado constantemente, um domínio mais diretivo da técnica objetivando a manutenção desse aquecimento e um desdobramento alternado do diretor, em sua função plena de diretor, incluindo os momentos em que, sem sair do seu papel, ele desempenha uma função ego-auxiliar (legítima do diretor, veja o Capítulo 11) a serviço do protagonista.

Foi nesse exercício de economia de recursos que acabei desenvolvendo procedimentos técnicos cada vez mais enxutos que pudessem demonstrar que um apuro dessa magnitude pode até dispensar a utilização de qualquer material adicional. Foi dessa maneira que criei o uso das minhas mãos como personagens na cena (veja o Capítulo 11), aproximando-as ou afastando-as do rosto do protagonista em movimentos quase hipnóticos, caracterizando-as como seus personagens internos, em vez de utilizar almofadas, por exemplo (bastava aproximar minha mão do rosto do protagonista e dizer: *Aqui está seu pai. Fale com ele*).

Minha tese, comprovada tantas vezes na prática, é que é possível *fazer* psicodrama até com uma única pessoa em uma sala completamente vazia. O desafio máximo para a nossa criatividade como psicodramatistas, resultando em apuro técnico que treina nosso papel de diretor e que incrementa nossa agilidade técnica e nos fornece atalhos para nosso trabalho, quando dispomos de mais recursos (egos-auxiliares) e dos mais variados tipos de materiais, que passamos a dominar melhor e mais essencialmente, em vez de somente depender deles ou de nos escravizarmos a eles).

Presenciei muitas e muitas vezes esse tipo de trabalho, vários supervisionandos tendo, ali na supervisão, o primeiro contato com uma dramatização cujo modelo era o atendimento individual, modelo esse que rapidamente levavam para a execução de seus próprios atendimentos individuais.

Esse tipo de procedimento de oferecer a possibilidade de reprodução das condições de um atendimento individual é uma forma de trabalho que ofereço ao grupo e/ou ao protagonista como uma alternativa de dramatização. Eles escolherão em cada momento se querem trabalhar ou não utilizando egos-auxiliares. Tal possibilidade é por mim clarificada no contrato com o grupo.

O processamento passo a passo

A agilidade técnica de um psicodramatista, que reflete o bom nível do seu treinamento, capaz de robustecer a sua espontaneidade cria-

Psicodrama – O forro e o avesso

tiva, depende da integração hamônica das funções mais importantes da supervisão.

Naturalmente, quando falo dessa harmonização, estou me referindo à incorporação da teoria psicodramática em cada passo da atuação prática do psicodramatista. Ele só terá autonomia como tal se souber ler psicodramaticamente cada detalhe do que faz, até automatizá-lo de uma maneira fluida e natural tornada espontânea. Como um jogador de basquete que não precisa mais pensar que para marcar o adversário ele terá de se postar na quadra sempre entre o seu oponente e a cesta, pois já assimilou o fundamento básico da marcação. Ele automaticamente marcará dessa forma. Naturalmente. O técnico não precisará mandar. O conhecimento teórico embasa o desempenho técnico e abre portas para a exercício da criatividade.

A forma clássica de fazer supervisão psicodramática é propor uma dramatização em que o protagonista atua o seu paciente ou cliente ou grupo internalizado e a cena corre até o fim sem interrupções, salvo as intercorrências técnicas como as inversões de papéis, que proporcionam ao protagonista experimentar o lugar de todos os personagens que são colocados em cena até sua resolução (intervenções que podem ser consideradas parte da própria dramatização). Ora o protagonista experimenta, como paciente, cliente ou grupo, ser dirigido pelo supervisor, ora experimenta ser o diretor com as variações que surgem no correr da dramatização. Após o término da dramatização, o mais comum, nesses casos, é fazer um processamento teórico com o grupo. Esse é o modelo clássico.

Quanto à leitura teórica da cena, esse modelo tem a desvantagem do tempo e da generalidade. Muitas vezes uma dramatização mais longa deixa pouco espaço para uma discussão teórica mais aprofundada. Deixar para a sessão seguinte nem sempre funciona. Ou porque as lembranças da sessão anterior se perdem no tempo ou porque o grupo está em outro momento com outros interesses e, como consequência, a pontuação teórica acaba se esfumaçando. Por outro lado, a discussão dos procedimentos técnicos exige um maior detalhamento, difícil de

263

ser sustentado de uma semana para a outra. Por isso, não é pouco comum a discussão teórica e técnica permanecer apenas num plano geral.

Além disso, com o passar dos anos, um supervisor de psicodrama, ou porque acumula experiência, ou porque vai atualizando e modificando seus próprios conceitos teóricos e técnicos, torna-se capaz de enxergar cada vez mais detalhes que valem a pena incorporar em um processo de supervisão. Estará sempre diante das questões: *Como auxiliar o supervisionando a descobrir o essencial?*; *O que apontar?*; *O que selecionar?*; *O que ajudar a integrar?* Uma questão eterna e sempre parcial, carregada de subjetividade.

A saída que encontrei para atender a esse tipo de demanda da supervisão foi um método de trabalho, também alternativo, e assim combinado com o grupo por contrato (forma de trabalho opcional para o grupo), a que chamei de *processamento passo a passo*, e que utilizo há vários anos, já tendo feito demonstrações dessa prática em nossos congressos brasileiros e ibero-americanos.

De que se trata?

Trata-se de um método de trabalho utilizado quando o grupo e/ou o protagonista assim escolhe. Às vezes um grupo de supervisão atravessa até uma fase em que está interessado nesse tipo de detalhamento por várias sessões de supervisão.

Esse método consiste em montar a cena, deixá-la correr, interrompê-la, congelando-a e propor uma discussão teórica e técnica, do ponto de vista psicodramático, do que ocorreu até aquele momento, esgotando a discussão. Além disso, ler cada detalhe do que se faz, o porquê, e dar os nomes teóricos a tudo o que aparece na dramatização.

Em seguida o diretor-supervisor reaquece o protagonista, a cena corre mais um pouco, é de novo congelada e discutida. Reaquece novamente, congela e se discute, assim prosseguindo até o fim da dramatização.

Já deparei com a recusa de uma aluna (tratava-se de um ato psicodramático de supervisão, não de um processo) que escolhia não trabalhar dessa forma porque desaqueceria o grupo. Como essa aluna nunca tinha participado de supervisão com esse método, partia de uma ideia pronta e preconceituosa. O grupo corre esse risco apenas se o diretor-supervisor não tiver domínio técnico e segurança do que está fazendo. Todo o segredo está na capacidade que ele tenha de passar da ação à reflexão espontânea e criativamente, de forma que possa reaquecer e manter o grupo todo aquecido para o processo alternado de cena e processamento.

O resultado é muito produtivo porque as pequenas interrupções dissecam a cena de tal modo que os mínimos detalhes podem ser percebidos: o verbo mal colocado de uma frase, um mínimo iniciador corporal, um fragmento de expressão etc. – comumente perdidos quando o processamento é apenas no fim da dramatização, esvaindo-se tais detalhes. Vale a pena pagar para ver. A resposta dos supervisionandos a esse método de trabalho (opcional) é altamente positiva.

A razão principal que me motiva a utilizar esse método é a integração vivencial entre teoria e prática, facilitando sua incorporação e resultando, a olhos vistos, no incremento da agilidade técnica dos supervisionandos.

Uma outra dimensão a ser supervisionada – que se constitui por si só em outra demanda de um grupo de supervisão e que pode também ser objeto de um processamento passo a passo – são os acontecimentos relativos à vida do próprio grupo de supervisão em questão, ao seu processo e à relação específica entre as pessoas reais, que são seus integrantes. Ou seja, o próprio grupo como um laboratório vivo de relações humanas.

Frequentemente um grupo de supervisão não se dá conta de que existe nele essa demanda implícita, até que o supervisor assinale alguma ocorrência no grupo, processável do ponto de vista teórico ou técnico, inclusive os eventuais conflitos grupais passíveis de ocorrer em um grupo de supervisão, como em qualquer grupo. Supervisionar tais conflitos prepara os supervisionandos para a afinação da sua percepção quanto aos conflitos com que venham a deparar no trabalho com seus próprios grupos. Aprender na pele.

Exemplos:

1. Ao iniciar o aquecimento específico do representante grupal para a dramatização, congelar esse momento e ajudar o grupo a situar-se em tudo o que ocorreu até ali; o que ocorreu na etapa de aquecimento inespecífico e como ocorreu, como surgiram os emergentes grupais, como se chegou a um representante grupal, tecnicamente quais foram as intervenções do diretor e qual seu significado teórico etc., ao que se segue normalmente a etapa de aquecimento específico e a dramatização, ambas com seus congelamentos e discussões.

2. Se tensões grupais impediram o surgimento de um clima protagônico, o congelamento permite discutir teórica e tecnicamente como o diretor detectou tal situação, em que momento ele decidiu por uma intervenção sociodramática, como tal intervenção foi realizada e com base em que fundamentos etc.

Tais situações aqui descritas representam bons exemplos de supervisão, uma metassupervisão, em que o próprio grupo é o laboratório, vivenciando a experiência grupal ao mesmo tempo que processa passo a passo sua vivência.

Lapidando os papéis de diretor e de ego-auxiliar

Uma variante desse método de supervisão de processamento passo a passo é o que denomino lapidar o papel de diretor e de ego-auxiliar, dando-lhes um polimento adicional.

A diferença é o foco. Enquanto no processamento passo a passo se cuida de processar todos os movimentos possíveis que possam ser objeto da junção entre teoria e técnica, essa outra variante pode ser aplicada mais detidamente no detalhamento das intervenções do diretor e dos egos-auxiliares sem se deixar cair em um movimento de apontamento de defeitos, essa praga antipedagógica.

Por exemplo, em uma primeira cena de um grupo de supervisão, o diretor-aluno diz para o paciente (ego-auxiliar), no primeiro momento de uma sessão dramatizada: *Como foi a semana?* (pergunta extremamente comum feita até por psicodramatistas com muitos anos de janela).

Paro a cena e pergunto a todo o grupo: *O que aconteceu aqui?* E de acordo com o que vem do grupo fica claro que o terapeuta dirige a conversa no aquecimento inespecífico para uma resenha da semana do seu paciente. E se o paciente viesse aquecido para continuar algo a ser completado da última sessão? Ou, então, se viesse com uma determinada emoção que se esvazia diante da resenha da semana? Ou, ainda, que razões subjetivas tem o terapeuta para perguntar sobre a semana? E assim por diante.

Outro exemplo: O supervisionando na dramatização pede ao seu paciente que monte uma cena e começa a aquecê-lo especificamente para tal montagem e pergunta: *Como era a casa em que você morava? O que estava acontecendo lá?* Congelo a dramatização. A discussão que se segue evidencia que o verbo no passado utilizado pelo diretor-supervisionando *tira* seu paciente-protagonista da cena puxando-o para uma longa entrevista com ausência de ação dramática. Uma alternativa seria afirmar, primeiro: *Você está na casa em que você mora*; e perguntar, por exemplo: *Quantos anos você tem?* Ou: *O que está acontecendo aqui?* Presentificar o passado em nome do aquecimento específico para *jogar* o protagonista na ação dramática.

Isso eu chamo dar polimento ao papel, lapidar finamente o diretor.

Ou, no caso do ego-auxiliar que, por exemplo, faz um duplo sem carga dramática, congelar para discutir a função do duplo como ativador de iniciadores emocionais, e assim por diante.

Essa técnica, é claro, conjuga supervisão com elementos técnicos de um grupo de *role-playing*. Na verdade, um grupo de supervisão não passa de um grupo de *role-playing* em fase mais avançada, seus integrantes já com alguma experiência do papel de diretor e de ego-auxiliar.

Momentos autodirigidos

Já me pronunciei anteriormente sobre a minha posição quanto a grupos autodirigidos que, no meu ponto de vista, são excelentes para o aprendizado do papel de psicodramatista, desde que não sejam aplicados a iniciantes desprovidos de modelos de direção. Defendo um modo de ver em que ao psicodramatista que inicia sua formação seja dada a oportunidade de participar o mais amplamente possível de vivências psicodramáticas as mais variadas em que experimente modelos diversificados de direção. Só aí sim, de posse de um mínimo de identidade psicodramática, ele poderá aproveitar de fato os benefícios de um grupo autodirigido.

Baseado nessa premissa é que incluo momentos de grupo autodirigido como possibilidade eventual de supervisionar um grupo, possibilidade essa também explicitada no contrato com o grupo.

Dessa forma, o grupo e/ou o protagonista poderá escolher em qualquer momento de qualquer sessão de supervisão atuar como um grupo autodirigido. Também um misto de supervisão e de *role-playing*.

Solilóquios do diretor

No XV Congresso Brasileiro de Psicodrama, em 2006 (São Paulo), demonstrei uma técnica que criei, variante do processamento passo a passo, e a que chamei de *solilóquios do diretor* para um contexto de supervisão.

No aquecimento inespecífico do grupo, cheguei a um representante grupal com uma finalidade de supervisão. Esse representante, um psicodramatista, na dramatização, encarnou como personagem um paciente seu que eu dirigi naquele momento como dirigiria um paciente meu.

Realizei então um processamento passo a passo pontuado apenas pelos meus solilóquios. Como se eu fosse uma vitrine para o grupo que exibisse meus caminhos técnicos, minhas encruzilhadas, minhas possibilidades, minhas hesitações, minhas pontuações teóricas e minhas questões pessoais conscientes ou tornadas conscientes na direção daquele protagonista. Um processo vivo da vida interior de um diretor de psicodrama em pleno exercício de suas funções durante uma dramatização e também na condução do grupo como um todo.

Depois desse congresso, incluí também essa possibilidade de trabalho como outra opção de fazer supervisão.

OUTRAS DEMANDAS

É comum, em supervisão, depararmos com questões que fogem do âmbito exclusivamente psicodramático mas que não podem ser desprezadas pelo supervisor.

A questão que se coloca não é atendê-las ou não, mas como atendê-las numa medida razoável que não impeça a manutenção do foco principal no psicodrama, descaracterizando a supervisão, e como atender tais demandas integrando tal atendimento a uma postura psicodramática.

Um tipo de demanda dessa ordem está ligado à caracterização diagnóstica dos pacientes supervisionados segundo uma nomenclatura psiquiátrica clássica e atualizada.

Os grupos de supervisão nos dias de hoje costumam ser bastante heterogêneos diante de tais demandas. São muitas vezes mistos, compostos por psiquiatras e psicólogos, constituindo uma gradação de interesses e de experiências, os psiquiatras acostumados a lidar com pacientes de todo tipo nos hospitais e ambulatórios, em exercício diagnóstico constante, e os psicólogos se subdividindo naqueles que têm alguma experiência de passagem por hospitais psiquiátricos e naqueles que não têm nenhuma. Entre estes existem até os que, até então, trabalharam em empresas e têm pouca ou nenhuma vivência de atendimento clínico.

Tal situação nos coloca, não poucas vezes, diante de supervisionandos que têm dificuldade de reconhecer um delírio, uma alucinação, uma depressão etc. Outras vezes, falta um conhecimento básico de psicopatologia.

Fica evidente que um mínimo desse conhecimento básico é necessário para, pelo menos, o supervisionando saber encaminhar seu paciente para ser medicado por outro profissional capaz de fazê-lo. No caso de uma depressão grave, por exemplo, tal providência poderá evitar um suicídio.

No caso de uma supervisão institucional no processo de formação em psicodrama, em que o objeto da supervisão é completar a formação do psicodramatista, ou seja, ensinar psicodrama, como fica a interrupção temporária desse objetivo para tentar tapar um buraco de uma formação profissional anterior, que não forneceu subsídios para o embasamento teórico de conceitos que já deveriam estar aprendidos e assimilados? Por outro lado, como deixar solto esse tipo de demanda em detrimento dos pacientes?

A saída que tenho encontrado depende do contexto em que a supervisão ocorre. Primeiro, qualquer grupo é sempre consultado sobre a pertinência de abrir um parêntese, no processo psicodramático, para uma discussão sobre psicopatologia clínica. Prevalece o consenso ou a maioria. Mesmo diante de uma maioria contra, as razões da minoria podem ser examinadas.

No caso de uma supervisão institucional de um curso de formação de psicodrama, quando essa demanda prevalece, escolho o caminho de discutir resumidamente conceitos e recomendar bibliografia suficiente para o supervisionando sentir-se mais seguro para alguma forma de encaminhamento. Também é possível fazer a mesma coisa utilizando a dramatização como instrumento, tanto das caracterizações da psicopatologia clássica quanto de um *role-playing* das formas de encaminhamento que o supervisionando pode utilizar. Uma maneira psicodramática de lidar com um tema que no início, aparentemente, não se constituiria como psicodramático.

Na situação de supervisão em consultório, o mesmo pode ser feito, com a diferença que, com a intermediação do dinheiro pago diretamente ao supervisor, o contrato inicial pode ser mudado a qualquer momento. Em uma hipótese extrema, o grupo de supervisão pode decidir mudar o rumo da supervisão e solicitar ao supervisor um curso de um mês sobre psicofarmacologia, por exemplo, que ele pode ou não aceitar ministrar. Já na instituição existe um programa de ensino pré-determinado, apesar do caráter relativamente elástico da supervisão.

Uma outra ordem de demandas direciona-se a procedimentos gerais de psicoterapia, com maior frequência, tais como contrato, pagamento, questões éticas, formação de grupos, número de participantes, *alta* de pacientes, férias etc. Questões não especificamente psicodramáticas, mas às quais é possível dar tom e revestimento psicodramáticos, o que significa incorporar um postura específica. São questões gerais básicas às quais não se pode deixar de dar atenção.

Um bom exemplo desse revestimento é refletir como, nessas questões gerais, o psicodramatista pode se comportar de forma compatível com os princípios psicodramáticos que ele advoga, sem assimilar acriticamente modelos herdados da psicanálise e mal adaptados ao psicodrama.

No caso de um contrato com pacientes, não é raro um psicodramatista fazer uma listagem de normas que costuram rigidamente desde horário das sessões até questões ligadas a sigilo e confiança.

Há quem considere, por exemplo, que no atendimento a grupo em consultório todos os integrantes terão de pagar obrigatoriamente o mesmo preço. O argumento, decorrente dos grupos de orientação psicanalítica tradicional, é o da igualdade com que todos têm de ser tratados. Igualmente para todos seria o politicamente correto.

Ora, os tempos mudaram, a guilhotina do desemprego está aí mirando o pescoço de todo mundo, a classe média empobreceu. Não é também uma realidade que a desigualdade social impera e que um grupo – inclusive o terapeuta – tem de aprender a lidar com tais desigualdades que estão presentes em todos os grupos? E que o bolso do terapeuta não anda tão cheio assim e se ele não aprender a flexibilizar preços, como todo mundo faz no Brasil de hoje, vai faltar feijão no prato no fim do mês? Ou a flexibilização do princípio da realidade depende da direção dos ventos do interesse pecuniário?

Já soube de colegas que formulam com seus pacientes um contrato por escrito. Como em escritórios de advocacia. Certamente eles têm suas razões para fazer isso. Provavelmente os canos que já levaram e que todo mundo leva. Isso me leva a pensar que tal procedimento está no mesmo rol protegido de que tudo tem de estar previsto e controlado. Totalmente anti-psicodramático.

É a mesma coisa que ficar sentado na cadeira esperando entender para dramatizar e não se lançar junto mergulhando de cabeça na aventura humana da coconstrução das coisas, da vida, das relações.

Certas questões não precisam ser contratadas inicialmente. Sigilo, por exemplo. Embora Moreno tenha deixado como uma de suas heranças um código de ética do psicodramatista que prevê a contratação de sigilo com grupos de psicoterapia, tal disposição não deixa de ser uma pretensão ingênua.

Um psiquiatra e um psicólogo têm incorporado um código de ética ao qual são obrigados a obedecer e que é regulamentado pelo Conselho Regional de Medicina (CRM) e pelo Conselho Regional de Psicologia (CRP).

O psiquiatra, como médico, na sua colação de grau, teve de repetir em alto e bom som, de pé para a plateia presente, o juramento de Hipócrates. Um ritual de compromisso ético público.

Os pacientes de um grupo não têm essa mesma obrigação formal. Logo, é esperado que, por isso mesmo, deixem vazar em graus variados algumas informações e acontecimentos da vida do grupo. Não há como controlar isso e nem por que contratar sigilo na primeira sessão do grupo. Há psicodramatistas que contratam esse sigilo até em atos psicodramáticos de congressos.

É mais sensato, mais psicodramático, se a questão sigilo ou confiança surgir do grupo durante seu processo, que se discuta o assunto naquele momento e que se combine normas se assim o grupo desejar. Como qualquer outro tema. Idem para situações de acasalamentos possíveis de acontecer em um grupo. Há terapeutas de grupo que diante de um par amoroso ou sexual que surja entre seus integrantes determinam a impossibilidade de permanecerem juntos no mesmo grupo. Um teria que sair. Por quê? Se dois membros do grupo se tornam amigos um deles também terá de sair? É o sexo que faz a diferença? Pruridos vitorianos?

O par amoroso que se forma em um grupo é indicador, de alguma forma, de algum aspecto coinconsciente do Drama coletivo grupal e, como tal, terá de ser objeto de pesquisa como qualquer outro evento da vida do grupo. Em minha experiência pessoal, quando isso acontece (pouco, por sinal), o próprio processo e a elucidação, em geral transferencial, de tal escolha é suficiente para desfazer o par naturalmente. Colocar isso em contrato de proibição e perder a riqueza do aprofundamento de tal processo? Que pena!

Portanto, o que vale mesmo, diante dessas questões (demandas) gerais, é a incorporação de uma postura de acolhimento e de compartilhamento por parte do supervisor, compatível com os princípios morenianos. Uma incorporação de uma filosofia de atitudes, como tão bem definiu Garrido Martín, a filosofia de Moreno. No sentido de uma libertação existencial. Aqui e agora.

16. O COMEÇO DO FIM[20]

Recebi um convite amável da Cida Martin e da Cristiane Romano, que me deixou muito feliz, para integrar esse time competente de autores nesse livro da Associação Brasileira de Psicodrama e Sociodrama (ABPS) com o tema "Como se faz psicodrama?"

Embora correndo o risco de parecer ingrato diante do convite para integrar o competente time de autores deste livro, decidi, deliberadamente, descumprir as normas propostas para a redação do capítulo que me cabe. Rebatizem, se quiserem, esse meu texto como um convite à reflexão. Não me submeterei rigidamente às normas da Febrap (nada contra a Febrap, Federação Brasileira de Psicodrama, que sempre contou com a minha aprovação) para redação de artigos ou trabalhos de psicodrama de uma maneira geral, normas que os autores deste livro supostamente deveriam adotar, porque minha intenção é convidar o psicodramatista a buscar coerência entre o pensamento e a postura psicodramáticos e a construção e prevalência de um excesso de diretrizes que mais engessam o psicodrama que o disciplinam sob um pseudomanto de respeitabilidade formal.

Creio firmemente, trata-se mesmo de minha profissão de fé, que não é possível *fazer bem o psicodrama* sem analisar mais profundamente as vertentes institucionais e políticas que ditam a sua prática e a sua

---

20. Publicado na *Revista Brasileira de Psicodrama*, v. 18, n. 2, 2009.

Psicodrama – O forro e o avesso

construção teórica no plano do ensino e do aperfeiçoamento pós-graduado. Esse é o foco de minhas reflexões. Seus fundamentos.

De cara, decidi contratar um sábio chinês que ficará a meu lado o tempo todo, com seu quimono de seda e barbicha oriental, em posição de lótus, contando pacientemente os 40 mil caracteres, incluídas as referências bibliográficas, digitadas no programa Microsoft Word of Windows, tipo de letra (fonte) Times New Roman, tamanho da letra em corpo 12, com citação e destaque sempre em itálico, deixando o negrito para situações especiais. O sábio chinês com certeza saberá refrear meus ímpetos criativos no fim da contagem dos 40 mil, mesmo que no meio de uma frase.

Em primeiro lugar, o que a elaboração de um livro tem que ver com normas da Febrap? Só porque se trata de um livro de psicodrama? Alguém já se dispôs a esta tarefa nem um pouco prática de contar 40 mil caracteres em um capítulo? Não é mais fácil para nós, pobres escritores mortais, contar 10 ou 15 páginas de um texto? De onde se copiou tal norma que só pode ser cumprida com o auxílio do sábio chinês?

Como vocês podem ver, antes mesmo de começar a escrever o texto solicitado, deparo com um tipo de limitação que me lembra o febeapá dos anos 1960, *Febeapá*, um livro de crônicas bem-humoradas do Sérgio Porto, cujo pseudônimo (para os mais novos) era Stanislaw Ponte Preta, que satirizava o que ele chamou de Festival de Besteiras que Assolam o País (Febeapá), apontando os absurdos normativos da ditadura, da política e da burocracia, de cabo a rabo.

Não há muito tempo, participei de um concurso de poesias que também limitava o número de caracteres e impunha outras tantas regras gráficas para aceitação de qualquer poema. A criação hoje, mesmo a poética, tem de se enquadrar rigidamente nos parâmetros da norma. Estamos chegando lá. Os psicodramatistas assim como os poetas vão ficar de braços dados no bloco das conservas.

Vocês devem estar se perguntando o motivo de toda essa minha arenga. Na verdade, a minha preocupação se volta para o modo como o psicodrama está sendo ensinado e divulgado no Brasil, principalmen-

275

te no que diz respeito às formas como ele tem sido praticado e ao formato cada vez mais acadêmico da sua construção teórica. Minha intenção é apontar algumas de suas tendências no panorama psicodramático brasileiro que, a meu ver, distanciam o psicodrama de seus fundamentos elementares e de seu suporte filosófico no contexto do ensino básico, da prática de grupos, da redação de monografias, da direção do psicodrama público, da organização e das atividades dos congressos de psicodrama, da construção dos papéis de terapeutas de alunos e de professores-supervisores didatas.

Um bom exemplo que nos serve para iniciar tais discussões é o processo de elaboração de uma monografia de psicodrama.

Para iniciar uma reflexão sobre esse tema é necessário um movimento constante de colocar-se no papel ora do orientando, ora do orientador e ora dos coordenadores de ensino e dos professores de uma instituição que promove formação em psicodrama. Para isso é indispensável nos remontarmos a alguns aspectos históricos dos quais participei ativamente.

No começo dos anos 1970, a exigência de monografia de conclusão de curso de psicodrama era pouco rigorosa e sua construção se resumia a pouco mais que a redação de um artigo científico para uma revista especializada. Equivalia a isso.

A minha turma iniciou o curso com 18 alunos e acabou com seis, dos quais três continuaram na prática psicodramática; desses três, um distanciou-se do psicodrama no correr dos anos. De todos esses alunos, fui o único a apresentar uma monografia de conclusão de curso e, pouco tempo depois, de credenciamento como terapeuta de alunos e como supervisor.

Meu outro colega, que permanece no psicodrama até hoje, foi escrever e apresentar sua monografia de conclusão de curso, pasmem, 20 anos depois. Nas outras turmas daquela época o panorama não era muito diferente.

Por essas razões, sempre se discutiu, nas instituições, formas de conseguir que os alunos escrevessem suas monografias de conclusão de curso, o que nunca foi tarefa fácil. Foram experimentadas várias

Psicodrama – O forro e o avesso

formas de estímulo e de exigências, resultando em determinações mais ou menos rígidas, dependendo da instituição e da época, como estabelecimento de prazos, convite à colaboração dos professores, inclusão de metodologia de ensino na grade do curso e de orientadores fixos entre os professores da matéria (até então os alunos escolhiam seus orientadores livremente entre os professores disponíveis, aqueles que mais lhes apraziam e que tivessem uma relação mais estreita com o conteúdo da monografia). Como tudo na vida, com vantagens e desvantagens.

Paralelamente a isso, o padrão de qualidade das monografias aumentou muito e muitos colegas psicodramatistas se tornaram mestres e doutores em várias universidades espalhadas pelo Brasil nos anos subsequentes.

Se por um lado o psicodrama brasileiro ganhou com isso uma maior preocupação com a profundidade dos temas desenvolvidos nas monografias e com um enfoque novo na pesquisa, por outro lado acabou também sendo contaminado pelo ranço acadêmico. O psicodrama, em vez de arejar os corredores empoeirados da universidade, absorveu e absorve as suas conservas, às vezes acriticamente, na velha postura colonizada de que o que vem de fora é melhor do que o que vem de dentro. Aquela história da galinha do vizinho.

Alguns exemplos: títulos quilométricos de monografias, modelito tese, que pretendem contar 80% do conteúdo em algumas linhas, tipo: *Considerações preliminares acerca de uma variação sistêmica de um papel assimétrico no átomo social de adolescentes de uma comunidade nordestina na periferia de Guaxupé, um estudo comparativo sociométrico e sociodinâmico com a intervenção de Moreno em um grupo de tiroleses na Primeira Guerra Mundial.*

É claro que esse título é inventado. Quero aqui apenas ressaltar, pelo lado ridículo das coisas, que diante de uma aberração dessas, por melhor que seja a monografia, de cara não desperta vontade alguma nem mesmo de folheá-la, sendo condenada ao ostracismo das prateleiras encardidas de uma biblioteca de sótão. Por que não, por exemplo, um título mais instigante e criativo, mais levemente inteligente, mais espontâneo, como *Adolescência, discriminação e panelas?* Afinal de con-

277

tas, criatividade não é fundamento básico do psicodrama? Cadê o fator surpresa?

Costumo dizer e repetir que se Sócrates, Platão e Aristóteles fossem vivos, não passariam em exame de qualificação de mestrado porque não teriam um projeto de pesquisa. Dante, Camões, Shakespeare, Fernando Pessoa ou Drummond, com seus longos versos densos de significados, não conseguiriam hoje sequer se inscrever em concursos de poesias. Como se poesia hoje fosse apenas o verso curto, *clean*, não importando o ritmo, o tônus, o andamento, a beleza e a consequência íntima das palavras. O livre pensar é só pensar.

Perdi a conta do número de monografias que orientei nesses 37 anos de psicodrama e das inúmeras vezes que participei de comissões de avaliação (bancas). Das incontáveis vezes que deparei com o conflito entre a forma e os princípios rudimentares da redação de uma monografia.

Exemplifico. Não raro vem parar nas minhas mãos uma monografia bem escrita e aparentemente bem articulada, toda dividida em capítulos bem ordenados metodologicamente e corretamente batizados. Formalmente irrepreensível.

Quando lemos um capítulo habitualmente batizado de *Bases teóricas* ou *Teoria psicodramática* ou *Correlações psicodramáticas* ou *Aportes morenianos et cetera* e tal, muitas vezes ficamos diante de uma aula de psicodrama bem ordenada, citando vários autores etc., como manda o figurino.

Se procurarmos no capítulo que descreve alguma experiência de intervenção psicodramática ou no capítulo de comentários e conclusões, é comum não encontrarmos referência à teoria de psicodrama desenvolvida no capítulo teórico. Ou seja, o capítulo teórico se resume a uma mera resenha do que foi aprendido no curso de formação de psicodrama, quando deveria conter e discutir apenas a teoria de psicodrama visível no atendimento psicodramático e no capítulo de comentários e conclusões.

Outras vezes, ou no mesmo trabalho, o capítulo de comentários e conclusões é sintético e frequentemente elogiado pela banca. Como assim? Sintético? *Comentários e conclusões*, para mim um capítulo só, é a essência de uma monografia. É ali que o psicodramatista defenderá seu ponto de vista, divulgará sua contribuição original, fazendo a ponte entre a teoria visível na prática descrita e a prática descrita implorando por um sentido teórico. Se o orientando tiver de se estender em algum lugar dessa monografia, o lugar é esse. Não importa o que a academia mandar ou achar.

Em algumas ocasiões, a monografia se estende, e até brilhantemente, sobre um tema e tem pouco ou nada de psicodrama. Por exemplo: *Drogadição em um grupo de psicodrama*. O autor falará de drogadição e nada de psicodrama. Portanto, o trabalho não é de psicodrama. Ou para dar essa ilusão o autor insere ao longo do trabalho duas ou três frases de Moreno para justificar o nome psicodrama.

Vocês estão achando que eu exagero?

Há poucos anos participei da comissão de avaliação de escritos psicodramáticos visando o prêmio Febrap de um de nossos congressos, e tive nas mãos dois trabalhos excelentes com seus temas muito bem desenvolvidos, porém, sem uma única linha de psicodrama e que, por isso mesmo, nem poderiam ser aceitos e inscritos em um congresso de psicodrama, podendo ser muito bem-vindos em outros congressos de psicologia, de psiquiatria ou de ciências sociais.

Nada reflete mais esse jogo de forças e de contradições que os prazos que são determinados pelas instituições para a entrega de uma monografia pronta e acabada.

A minha primeira crítica a essa questão delicada, e que faz parte da adoção do modelo acadêmico dos prazos de entrega de teses as mais variadas, é o inferno que isso muitas vezes representa para o orientando. Criou-se um mito. Escrever uma tese implica desenvolver, fatalmente, uma neurose de tese em que lazer, vida social, namoro, casamento, filhos, sexo, vão literalmente pras cucuias como parte obrigatória do processo, como uma medalha de honra que se ostenta vencido e contrafeitamente conformado no pescoço, com a estampa de uma TPM crônica e permanente, uma doença aderida ao nome monografia.

Ora, nós que lidamos no cotidiano com essas coisas que afetam angustiadamente nossos clientes, pacientes, alunos etc. e sabemos muito bem do que se trata, como podemos repetir com nossos orientandos esse mesmo tipo de loucura? Nós que nos colocamos como guardiões e agentes transformadores de uma qualidade de vida minimamente razoável, como podemos contribuir para tal estocada nessa mesma qualidade de vida de nossos orientandos?

Não quero abolir prazos, mergulhar no caos total, mas também não quero ver nos meus orientandos aquela expressão de crucificados estoicos, que é a expressão acadêmica de quem está escrevendo uma tese e percorrendo os caminhos burocráticos de sua elaboração, e dos sucessivos adiamentos para a entrega dessa maldita (vira maldita) tese pronta. Não quero copiar esse travo azedo dessa conserva da academia.

Por outro lado, como se faz para estimular a construção e a entrega de uma monografia para credenciar o maior número possível de psicodramatistas, terapeutas de alunos e professores-supervisores?

Para começo de conversa, a orientação de uma monografia é um doce ato de amor. Se não é, assim deveria ser. Um ato de amor com o psicodrama para o qual o orientador é um intermediário, um cupido a flechar o coração do orientando, cativando-o para os sobressaltos da paixão: *Olha este lindo capítulo do livro do Albor sobre momento, a visão da Sylvia Cardim sobre imaginação e fantasia, um novo olhar da Mirela Boccardo sobre manejo de grupos, um zoom da Célia Malaquias sobre o negro brasileiro precursor do psicodrama entre nós, da Laurice Levy sobre o encontro das águas psicoterápicas no psicodrama, da Cláudia Barrozo sobre uma abordagem renovada da sociometria e de suas aplicações, da Noemi Lima sobre uma concepção existencial do encontro psicodramático, do Armando Oliveira Neto sobre aspectos revisados de uma psicopatologia psicodramática!* – e tantos outros, incontáveis mesmo, impossível citar todos aqui, estrelas brilhantes apontando e despontando no céu de nossa constelação brasileira de talentos.

E é esse orientador que tem o papel sublime de ajudar a despertar tudo isso, de esperar o tempo do seu orientando para assimilar tanta produção fecunda e de integrar sua prática. De compreender, sentindo, tudo aquilo por que já passou nos muitos cenários psicodramáticos em que atuou em todas as participações possíveis como paciente, aluno, supervisionando, orientando, protagonista, plateia, ego-auxiliar e, por fim, diretor.

É olhando para esse fascinante, delicado e intraduzível processo, em que uma teia delicada se tece, essa teia em que a sensibilidade se funde à compreensão do conhecimento, que não podemos deixar de visualizar o grau de privacidade e de intimidade que tudo isso implica. É por essa razão que as instituições não podem se comportar como cafetinas de puteiro (não estou xingando ninguém, nada pessoal) batendo na porta: *Deu a hora!*; impondo prazos inflexíveis. Ou concedendo: *Mais dez minutos!*; adiando um pouquinho mais o mesmo prazo, o que só pode resultar em brochada ou ejaculação precoce. Aliás, esse papel ingrato de *cafetina de puteiro* é um papel que os coordenadores de ensino das instituições se obrigam a desempenhar por imposição da inflexibilidade das normas. E nem ganham comissão para isso.

Para bem fazer psicodrama na construção de monografias, é fundamental que o orientador é que seja o sinalizador desse processo, porque é ele que está intimamente em contato com os desdobramentos desse difícil caminho. Que ele se responsabilize como guardião desse processo de construção da monografia do seu orientando perante as instituições. Ele, junto com seu orientando, é que determinarão quando a monografia vai ficar pronta. É claro que isso também tem limites, mas esse limite será dado de dentro e não de fora de quem está vivendo esse processo de construção, mesmo que, é óbvio, o orientador preste contas à instituição do andamento desse percurso. Mas, por favor, sem precisar preencher formulários e mais formulários.

Se, pelo menos parcialmente, esse modo atabalhoado de tratar as monografias de psicodrama acaba espelhando velhas contradições do panorama psicodramático brasileiro, que contradições são essas capazes de cristalizar um modo mais espontâneo de fazer as coisas, contrariando os princípios mais rudimentares da teoria e da prática psicodramáticas? A questão principal, para mim, é a dissociação crônica entre teoria e prática, com a qual tentamos lidar de diversas maneiras ao longo de todo esse tempo.

Em primeiro lugar, não conheço psicodramatista nenhum que tenha vindo para o psicodrama porque se encantou com algum texto de Moreno. Todos chegaram a ele porque participaram de alguma vivência psicodramática. Ou seja, o encanto do psicodrama sempre se deu pela força de sua prática. A teoria sempre veio depois. Por outro lado, isso levou, nos primeiros tempos, a um treinamento prático intenso com total imersão numa cultura de grupo, ancorado num suporte teórico frouxo e incipiente. Os primeiros psicodramatistas brasileiros trasbordavam sua criatividade em um leque amplo de recursos técnicos, porém, clara ou inadvertidamente, sofriam de um sentimento de inferioridade permanente por não conseguirem arquitetar um arcabouço teórico suficiente para conseguir a respeitabilidade científica diante de seus pares nas demais áreas da psicologia, psiquiatria e educação.

Data dessa época o costume de recorrer a outras teorias, psicanálise por exemplo (uma boa parte dos colegas argentinos nunca se livrou disso), chegando ao ponto, mesmo nos dias de hoje, de não reconhecerem a autoria de suas próprias descobertas. Exemplificando: a técnica de *concretização em imagens* é uma *velha* técnica do psicodrama e que sempre foi utilizada por nós. Muito antes de existir ou de se ouvir falar em teoria sistêmica. Ora, os *terapeutas sistêmicos* encantaram-se com essa técnica psicodramática. Até aí tudo bem. Passaram a utilizá-la com entusiasmo. Quem disse que é proibido utilizar algo criado por outra linha de pensamento, mesmo se deslocado da sua razão teórica ou filosófica? Rebatizaram-na de *escultura*. Embora o nome sempre possa ser melhorado, começa aqui um conflito de autoria. Pior, psicodramatistas que passaram a juntar psicodrama com sistêmica não só passaram a utilizar o termo escultura, como também a ensinar a seus alunos a técnica com o nome *sistêmico*, colocando-o até em artigos e livros. Aqui já fica difícil aceitar que psicodramatistas passem, com essa atitude, a negar, na prática, a autoria de uma técnica que é histórica e essencialmente psicodramática. É como funcionar como um receptador de objetos roubados e negar fazer parte da quadrilha (de novo, não estou chamando ninguém de bandido). Tudo em nome do velho sentimento de inferioridade que coloca o psicodramatista no lugar do colonizado.

Esses são resquícios que permanecem até hoje entre nós. Por isso mesmo, olhando para aquela época, foi notável o esforço dos psicodramatistas brasileiros na construção de uma produção teórica ímpar e surpreendente que nos coloca hoje, sem qualquer exagero, em primeiro lugar como produtores de textos de psicodrama no plano internacional, o que é reconhecido em todo o mundo (mais de 100 livros e mais de 1.000 artigos e incontáveis monografias e teses de psicodrama; único país do mundo a ter uma coleção de livros de psicodrama em uma editora, Ágora, fora publicações em outras editoras, e a se organizar sob uma federação, Febrap).

Daí, é fácil compreender que as exigências de impecabilidade científica muitas vezes ultrapassaram o psicodrama brasileiro em si mesmo no que diz respeito aos escritos psicodramáticos, sacrificando de alguma forma a sua produção mais criativa e sua fluidez mais espontânea.

E o que aconteceu, ou vem acontecendo, com sua prática nesse mesmo tempo?

1. O trabalho com grupos em consultório diminuiu sensivelmente.
2. Como consequência disso, muitos psicodramatistas deixaram de atender grupos.
3. Um bom número de psicodramatistas não dramatiza ou deixou de dramatizar em sessões individuais.
4. Alunos de psicodrama, diante desse quadro, passaram a não ter modelo ou tiveram um modelo pobre de dramatizações com seus próprios terapeutas, não passando pela experiência ou passando pouco pela experiência de ser protagonistas. Ou seja, aprender psicodrama na própria pele.

5. Algumas instituições de formação de psicodrama exigem pouco dos alunos (às vezes até porque não têm estrutura organizacional para isso) quanto à formação e direção de grupos. Ou seja, o aluno pode passar por um curso de psicodrama sem atender grupos ou atendendo muito pouco. Sairá manco como diretor de grupo e como psicodramatista.

6. Nos congressos brasileiros de psicodrama cada vez menos vemos psicodramatistas dirigir uma vivência (um psicodrama público) com protagonista (sou um dos poucos que insiste sempre em trabalhar dessa forma em congressos).

7. Tenho ouvido nos últimos congressos brasileiros e nos últimos ibero-americanos uma argumentação frouxa de que trabalhar com protagonista em congressos é expor desnecessariamente as pessoas. Já ouvi psicodramatistas experimentados repudiarem o próprio trabalho com protagonistas em congressos passados como se tivessem cometido um crime sádico com esses mesmos protagonistas. Contra-argumento como sempre faço publicamente e com certa frequência:

- Dirigir psicodrama com protagonistas em grandes grupos exige experiência e continência, dentro de uma formação sólida.

- Os cuidados do diretor desde o aquecimento até o compartilhamento, não perdendo nunca a perspectiva do grupo, são o que dá chão e coberta ao protagonista.

- Essa forma de trabalho é o modelo de Moreno. Por que não ensiná-lo?

- Esse é o modelo prático por excelência do psicodrama. Por que não passá-lo?

- Se todos sabemos que o psicodrama se aprende e encanta pela vivência; em congresso de profissionais de psicodrama todos nós contribuímos com nossa cota de participação e de *sacrifício* em nome do aprendizado. Congresso não é para isso? Como ficamos? Sem modelo?

- A prática mais ou menos recente do grupo autodirigido (grupo cuja direção é alternada, tendo como diretores seus próprios membros, com um coordenador fixo) muitas vezes passa por cima da adequação e da inadequação do método. Grupo autodirigido é grupo para quem já tem modelos de direção. Não é para principiantes. Senão, vai dirigir com base em quê? Em nada?

- O crescimento de grupos de teatro espontâneo e de teatro de reprise, derivado do *playback theatre* ou inspirado nele (não estou me referindo a nenhum grupo em particular), se por um lado difundiu uma forma de trabalho útil no campo socioeducacional e acrescentou recursos ao psicodrama clínico, por outro forneceu aos psicodramatistas um modelo de trabalho que muitas vezes (não todas as vezes, quero deixar bem claro) mais parece teatro amador do que psicodrama, quer pela superficialidade com que certo tema é tratado, quer pela limitação da possibilidade psicodramática do protagonista. Um trabalho mais fácil de ser aprendido e que exige muito menos habilidade técnica do diretor. Estou aguardando que me provem o contrário. Até hoje me sinto incomodado quando uma vivência psicodramática se resume à construção de imagens óbvias e estereotipadas montadas por subgrupos articulados pelo diretor. E fico mais espantado ainda com a chuva de aplausos aos construtores das imagens óbvias, como se acabássemos de assistir a uma interpretação genial e profunda da Fernanda Montenegro na cena teatral. Para aí? E o resto?

Diante de tudo isso, portanto, não é de estranhar que um psicodramatista se forme com pouca experiência de ser protagonista, com pouca experiência de direção de grupos e com pouca experiência de dirigir protagonistas. Para mim, uma aberração antipsicodramática. A relação foi invertida. Se no início do movimento psicodramático brasileiro tínhamos uma prática hipertrofiada e uma teoria diminuta, hoje temos uma teoria hipertrofiada por um excesso de normas acadêmicas e regulamentos formais e uma prática que, embora diversificada, sofre o risco da banalização das dramatizações com a pobreza do trabalho protagônico e o excesso de máscaras e fantasias que, frequentemente, vira criativismo. Está na hora de cuidarmos melhor dessa integração entre teoria e prática porque, hoje, basta escrever uma monografia dentro das normas para chegar a supervisor de psicodrama. Para supervisionar alguma coisa não parece óbvio que se saiba o que supervisionar? E como supervisionar? Dentro desse quadro tudo é possível. Acredito sempre no renascer constante do psicodrama para que isso não seja o começo do fim. Bem integrar a teoria com a prática dentro de uma postura nova que não agrida os princípios básicos e elementares do psicodrama é, para mim, a única via para o *Como se faz Psicodrama?* Para o ato e o processo de fazer bem o psicodrama.

Teria ainda muito e muito o que dizer a respeito desse momento de reconstrução de caminhos do psicodrama brasileiro, mas o sábio chinês parou de levitar e vem apontando o dedo na minha direção. Na direção dos 39.999 caract...

INTERMEZZO

Quando terminei de escrever esse capítulo de livro, enviei uma cópia para vários colegas psicodramatistas, vá lá saber exatamente por quê. Em parte porque, para mim, o assunto é tão atual que não aguentei em mim mesmo a impaciência de esperar a publicação para poder compartilhar essas minhas ideias e sentimentos. Em parte, talvez, por vaidade (há muito queria escrever sobre isso e queria ser lido) e por instigar certa polêmica, uma provocação.

Para minha surpresa, recebi por e-mail uma avalanche de respostas com tantos pormenores que seria impossível responder a cada um e a cada questionamento que foi feito. Optei, portanto, por uma resposta única que contemplasse mais ou menos a todos. É a resposta que se segue.

RESPOSTA (O COMEÇO DO FIM)

As questões levantadas por mim nesse capítulo de livro que enviei a vocês são questões que não só trago comigo há um bom tempo como também venho compartilhando com muitos colegas. Abrir uma polêmica significa estar disposto a aguentar os possíveis rojões que vêm de volta, inclusive os ataques pessoais a que se está sujeito em tais situações. Por isso é difícil vencer o momento de inércia e começar a falar o que muitas vezes nem sempre se quer ouvir.

O recurso auxiliar do humor que utilizo não é novidade. Gosto de utilizá-lo porque é uma forma a que o humorista recorre para difundir aquilo que para ele é a sua verdade. Aumenta a contundência do que diz e representa um apelo para ser ouvido e um convite quase impositivo à reflexão. A meu ver, o essencial do que eu disse tem por base o mesmo amor ao psicodrama que vocês têm. Nunca duvidei disso, e a minha preocupação – daí o título aparentemente pessimista, "O começo do fim" (não esqueçam que termino o texto acenando com a minha crença na construção de um caminho renovado do psicodrama, logo, reafirmando meu otimismo) – é a de ficarmos contemplando a banalização progressiva da prática (sublinho, *prática*) psicodramática, tentando compensar isso com a hipertrofia da forma como vem sendo tratada muitas vezes (não todas as vezes) a sua moldura teórica.

O sentido é focar uma melhor integração entre teoria e prática que seja coerente com os princípios psicodramáticos que adotamos, pregamos e em que todos acreditamos. Não se trata de um ataque cruel e raivoso à universidade. Deixo claro no texto que os colegas psicodramatistas que foram para a universidade ou que estão nela revitalizaram a nossa teoria em profundidade e disciplina. Também deixei claro que não estou pregando o caos e nem sou contra o rigor científico. Quem me conhece sabe disso e já se tornou voz corrente, o que até me chateia bastante, que sou exageradamente exigente na orientação de monografias e na minha participação em bancas (tenho certeza de que jamais maltratei algum colega na intimidade ou publicamente).

Também é público e notório, já disse isso muitas vezes e repito, inclusive pessoalmente, que você, Marília, e você, Márcia, salvaram a SOPSP de um mergulho na decadência batalhando pela implantação do convênio com a PUC. A meu ver isso foi decisivo para a SOPSP e para o psicodrama brasileiro. Vocês conseguiram isso. Logo, estou falando da universidade de braços dados com o psicodrama, o que sempre me entusiasmou e apoiei e continuo apoiando. Portanto, não tenho qualquer fobia nesse sentido e, é claro, estou reafirmando que estamos todos dentro da universidade que, como qualquer instituição, tanto tem seus preciosos quilates quanto também sua banda podre, não havendo por que canonizá-la.

Meu texto trata do que, sempre sob o meu ponto de vista (não é uma verdade absoluta), me parece exagerado, pedindo um reajuste e implorando por flexibilidade. Por isso, Mariângela, a crítica, você que sente falta, nesse meu escrito, de pontos a favor. Por que não posso pensar que é hora de levantar o problema e fazer uma crítica? Não tenho o direito? Minhas observações decorrem do que tenho visto e ouvido não só em São Paulo, mas em muitos lugares no Brasil e no exterior, onde dou supervisões, aulas e cursos e onde tenho dirigido vivências psicodramáticas as mais variadas, não só clínicas, como também sociodramáticas e educacionais. Também não estou falando exclusivamente da PUC. Além disso, muitas dessas angústias me chegam por meio de meus alunos, clientes, supervisionandos e orientandos e, de certa forma, quis ser, em pequena medida, um porta-voz das suas e das minhas inquietações. Algo de errado nisso? Se me exponho desse jeito, não lhes parece que quero abrir uma discussão, o que já está acontecendo, sobre o assunto? Em nenhum momento me julgo dono da verdade ou com interesses escusos. A essa altura dos acontecimentos, vocês acham que preciso disso?

Para os colegas professores da SOPSP que têm participado comigo de reuniões de ensino, me parece que parte das posições que tomo com esse texto não constituem novidade, o tanto que discutimos juntos tais questões, concordando e discordando sadiamente. Para muitas coisas não chegamos à unanimidade. Alguma novidade nisso? Não é simplesmente humano? Portanto, por que o espanto?

Quanto aos 40 mil caracteres (o Calvente informa que o computador conta automaticamente, dispensando o sábio chinês, ignorância minha), não se trata de exigência da Febrap para os capítulos do livro. Apenas os organizadores recorreram às normas da Febrap para a publicação de artigos na revista em que essa exigência está registrada (uma exigência padrão, bem sei). Somente peguei esse exemplo saído fresco do forno para ilustrar como absorvemos sem muita crítica normas que nem originalmente são nossas. Nada contra os organizadores e nada contra a Febrap. Que acham, ao pé da letra, de contar 40 mil caracteres de um texto, mesmo sabendo que na prática não é exatamente assim que acontece? A sensação do ridículo acentua o que estou querendo dizer. É um recurso literário. Da mesma forma a *cafetina de puteiro*. Nelson Rodrigues repetia as expressões *o óbvio ululante, a estagiária da PUC* e *o Palhares, o canalha que cantava a cunhada nos corredores da casa da família* e o Sérgio Porto criou a *Tia Zulmira* que dizia que *primos, padres e pombos só servem para sujar a casa*. Muito antes, por sua vez, Machado de Assis já satirizava a morte com os vermes do cadáver de Brás Cubas. Por que não posso aspirar à tão ilustre companhia?

Aliás, você, Cezira, me diz que o exemplo que dou do *febeapá* está caricato e fora de contexto porque deslocado do seu foco original nos anos 1960. Deliberadamente foi minha intenção recontextualizá-lo. O exemplo é bom e pode muito bem ser utilizado como comparação. É a vantagem de expressões criativas que, ou não morrem e são incorporadas na linguagem comum, ou podem perfeitamente ser ressuscitadas e empregadas de uma maneira nova. Recriação de uma conserva.

Isso serve como exemplo para destacar a diferença entre duas posturas. Uma, dentro de certas regras, em que se obedece a contextualizações adequadas, seja num plano histórico, seja num plano narrativo. Outra, em que mais importa a irreverência calculada ou uma concepção estética mais ligada ao prazer, ao riso, à comédia perdida e incinerada de Aristóteles, ao divertimento e à crítica pela exposição incômoda, até bizarra, daquilo que se pretende criticar (um coro grego talvez), deixando de lado um revestimento formal das coisas, a linguagem sisuda e excessivamente consequente. Moreno não nos dava o direito de viver certa megalomania, resultado da nossa criatividade, como tão bem observa o seu notável biógrafo, Marineau?

Ainda nessa linha, minha querida amiga Terezinha me dá um puxão de orelha: "[...] discordo das metáforas agressivas. É óbvio que você não está xingando ninguém, mas convenhamos que se a metáfora é um tipo de analogia, dói saber que somente estas, com 'tom' de agressividade (de 'baixo calão', eu diria), sejam as únicas possíveis... sim são utilizadas, e bem! na literatura; mas em roteiros tais que as 'fazem' pertinentes [...]"

O que você acha, Terezinha, da *Mensagem a Rubem Braga*, de Vinícius de Moraes, incluída na sua *Antologia poética*, uma poesia dos idos de 1944 ou 45, que diz em certo trecho:

Digam-lhe que o mar no Leblon
Porquanto se encontre eventualmente cocô boiando, devido aos despejos
Continua a lavar todos os males. Digam-lhe, aliás
Que há cocô boiando por aí tudo, mas que em não havendo marola
A gente se aguenta...

O registro de Vinícius numa época em que eu tinha, no máximo, dois anos de idade, relido hoje, dá uma sensação de atualidade e de indignação pela permanência no tempo de coisas ruins imutáveis. A força da sua imagem é tanta, que esse poema lido por mim há tantos anos permaneceu na minha memória até sua releitura hoje.

Se na poesia o *cocô do Vinícius*, bem ou mal, pôde ficar boiando todo esse tempo, por que a *cafetina de puteiro* não pode se instalar em uma reflexão sobre o psicodrama, a sua prática e o seu ensino? E se tivéssemos de transcrever, em um trabalho científico, a fala de um paciente em uma sessão que incluísse um palavrão? Também seria considerado de *baixo calão*, inapropriado para um texto pretensamente científico? Ou estaríamos tomados, nós terapeutas e educadores, supostamente mentes abertas, por um prurido de sacristia?

Interessante a reação de vocês, principalmente Cezira, Lilia, Marília, Márcia, Mariângela e Yvette. Todas são pontas de lança da vanguarda psicodramática entre nós. Todas demonstram um espírito de amazonas lutando bravamente pela consolidação da consistência do nosso (repito, *nosso*) psicodrama. Todas reagem (Mariângela muito menos) imediatamente em defesa da academia (da universidade). É até esperado, todas são professoras universitárias. Em tempo, eu esperava que, primeiro, vocês reagissem em defesa do psicodrama. Vocês acabaram indiretamente confirmando em parte (sei muito bem que nessa reação intervêm inúmeros outros fatores de ordem reflexiva e do temperamento de cada uma) o quanto o modelo da universidade está hoje de tal forma entranhado no psicodrama brasileiro que quase não pode ser tocado. Parece aquelas relações simbióticas (não estou falando que vocês são simbióticas nem estou emitindo dupla mensagem) que se estabelecem com aquela mãe dominadora que não pode ser nem sequer arranhada, criando uma forma especial e fechada de corporativismo.

Repito. Meu trabalho não trata da universidade, nem despreza o valor da universidade. Trata do psicodramatista e de como ele adota certas posições, atitudes e um excesso de normas que contribuem mais para desintegrar do que para integrar a prática com a teoria. Para mim o buraco é mais embaixo. O que estou dizendo é que apesar de a diversificação da prática psicodramática ser uma realidade hoje, e benéfica sob vários aspectos, ela é, na minha opinião, insuficiente e deficiente para a formação de bons psicodramatistas. O Albor me responde que eu ponho o dedo na ferida. O Calvente me assinala tratar-se de um artigo de opinião. É isso mesmo. Dou a minha opinião (só *opinião*) e ponho o dedo não na ferida, mas em uma de nossas feridas.

Você, Lilia, você, Mariângela, você, Cezira, você, Marília e você, Márcia, levantam questionamentos muito pertinentes, me tratando com muito carinho e respeito quanto às minhas posições, mesmo se não concordando com elas, o que muito me toca e comove. Lilia, você

Sergio Perazzo

chega mesmo a incluir um convite pra lá de simpático para o diálogo com a universidade, diálogo que eu nunca recusei.

Márcia, você não esconde a irritação, e tem todo o direito a ela, porque está cansada de ouvir falar que a universidade é fechada, impositiva etc., quando a sua postura e a de colegas que estão lá dentro é a de abrir os braços para as sugestões e o novo. É verdade. Prova disso são os inúmeros convites que você já me fez, e eu aproveitei, para falar para os alunos no próprio seio da universidade, ocasiões em que fiz e disse o que bem quis e entendi transmitir. Porém, de novo, não estou negando em nenhum momento o valor da universidade, estou falando dos excessos.

Vocês, em alguns momentos de seus questionamentos, parecem (*parecem* apenas) me subestimar, me explicando tintim por tintim a importância das normas bibliográficas, do rigor da comunicação científica, de certos procedimentos universitários *et cetera* e tal. Vocês acreditam mesmo que são questões desconhecidas por mim?

Todas as questões que levanto, apesar de opiniões de ordem subjetiva, são baseadas em fatos concretos. Já que estamos falando em vida acadêmica, é bom lembrar que participo dela há 47 anos (entrei na faculdade em 1963). Nesse tempo, tive e tenho muitos amigos e pacientes que estiveram e que estão dentro da universidade. Desde alunos, professores, doutores, livres-docentes etc., até diretores de faculdade e reitores (tanto amigos que frequentavam e que frequentam a minha casa quanto clientes). Portanto, os seus bastidores não me são desconhecidos, nem as preciosidades e nem a banda podre da universidade e a forma como ela funciona. É indispensável sublinhar que quando digo isso não estou dizendo que tal coisa é própria exclusivamente da universidade. São coisas de *qualquer* instituição, inclusive da universidade e, igualmente das instituições psicodramáticas. São limitações, glórias, grandezas, mesquinharias, desprendimentos, oportunismos e maracutaias humanas que vazam para qualquer instituição. *Qualquer uma.*

Você, Yvette, levanta também questionamentos pertinentes em tom mais raivoso (diria, empolgado?), tom a que me acostumei em algumas ocasiões, ocasiões em que trabalhamos juntos (coordenação de congressos, reuniões de professores, discussões psicodramáticas etc.), reconhecendo-me muitas vezes em você, levantando juntos a bandeira do psicodrama com o mesmo entusiasmo.

No entanto, se você diz, no começo da sua resposta, que será absolutamente clara, essa clareza deixa de ser visível quando parte para um ataque pessoal e me acusa de querer ser o *dono* do psicodrama e do conhecimento psicodramático. Você diz: "[...] me incomoda que você [Sergio] se arvore como único e lúcido entendido de TODO o PSICO-DRAMA Brasileiro" (de onde tirou isso, Yvette?). É possível ser mais clara e justificar o porquê? Ter múltiplos interesses nas questões psicodramáticas é suficiente para me atribuir tal posição? Enviar meu texto a vários colegas instigando uma discussão que me deixa exposto não é justamente o contrário do que você está me acusando? Quando fala indignada do trabalho psicodramático organizacional em que você não vê as coisas que estou apontando, não seria esta uma oportunidade de explicitar a sua visão, o que muito contribuiria, com a sua larga experiência, para todos nós? Posso entender o seu ponto de vista porque muitas vezes me senti falando para o vento. Daí, talvez, a maneira mais contundente que escolhi adotar, dessa vez, em minha comunicação, e que você chama de mordaz. Também não entendi que intenções ocultas (parece as *forças ocultas* antigas do Jânio Quadros) você me atribui, porque você diz textualmente e sem a devida clareza: "[...] você [Sergio] trata de algo interno ao movimento, às entidades e o expõe nu em praça pública, como um condenado... pra quê? Há uma intenção, né?" (Qual, Yvette?) "Que não é o que você expõe" (Qual, Yvette?). "Ninguém é idiota, Sergio... nós sabemos ler!" (Explique, Yvette, o que só você consegue ler e que lhe é tão claro; gostaria que também ficasse claro para mim e gostaria igualmente de saber por que você me vê colocando nossos colegas no trono do idiota-mor).

Não me oponho a você, Cezira, pelo contrário, concordo plenamente que "temos que escrever mais, produzir mais" e que, sim, temos de "aparecer no mundo científico". Sempre defendi esse ponto de vista e sempre foi essa a minha posição, desde que não nos comportássemos colonizadamente.

Marília, você enfatiza a supervisão como espaço privilegiado do desenvolvimento do conhecimento psicodramático, fala em direitos e deveres dos psicodramatistas, procura tirar a academia do lugar de vilã que, eu insisto em dizer, não foi o lugar em que a coloquei; e brinca com o sábio chinês. Tudo bem costurado com consistência e senso de humor que me chega à razão e à alma.

Muitos de vocês me estendem a mão e o sorriso: Lorice (sentiu-se instigada com meu texto), Eni, Lia, Mirela, Érica, Kelma, Cris, Célia, Ciça, Cybele (que fala das dificuldades regionais, da falta de dinheiro e das saídas para a prática do psicodrama), Wilson (que propõe um debate sobre o tema na SOPSP), Falivene (concordando com algumas coisas e discordando de outras com a sua costumeira elegância), Penha (que fala do medo que se tem hoje do protagonista, enfatizando a importância da academia), Zoli (compartilhando a experiência inglesa da prática integrada à teoria e das 450 horas clínicas de direção exigidas dos psicodramatistas britânicos), Calvente (alertando para os perigos da ortodoxia e lembrando da discriminação que Melanie Klein e Lacan sofreram nas sociedades de psicanálise por questionarem modelos preestabelecidos), Albor (criticando a falta de consistência, falta de seriedade e falta de arte que vê no psicodrama atual) e o Artur (que me vê num misto de raiva e amor no meu texto; que critica o falso valor que a universidade confere àquele que tem maior número de *papers*, não necessariamente o melhor profissional; no excesso de pressão e de prazos que ele também vê nos meios universitários, ele mesmo um professor universitário; e de como ele valoriza a tese da Beth Sene por entrar na universidade ostentando uma metodologia psicodramática). De propósito, como em uma conversa íntima, chamo todos pelo

Psicodrama – O forro e o avesso

primeiro nome sem a formalidade do sobrenome como citação *científica* (trata-se apenas de uma carta-resposta com endereços personalizados).

E você, caríssimo Bustos, diz, com muita propriedade, que o grupo autodirigido lhe ensinou que os mais novos e mais inexperientes, *surpreendentemente*, ou não tão surpreendentemente assim, revelaram conhecimentos inesperados que não suspeitávamos existir meio adormecidos dentro deles. Também acredito nisso e observo isso, o que não invalida o meu ponto de vista. Mesmo tendo a certeza de que, por mais experiência que se tenha, não podemos saber tudo, o conhecimento nascido dessa experiência conta e muito. Há limites naquilo que o nosso aluno ou supervisionando sabe ou não sabe, caso contrário estaremos na fronteira da complacência e até de uma inadvertida posição que pode beirar até a demagogia, se não tivermos o cuidado de não adularmos exagerada e sedutoramente os mais novos e de não colocarmos no mesmo plano aquilo que eles descobrem por si mesmos e a variada gama de recursos que se adquire com o tempo e que o grupo autodirigido sozinho não pode fornecer ou compensar porque, digo outra vez, não tem como tirar modelo do nada. O cardápio de possibilidades técnicas e teóricas ainda prevalece por meio da maior experiência. Também é preciso vestir a camisa de um saber penosamente adquirido no correr dos anos sem sentir culpas desnecessárias e sem exibir o menor constrangimento. Os sinais do meu cotidiano ainda me levam a pensar assim.

Ora, se enviando a todos vocês o meu texto deflagrei essa discussão, em que cada um pode dizer e está dizendo o que pensa, minhas críticas estão gerando esse diálogo. Logo, por que destrutivas? Para mim são construtivas e não mudo uma única vírgula do que escrevi, porque corresponde ao meu pensamento e sentimento daquele momento único e impossível de ser repetido, como todos nós estamos carecas de saber.

Caso vocês concordem e os organizadores do livro (da ABPS) também (para isso só se todos concordarem), vou incluir os comentários de vocês no texto e, em sequência a essa minha resposta, finalizando, uma réplica de cada um de vocês à minha resposta, sem acrescentar nenhuma outra palavra minha. Ou seja, coconstruiremos este final de texto, sendo a última palavra a de vocês. Contra ou a favor. O que acham?

EPÍLOGO

A minha proposta final incluída no fim da minha resposta encontrou pouco eco entre os colegas que me escreveram. Apenas um ou dois toparam dar a palavra final. Mesmo assim, um deles queria reformular a sua réplica inicial para colocá-la em melhor linguagem literária para que suas ideias não ficassem em desvantagem.

Ora, publicar uma segunda resposta de apenas dois colegas enfraqueceria a polêmica levantada. Portanto, todos ou nenhum. Por outro lado, o argumento de reformulação da resposta inicial me pareceu esvaziar a espontaneidade do texto, logo, a sua emoção, que é a graça da coisa.

A propósito, essa minha reflexão acabou não sendo incluída como capítulo do livro. A pedidos, escreverei outro texto sobre o fazer o psicodrama. Involuntariamente, acabei colocando os organizadores num dilema. E como a polêmica foi levantada e seria uma pena deixar perdê-la, pedi ao Devanir que o Conselho Editorial da nossa revista considerasse a possibilidade de publicar essas minhas ideias e sentimentos, em torno do que se levantou tanta poeira (a publicação na revista foi, finalmente, aceita e sairá no próximo número). Sendo assim, aqui estou.

PARTE II

MISCELÂNEA: PRATO FEITO
(notas, reportagens, reflexões)

INTRODUÇÃO II

Fim de papo.
Espremi o pus
sem o menor receio.
Dei a volta de voleio.
Desliguei a luz,
apaguei a tocha.
Dei adeus pro luthier,
botei a viola no saco,
a partitura embaixo do sovaco
fui andando a pé
pros lados de Catolé do Rocha.

(de "Luthier, contopoema n. 8", de
O quintal de Joaquina, poesias,
Sergio Perazzo)

Meio assim, me sentindo. Drenando abcessos sem medo de lance-
tar, levando música para outras paragens com disposição andarilha.
Um movimento peregrino de ida e volta.

Um pouco de tudo. Prato feito em miscelânea de notas entre parágrafos, essa segunda parte. Essa outra chance de recolorir posturas,
de reafirmar um tanto divagando ao mesmo tempo. Pensando alto

nessa seara psicodramática. Nessa seara de concretudes e de sonhos para onde me transporto, querendo levar junto o leitor, apontando a paisagem que se descortina na janela.

Como num trem vão passando fragmentos da história do psicodrama brasileiro, um xodó. O meu querido ibero, bem ali do lado, apelido dos congressos ibero-americanos de psicodrama, nome completo. Não escondo minha preferência. É o congresso internacional mais nosso. É dele que eu gosto mais (dentre os estrangeiros). O IAGP (International Association of Group Psychotherapy) não me faz boa digestão. Nunca me fez e digo o porquê para quem quiser ouvir. Também sou torcida. Também tenho paixões e não paixões.

E lá vem o labirinto da organização dos congressos de psicodrama. Uma doação preenchedora, com seus temas-lemas. Com suas piadas logísticas, seus tropeços, com suas armadilhas éticas, aberturas com ou sem hino nacional, com ou sem gravata, com o incrível modelo renovador brasileiro, com suas grades de atividades, cardápios tentadores e insaciáveis, com suas noites de talentos.

Sobre política psicodramática. Sobre nossas incoerências, nossos pequenos assassinatos, o luto que volta em uma prova de alfaiate. No PowerPoint que congela a nossa criatividade. Gotas de reflexões e, de raspão, nossa verdade psicodramática e poética que pontua o viver com delicadas iluminuras. Que ressalta nossos titubeios. Que redefine nossas tão surradas definições. Nem tudo é ciência que ciência é também ciência de viver. O viver psicodramático do vivendo porque vivendo. Do tempo que nos escapa por algum furo da alma e que se eterniza em breve e único momento. Um cristal deixando passar em prisma a refração do espectro luminoso de uma estrela ainda não descoberta. Invisível no buraco negro do espaço sideral de nossas mais secretas esperanças.

17. BREVE HISTÓRIA DO PSICODRAMA NO BRASIL: UM PONTO DE VISTA

O psicodrama foi trazido para o Brasil no fim da década de 1960 por alguns pioneiros, encantando profissionais da área de psiquiatria, psicologia e, consequentemente, psicoterapia e educação. Não só a força da sua técnica, como a possibilidade de sua aplicação menos elitizada em trabalhos com grupos, tanto em sua vertente clínica quanto educacional e comunitária, acenavam com promissoras possibilidades num país que vivia sob forte repressão de uma ditadura militar que o subjugou por mais de 20 anos.

Foi nesse terreno, por meio dos pioneiros já mencionados e de contatos feitos em congressos, que um grupo de profissionais contratou Rojas-Bermúdez, um psicodramatista colombiano radicado na Argentina, para iniciar, regularmente, a formação psicodramática de profissionais brasileiros em São Paulo. Assim se constituíram os primeiros grupos de psicodrama no Brasil, que formaram os primeiros professores brasileiros de psicodrama.

Entre esses primeiros psicodramatistas brasileiros era possível encontrar vários profissionais destacados e já muito conhecidos, como alguns psicoterapeutas reconhecidos por seu trabalho clínico, chefes de serviços de psiquiatria e de psicologia, alguns professores universitários etc., o que, desde o início, deu peso e credibilidade ao psicodrama no Brasil.

Em 1970, esse grupo de psicodramatistas organizou no Museu de Arte de São Paulo (Masp) um congresso internacional de psicodrama em que foram realizados diversos psicodramas públicos, ao ar livre, no espaço arquitetônico do Masp diretamente aberto para a Avenida Paulista, à vista de todos.

Esse congresso mereceu ampla divulgação pela mídia e ampla pressão dos órgãos de governo, inclusive uma tentativa de censura oficial.

O próprio Moreno foi convidado e era esperado, mas acabou desistindo de comparecer, em parte também por não concordar com a orientação geral de Rojas-Bermúdez, fato que só passou a ser confirmado com mais clareza muitos anos depois (1978).

Esse congresso marcou uma dissidência do movimento psicodramático brasileiro, que deu origem às duas primeiras instituições de formação de psicodrama, ambas em São Paulo: a Sociedade de Psicodrama de São Paulo (SOPSP) e a Associação Brasileira de Psicodrama e Sociodrama (ABPS), ambas existentes e ativas até hoje.

A ABPS seguiu em frente fiel à linha bermudiana durante muitos anos. A SOPSP trouxe Dalmiro Bustos, argentino, no início dos anos 1970, refazendo suas diretrizes teóricas e técnicas.

Durante vários anos as duas sociedades se comportavam como compartimentos estanques e seus alunos acabavam construindo preconceitos contra os membros da outra sociedade, mesmo sem conhecê-los, só pelo que ouviam falar, uma etapa sofrida no desenvolvimento do psicodrama brasileiro.

Em 1977 foi realizado em Curitiba (Paraná) um congresso de psiquiatria e higiene mental. Nessa época, alguns profissionais da SOPSP davam formação psicodramática em fins de semana para profissionais do Paraná, Goiás, Bahia, Santa Catarina e Rio Grande do Sul, enquanto psicodramatistas da ABPS faziam o mesmo no interior de São Paulo e Ceará.

Vários desses alunos de psicodrama de Curitiba (Paraná) integravam a Comissão Organizadora desse congresso de psiquiatria e por isso tiveram peso e influência para incluir no programa diversos trabalhos teóricos e mesas-redondas de psicodrama e, principalmente, vá-

Psicodrama – O forro e o avesso

rias vivências (*workshops*) de psicodrama dirigidas por professores-supervisores tanto da SOPSP quanto da ABPS, além de dois professores estrangeiros, Dalmiro Bustos e Carlos Calvente (história essa já contada no Capítulo 13).

O resultado dessa forma de organização foi a reunião de alunos da ABPS e da SOPSP e de alunos de psicodrama de cidades diferentes, compartilhando as mesmas atividades psicodramáticas prático-vivenciais e teóricas, além das atividades sociais em que todos cantavam e dançavam juntos.

Esse foi o marco que deflagrou a convivência pacífica entre todos e iniciou um movimento de respeito das diferenças existentes entre as diversas correntes.

O resultado disso tudo foi, no ano seguinte (1978), a fundação da Federação Brasileira de Psicodrama (Febrap), a realização do I Congresso Brasileiro de Psicodrama e a fundação da Revista da Febrap (hoje Revista Brasileira de Psicodrama).

Os primeiros congressos brasileiros de psicodrama, realizados a cada dois anos, foram fechados apenas para psicodramatistas brasileiros. Neles vivemos muitos confrontos duros tanto no plano pessoal como no das divergências teóricas e técnicas. No entanto, vivemos esse tempo de tempestades, juntos.

Quando tudo isso passou e os psicodramatistas brasileiros já conseguiam uma convivência de consideração e respeito entre eles, apesar das diferenças, os congressos brasileiros passaram a ser abertos para os psicodramatistas estrangeiros e até para um público de universitários (1986).

O que resultou disso tudo?

Hoje o Brasil tem aproximadamente cinco mil psicodramatistas espalhados de norte a sul do país, distribuídos em quase 50 instituições que dão formação de psicodrama, já havendo parceria com universidades. Algumas universidades brasileiras, em suas faculdades de psicologia, incluem no seu programa de graduação a matéria psicodrama. Até hoje foram realizados no Brasil 16 congressos brasileiros e 3 internacionais de psicodrama, inclusive o II Ibero-americano, além de incontáveis encontros, jornadas e outros eventos psicodramáticos. A média de participantes nesses congressos é de 700 pessoas. Nos últimos 30 anos, os psicodramatistas brasileiros publicaram aproximadamente mais de 100 livros e mais de 1.000 artigos de psicodrama, além de inúmeras teses de mestrado e de doutorado em universidades com temas de psicodrama. Toda essa produção científica possibilitou a edição de uma coleção de livros de psicodrama por uma editora brasileira, a Ágora.

São muitas as contribuições teóricas brasileiras originais e é grande a expansão do movimento psicodramático, de que são exemplos o grande crescimento do psicodrama socioeducacional (não clínico), do movimento cada vez mais forte do teatro espontâneo e da aplicação comunitária e em empresas do psicodrama, como também o psicodrama público realizado em vários pontos da cidade de São Paulo e dirigido por muitos psicodramatistas simultaneamente, patrocinado pela própria prefeitura, quando da sua instalação em começo de governo. Hoje é uma realidade o projeto *Comunidade em cena*, que vem viabilizando o psicodrama aberto à comunidade. Aliás, a abertura do congresso ibero-americano realizado no Brasil, em 1999, foi feita pelo próprio Ministro da Saúde da época.

Sem sombra de dúvidas, o Brasil se constitui hoje como um país em que o psicodrama veio para ficar e para permanecer para o futuro. Se há uma lição a tirar de tudo isso é o processo que os brasileiros se dispuseram a viver, que foi o de aceitar o desafio dos confrontos como caminho do compartilhamento possível, da perseverança e do encontro, apesar das diferenças; o único que resulta em construção, espírito que o Brasil procura levar para as mãos e os corações dos irmãos ibero-americanos, particularmente, e de outras nacionalidades.

18. O PRIMEIRO CONGRESSO A GENTE NUNCA ESQUECE

Foi em 1978. Primeiro Congresso Brasileiro de Psicodrama. Serra Negra. Foi tão marcante para mim que, anos depois, em 1988, passada uma década, reservei o mesmo hotel para um fim de semana. Durante todo o trajeto eu não parava de falar do congresso, dos amigos, do hotel tão acolhedor, enchendo, no mínimo, os ouvidos da minha mulher, que sorria complacente com o meu entusiasmo.

Era inverno e, é claro, choveu o tempo todo. Éramos os únicos hóspedes de um hotel em franca decadência, soubemos depois, em virtude de pendências dos herdeiros do antigo dono, que havia falecido.

O cheiro de mofo das cortinas e carpetes manchados e os longos corredores vazios e sombrios nos faziam imaginar que toparíamos a qualquer instante com aquele menino de velocípede do filme *O iluminado* a enxergar os arrepiantes fantasmas do passado.

Era certo que daquela porta da esquerda sairia o Jack Nicholson com uma expressão alucinada nos fazendo prisioneiros para sempre de nossa ousadia invernal de retornar ao ponto de partida de minhas doces recordações.

É, o primeiro congresso a gente nunca esquece! Como aquele famoso anúncio Valisère de um sutiã adolescente. Assim como adoravelmente adolescente era o psicodrama brasileiro naquela época. Sua força, sua alegria, sua energia explosiva, ora brevemente contida, ora aos trambolhões, faziam-se sentir em toda a sua plenitude e beleza. Éramos todos irmãos desse maravilhoso fenômeno de compartilhamento, mesmo quando, também como adolescentes, nos comportávamos como membros de gangues rivais com o canivete de mola escondido na bainha dos jeans.

Nada se comparava ao tapinha nas costas que dávamos e recebíamos nos corredores a caminho das vivências psicodramáticas e das mesas-redondas. Esbarrávamos emocionados em protagonistas e egos-auxiliares no cafezinho ou cantando e tocando violão no jardim enluarado. E assim é até hoje. Assim fiz e faço muitos amigos nesse nosso querido psicodrama de todas as latitudes brasileiras.

Não importa o que se discuta ou que atividades selecionamos para o nosso aprendizado. No correr de todos esses anos sempre compartilhamos a frustração de não poder participar de cada acontecimento em cada canto, em cada sala. É sempre assim. O desejo da onisciência e da onipresença impossíveis e que, no frigir dos ovos, nada mais é que a medida do sucesso dessa construção psicodramática que conseguimos realizar e manter com essa vitalidade impressionante que, sem precisar dizer, sabemos muito bem, lá no fundo, o que representa. Um dicionário completo original que permite a nossa comunicação científica e humana com aquela fluidez fraterna, com ou sem palavras, que nos aproxima e redime.

É isso que nos faz pegar a estrada em busca da repetição do impacto do nosso primeiro congresso, mesmo correndo o risco de trombar com o *Iluminado*, esquecendo a mais elementar lição moreniana que diz que o momento é único e não se repete.

Calma, pessoal, o segundo, o terceiro, o último e o próximo congresso a gente também não esquece.

19. HISTÓRIA DO CONGRESSO IBERO-AMERICANO DE PSICODRAMA

O psicodrama brasileiro já nasceu interligado a países de língua espanhola. Um colombiano radicado na Argentina, Bermúdez, e um argentino que virou quase todo brasileiro, Bustos, estão no berço da formação dos psicodramatistas pioneiros no Brasil, a ponto de a palavra "consigna", de origem castelhana e significando ordem ou instrução, ser incorporada como um linguajar técnico da língua portuguesa, embora não conste de qualquer dicionário de português.

Por muitos anos os livros de psicodrama adotados entre nós eram de autores argentinos ou traduções para o espanhol de obras de Moreno. Nos anos 1970 e 1980, frequentamos muitas vezes congressos e encontros de psicodrama na Argentina, conhecendo diversos colegas de lá. Fizemos amigos nessa parte do Cone Sul.

Nos anos 1980, Alfredo Soeiro viajava periodicamente a Portugal para dar formação psicodramática para um grupo de profissionais portugueses, plantando uma semente brasileira no solo de Camões.

Nos quatro primeiros congressos brasileiros de psicodrama (1978, 80, 82 e 84) ficamos fechados entre nós, brasileiros, estruturando aos poucos a nossa fisionomia e aparando nossas diferenças mais gritantes, até que, em Caldas Novas, em 1986, abrimos as portas para convidados estrangeiros (Monica Zuretti, por exemplo), que dirigiram vivências e participaram de discussões teóricas.

Temos notícias de colegas brasileiros, mais ou menos nessa época, que levaram o psicodrama para o Chile e para o Paraguai. Esly Carvalho, por exemplo, inaugurou o psicodrama no Equador.

Alguns de nós participaram de congressos internacionais de psicoterapia de grupo (não só psicodrama) da IAGP (International Association of Group Psychotherapy), como o de Amsterdã, o de Barcelona, o de Londres, conhecendo vários colegas de diversas partes do mundo.

Embora a IAGP não impedisse a participação dos latino-americanos na inscrição de trabalhos, a dificuldade da língua nos colocava em segundo plano. Durante uma reunião preparatória do congresso da IAGP em Londres, ao pedido dos latinos de uma tradução simultânea para o espanhol, tivemos respostas arrogantes (contarei no próximo capítulo). Assim eram as coisas.

Em 1991 foi realizado em São Paulo, no Hotel Hilton, o IV Encontro Internacional de Psicodrama, com o apoio (somente apoio) da IAGP. Nesse encontro, tive o privilégio de ser o coordenador da comissão científica, responsável pela organização dos trabalhos e pelo contato com os colegas estrangeiros. Dessa minha equipe, entre outros colegas, participava Moysés Aguiar (logo se verá a importância disso).

Com a grade da programação científica pronta e impressa, a duas semanas da realização do evento, estourou a Guerra do Golfo. Além disso, apesar do apoio da IAGP, um outro congresso internacional de psicodrama, organizado depois do nosso, foi programado na Austrália na mesma época.

Qual o resultado óbvio de tudo isso?

Muitos colegas estrangeiros, já comprometidos conosco e já inscritos como relatores de mesas-redondas ou como diretores de vivências psicodramáticas, desistiram de vir por medo de atentados terroristas ou porque preferiram ir para a Austrália.

O governo da Suécia, por exemplo, recomendava que seus cidadãos evitassem viagens aéreas. Soubemos também de uns poucos colegas portenhos que preferiram o sol da costa da Oceania. E assim

Psicodrama – O forro e o avesso

faltaram russos, japoneses, búlgaros, franceses, italianos e suecos, literalmente, dos que me lembro. Vieram argentinos, uruguaios, espanhóis, americanos, alemães e um filandês.

Foi nesse congresso que conheci os cinco espanhóis que vieram a São Paulo: Pablo Población Knappe, o decano dos psicodramatistas espanhóis, Elisa Lopez Barberá, sua mulher, também psicodramatista, Roberto de Inocencio Biangel, que se tornaria, alguns anos mais tarde, presidente da IAGP, Marisol Filgueira Bouza, que seria a presidente do congresso ibero-americano de 2007, que se realizaria na Galícia, e Paloma, que não integra mais as fileiras do psicodrama, mas na época trabalhou como ego-auxiliar.

Por que me detenho em tais minúcias?

Os buracos do programa foram preenchidos com a boa vontade e a participação dobrada de última hora dos estrangeiros que vieram, particularmente de Pablo Población. Nasceu daí uma admiração mútua e uma grande amizade entre nós.

Passamos a nos corresponder e a trocar livros e artigos de psicodrama, não só os nossos, como também os de diversos colegas brasileiros e espanhóis. Pablo me disse que adotara vários textos e livros nossos em seu curso de formação de psicodrama e que começara a estudar português para nos entender melhor.

Pablo fundou uma revista, *Vinculos*, que sobreviveu alguns números (os exemplares trimestrais eram datados assim: outono de 1991, inverno de 1992 etc.), onde publicou artigos meu e do Fonseca. Em contrapartida, traduzimos dois de seus livros pela Ágora, o primeiro dos quais eu prefaciei.

O congresso da Associação Espanhola de Psicodrama (AEP) é realizado anualmente, em um país em que o número dos psicodramatistas mal chegava a 200. Em 1995 os nossos colegas espanhóis, no máximo 100 naquela época, convidaram Moysés Aguiar para participar ativamente desse congresso espanhol. Já tinham tido contato com o Fonseca anteriormente e elogiavam muito seu trabalho.

309

Terminado o congresso, o nosso Moysés, viajando com Jose Espina Barrios, de Valladolid, pelas estradas da terra de Cervantes e do flamenco, conversavam e sonhavam (permitam-me imaginar um pouco e improvisar sobre a conversa verdadeira) com um espaço psicodramático exclusivamente ibero-americano. Como seria bom poder organizar um congresso ibero-americano de psicodrama, em que os participantes tivessem uma raiz linguística e cultural semelhante! E assim nasceu a ideia do ibero, como passamos a apelidar o congresso, carinhosamente.

No ano seguinte, 1996, foi a minha vez. Fui convidado por eles para participar do congresso espanhol, dirigindo vivências e integrando mesas-redondas em Vitoria, capital do País Basco, norte da Espanha, e depois para dirigir uma vivência psicodramática na Universidade de Bilbao.

No congresso, eu e um colega português éramos os únicos estrangeiros presentes. Durante sua realização houve uma reunião fechada e, pelo que acabei sabendo, bastante tensa, dos dirigentes da AEP.

Na saída dessa reunião, a diretoria da AEP veio me pedir que dirigisse um sociodrama com todos os congressistas para ajudar a resolver ou minorar essas tensões. Essa seria a atividade que encerraria o congresso. Eu fui o escolhido porque, sendo de fora, estaria mais livre para esse trabalho de direção.

Confesso que essa foi uma das experiências mais emocionantes da minha vida como psicodramatista. O grupo foi montando junto, aos poucos, dramaticamente e sob a minha direção, a história da AEP com os personagens vivos e ali presentes em carne e osso. E, a cada conflito que surgia nesse percurso histórico, parávamos para confrontos, acertos de variadas versões dos mesmos acontecimentos, correções e preenchimentos de lacunas. Recuperaram a história de onze congressos até esse último. O grupo concluiu o trabalho comprometendo-se a realizar o sonho do Moysés e do Jose Antonio, se propondo, enfim, a organizar o I Congresso Ibero-americano de Psicodrama no ano seguinte, em Salamanca, na mais antiga universidade da Europa. Para tanto eles me pediram que levasse pelo menos 20 brasileiros, para caracterizar o congresso como ibero-americano.

O congresso terminou com o grupo me carregando nos ombros e gritando: *Torero! Torero!* Não contive a choradeira, é claro.

Trouxe a ideia para a Febrap, que, tempos depois, me convidou para a função de seu representante perante o I Ibero. Em 1997 não levamos 20. Levamos 200 psicodramatistas brasileiros, que apresentaram mais de cem trabalhos práticos e teóricos. Éramos mais da metade de tudo, congressistas e trabalhos. Foi a maior participação brasileira em congressos internacionais de psicodrama até então. O sonho fora realizado.

Marlene Marra, que era a presidente da Febrap na época, e eu, representante perante o congresso, levamos para Salamanca a proposta de realização do II Congresso no Brasil, que foi aprovada.

Em 1999, o II Ibero aconteceu em Águas de São Pedro. Fui o presidente, a convite da Febrap, trabalhando com uma equipe de aproximadamente 60 pessoas das mais diversas instituições psicodramáticas de São Paulo, fora os representantes de cada federada de todo o Brasil.

Seguiram-se o III em Portugal, em Póvoa do Varzim, terra de Eça de Queiroz, em 2001, o IV em Buenos Aires, em 2003, o V, na Cidade do México em 2005, o VI novamente na Espanha, em La Coruña, na Galícia, em 2007 e o VII em Quito, em 2009.

Em 2011, Havana, onde nossos colegas cubanos estarão nos esperando com sua alegria habitual. Em 2013, provavelmente Chile, devendo voltar para Portugal em 2015.

Por que essa sequência e essas datas?

Em Salamanca, no fim do congresso, foi realizada uma reunião com os presidentes das instituições (do Brasil, a Febrap e, na época, a Cia. de Teatro Espontâneo) e os seus representantes perante o ibero, para prestação de contas, escolha da sede do próximo congresso e traçado de alguns parâmetros.

Decidiu-se em Salamanca e, depois, nos demais congressos, que esse fórum, que se reuniria ao fim de cada congresso, seria o menos burocrático possível e sem normas escritas. Somente livro de atas. Que o congresso poderia ter congressistas de qualquer país, mesmo não sendo ibero-americano, mas que os trabalhos práticos e teóricos só poderiam ser apresentados por psicodramatistas de origem ibero-americana ou não ibero-americanos se radicados em países ibero--americanos (como Ursula Hauser, suíça, mas radicada há muitos anos na Costa Rica). Que os congressos seriam alternadamente de um lado e do outro do Atlântico. Isso foi modificado em vista do número muito maior de países da América. Hoje é assim: um congresso na Europa e três na América Latina. Por isso voltou para a Espanha em 2007.

Em Buenos Aires, que eu me lembre, tivemos psicodramatistas do Brasil, Argentina, Uruguai, Paraguai, Chile, Venezuela, Peru, Equador, Costa Rica, Cuba, México, Estados Unidos, Canadá, Israel, Portugal e Espanha. Iberos e não iberos (lembrar, por exemplo, que Estados Unidos, Israel e Canadá não são países ibero-americanos, valendo o critério de participação e de apresentação de trabalhos mencionados).

Esse panorama de Buenos Aires dá uma ideia do quanto esse movimento e esse congresso estão em fantástico crescimento. Nenhum congresso internacional de psicodrama nos dá tanto espaço para a apresentação de nossos trabalhos.

Como um adendo, no congresso de 2003, o de Buenos Aires, integrei a mesa de abertura representando o Brasil. Em vez de discurso, declamei uma poesia que escrevi especialmente para a ocasião e que procura expressar o que sinto sobre o espírito ibero-americano e suas especificidades (a tradução para o espanhol foi feita, gentilmente, por Dalmiro Bustos), e que incluí no meu livro de poesias *O quintal de Joaquina* (Joaquina, minha avó materna). Recitei as duas versões que se seguem aqui, lado a lado:

IBERO-AMÉRICA

O vento nos une.
O vento que canta,
quase calmaria, doce cântico.
O vento bravata, vento que arrebata.
O vento que zune.
O mesmo vento transatlântico
que sopra a imaginação
em viagens pré-colombianas.
O vento das naus ibéricas
e caravelas cruzmaltinas,
vento planador que rebate
nas escarpas andinas
e alça numa corrente nevada
o voo livre da asa alada do condor.
O vento das jangadas
   [nordestinas
e o vento caudilhesco, gaúcho, equino,
minuano, o vento acre dos pampas,
bombachas, prenda minha,
vento baixo, vento supino
dos descampados uruguaios,
das planícies argentinas,
a revirar as pás literárias
de quixotescos moinhos de farinha.

Sempre o vento.
O vento lento que despenteia
a palha da cana-caiana,
levantando a saia rodada da
   [baiana
no centro da roda de samba.
Nos timbales dos afoxés.
Nos atabaques dos candomblés.

IBERO-AMÉRICA

El viento nos une.
El viento que canta,
casi calmaria, dulce cántico.
El viento bravata, viento que arrebata.
El viento que silba.
El mismo viento transatlántico
que sopla la imaginación
en viajes precolombinos.
El viento de las naves ibéricas
y carabelas cruzmaltinas,
viento planeador que refuta
en las laderas andinas
y alza en una corriente nevada
el vuelo libre de la ala alada del cóndor.
El viento de las balsas a velas
   [nordestinas
y el viento caudillesco, gaucho, equino,
minuano, el viento acre de las pampas,
bombachas, prenda mía,
viento bajo, viento supino
de los descampados uruguayos,
de las planicies argentinas,
a revolver las palas literarias
de quijotescos molinos de harina.

Siempre el viento.
El viento lento que despeina
la paja de la caña-caiana
levantando la pollera acampanada de la
   [bahiana
en el centro de la rueda de samba.
En los timbales de los afoxés.
En los tambores de los candomblés.

Sergio Perazzo

Trazendo o cheiro do porto
em cada frasco,
em cada caixa,
em cada urna,
em cada esquina noturna
no volteio do passo de um tango
entre sombras de antigos lampiões,
damas do asfalto, cigarros e rufiões.

Sempre o vento.
Vento vivo, vento cativo, vento
   [morto.
O vento do qual se agasalha o pescoço
na volta mansa de um xale de seda
no estribilho de um fado triste,
de um beco, de uma
   [vereda
e no gole estalado de um trago de
   [porto.
O vento na flor sevilhana de
   [primavera,
que o inverno não beijou por um triz,
a ecoar na castanhola flamenca
e a riscar o terno escuro de giz.
O vento a fugir pelo orifício
do dique da história arcaica.
O vento a correr da raia.
O vento a escorrer de sangue
de alto a baixo das pirâmides
do sacrifício asteca,
do gume da prata incaica,
da herança da cultura maia.

O vento tecendo areia.
O vento das ondas.

Trayendo el olor del puerto
en cada frasco,
en cada caja,
en cada urna,
en cada esquina nocturna,
en las vultas del paso de un tango
entre las sombras de antiguos faroles,
damas del asfalto, cigarros y rufianes.

Siempre el viento.
Viento vivo, viento cautivo, viento
   [muerto.
El viento del cual se abriga el cuello
en la vuelta mansa de un chal de seda
en el estibillo de un fado triste,
de una calle angosta y corta, de una
   [vereda
y en el sorbo estallado de un trago de
   [oporto.
El viento en la flor sevillana de
   [primavera,
que el invierno no besó por un rato,
a resonar en la castañuela flamenca
y a rayar el traje oscuro de tiza.
El viento a huir por el orificio
del dique de la historia arcaica.
El viento a correr del andarivel.
El viento a escurrir de sangre
de arriba abajo de las pirámides
del sacrificio azteca,
del filo de la plata incaica,
de la herencia de la cultura maya.

El viento tejiendo arena.
El viento de las olas.

Psicodrama – O forro e o avesso

O vento da costa.
O vento do mar.
O vento nos traz misturados
cordéis, sagas, retalhos vagos
de martins fierros, sanchos panças,
panchos villas, yupanquis, macunaímas,
bolívares, martís, gardéis, saramagos,
em memoriais de conventos,
em labirintos borgeanos
em que vivem soltos, desatentos,
os tigres de nossa latinidade felina,
terna, hospitaleira e selvagem,
a um só tempo inocente e ladina.

O vento.
Sempre o vento.
O vento petroleiro de Maracaibo
a desenhar, muralista,
riveras e portinaris
na face dos retirantes
de todos os meridianos,
de todos os sextantes,
gravada em fogo,
gravada em cruz.
O vento cigano, andaluz,
a esculpir a golpes de Tejo
as muralhas de Toledo,
que dalém-mar eu vejo,
e a amansar o silêncio republicano
do Valle de los Caídos
em mosaicos catalães de Gaudí.
O vento a desamordaçar
os lenços de protesto,
os lenços do luto funesto,
das madres da Plaza del Mayo.

El viento de la costa.
El viento del mar.
El viento nos trae mezclados
cordeles, sagas, retazos vagos
de martines fierros, de sanchos panzas,
panchos villas, yupanquis, macunaímas,
bolívares, martís, gardeles, saramagos,
en memoriales de conventos,
en laberintos borgeanos
en que viven sueltos, desatentos,
los tigres de nuestra latinidad felina,
tierna, hospitalaria y salvage,
y al mismo tiempo inocente y ladina.

El viento.
Siempre el viento.
El viento petrolero de Maracaibo
a dibujar, muralista,
riveras y portinaris
en la cara de los retirantes
de todos los meridianos,
de todos los sextantes
grabada en fuego,
grabada en cruz.
El viento gitano, andaluz,
a esculpir a golpes de Tejo
las murallas de Toledo,
que más allá del mar yo veo,
y a amansar el silencio republicano
del Valle de los Caídos
en mosaicos catalanes de Gaudí.
El viento a desamordazar
los pañuelos de protesto,
los pañuelos de luto funesto,
de las Madres de Plaza de Mayo.

O vento de uma canção desesperada,
uma canção apenas,
a redescobrir Neruda
pelos mortos de Santiago,
perpetuados no cobre
e na pedra das minas chilenas.
Antônios conselheiros, afonsinos,
  [sebastianistas,
inquisidores, montoneros, missionários,
cortezes, cabrais, heroísmo e vilania,
tornado e brisa, vermelho e roxo,
urtiga e hibisco, a evocar Canudos,
Charco, Alcácer-Quibir, Palmares,
as feridas, enfim, lavadas
nas tábuas trágicas do Rio Mapocho,
no caudal da torrente amazônica,
pelas lavadeiras do São Francisco.

A brisa.
Por fim a brisa.
A brisa na janela,
na cortina e muito mais.
A brisa peregrina
em Santiago de Compostela.
A brisa santificada de Fátima,
de Guadalupe, das barrocas
  [Gerais
dos profetas de Aleijadinho.
Do anjinho de procissão.
Dos arabescos d'Espanha
na passagem dos mouros.
A brisa dos leques madrilenhos
de uma tarde de touros
a colorir o verde de Lorca.
O verde de Palma de Mayorca.

El viento de una canción desesperada,
una canción apenas,
a redescubrir Neruda
por los muertos de Santiago,
perpetuados en el cobre
y en la piedra de las minas chilenas.
Antonios consejeros, alfonsinos,
  [sebastianistas,
inquisidores, montoneros, misioneros,
corteses, cabrales, heroísmo y villanía,
tornado y brisa, rojo y morado,
ortiga y hibisco, a evocar Canudos,
Charco, Alcázarquivir, Palmares,
las heridas, en fin, lavadas
en las tablas trágicas del Rio Mapocho,
en el caudal de la torrente amazónica,
por las lavanderas del San Francisco.

La brisa.
Por fin la brisa.
La brisa en la ventana,
en la cortina y mucho más.
La brisa peregrina
en Santiago de Compostela.
La brisa santificada de Fátima,
de Guadalupe, de las barrocas
  [Generales
de los profetas de Aleijadinho.
Del angelito de procesión.
De los arabescos de España
en el pasaje de los moros.
La brisa de los abanicos madrileños
de una tarde de toros
a colorear el verde de Lorca.
El verde de Palma de Mallorca.

Psicodrama – O forro e o avesso

O verde que há e o verde que não [houve. O verde da anilina do açúcar cande. O verde da esperança. O verde do limo das incertezas. O verde caldo das couves, da afeição e da melancolia [portuguesas. O verde mar que traz a brisa [desamparada ao abrigo das rochas da Cordilheira [dos Andes. As tochas que acendem e apagam o farol de terra à vista desta gávea, desta amurada.	El verde que hay y el verde que no [hubo. El verde de la anilina del alfeñique. El verde de la esperanza. El verde del limo de las incertidumbres. El verde caldo de las berzas, del afecto y de la melancolia [portuguesas. El verde mar que trae la brisa [desamparada al abrigo de las rocas de la Cordillera [de los Andes. Las antorchas que encienden y apagan el faro de tierra a la vista de esta gavia, de esta amurada.
É um vento só o vento que nos une. Um vento ao mesmo tempo português e castelhano. Um vento de prece vespertina. Um vento de arrebol. Um vento portunhol. Nossa América Latina é nossa nova Ibéria de sangue mesclado índio e escravo, refino e mascavo, a Ibéria que nos liberta a nudez e a coberta. É este vento que nos une e que encontra no fundo de nós	Es un solo viento el viento que nos une. Un viento al mismo tiempo portugués y castellano. Un viento de oración vespertina. Un viento de arrebol. Un viento portuñol. Nuestra América Latina es nuestra nueva Iberia de sangre mezclada indio y esclavo, refinado y dorado, la Iberia que nos liberta la desnudez y la cubierta. Es este viento que nos une y que encuentra en el fondo de nosotros

o mesmo compasso,
o mesmo drible,
a mesma finta,
a mesma batida,
a mesma tinta,
a mesma voz,
o verso e o reverso,
o sim e o não
do mesmo apaixonado
e sempre coração.

el mismo compás,
el mismo drible,
el mismo esquive,
la misma batida,
la misma tinta,
la misma voz,
el anverso y el reverso,
el si y el no
del mismo apasionado
y siempre corazón.

20. A ORGANIZAÇÃO DE CONGRESSOS DE PSICODRAMA

MOTIVAÇÕES E COERÊNCIA

Há muito tempo venho querendo escrever sobre a organização de congressos de psicodrama. Sempre tenho adiado. Por um lado, não compartilhar uma longa experiência, mais de 30 anos, na organização de eventos e, particularmente, de congressos de psicodrama, sobre o que não se escreve nada, seria uma sonegação de tudo aquilo que possa contribuir para facilitar a construção minuciosa e difícil de congressos futuros. Por isso, não quero me omitir, sendo o meu propósito compartilhar o que aprendi como organizador de múltiplos eventos, de psiquiatria, primeiro, e de psicodrama, posteriormente, como coordenador da Comissão Científica do IV Encontro Internacional de Psicodrama em São Paulo, em 1991, como presidente do II Congresso Ibero-americano de Psicodrama, em Águas de São Pedro, em 1999, como membro da comissão científica de congressos brasileiros de psicodrama, como membro da comissão julgadora do Prêmio Febrap, em três diferentes congressos brasileiros de psicodrama, como consultor informal dos organizadores de vários congressos brasileiros de psicodrama, como representante do I, III, IV, V, VI e VII Congressos Ibero-americanos de Psicodrama, respectivamente na Espanha, Portugal, Argentina, México, Espanha de novo e Equador. Tudo isso até onde me lembro, fora os incontáveis congressos e eventos dos quais participei como congressista, plateia ou convidado, com a visão do *outro lado*, vamos dizer assim.

A intenção é mesmo de compartilhamento. Sem demagogia. Sem psicodramatismo espontaneísta. Para mim, é claro que cada congresso é um congresso e não há uma receita de bolo infalível que possa ser aplicada à risca a todos eles. Não há e não haverá nunca um congresso sem falhas, mas existe um mínimo de previsibilidade para o seu planejamento e para a sua execução.

Por outro lado, o adiamento deste relato e destas reflexões, um tanto memórias, se deve a um desânimo diante de repetições de fofocas, incompetências, políticas sujas, afirmações irresponsáveis etc., que sempre me fizeram dizer a mim mesmo, no final de cada evento para o qual trabalhei, que aquela seria a última vez que eu aceitaria tal tarefa. Felizmente, não me arrependo, sempre voltei atrás e acabei aceitando novos convites e novos trabalhos, apesar do incentivo e das maldições da minha família. Talvez porque não me deixei abater pelas críticas injustas ou pela minha autocrítica exacerbada por tais desarranjos humanos.

Sempre prevaleceu para mim uma comovente intervenção do Bustos em uma vivência psicodramática no nosso congresso brasileiro de Campos do Jordão, em que ele pediu aos participantes que se colocassem no lugar dos organizadores, que trabalhavam de graça e com muito amor para todos eles, antes de despejar sobre suas cabeças qualquer sorte de reclamações nascidas da expectativa do congresso perfeito. Afinal, quem melhor que eles para o papel de bode expiatório das frustrações dos congressistas? Não foram poucos os colegas organizadores que já vi chorando pelos cantos vítimas de tais ataques.

Ainda o Bustos ajudou-me a manter a coerência humana e psicodramática que sempre foi um ponto de honra para mim, nos bastidores do ibero de Águas de São Pedro.

Estava eu de paletó esporte, porque estava um tanto frio, um pouco antes da abertura do congresso, com uma gravata no bolso, por via das dúvidas. Ora, sempre achei que essa formalização de terno e gravata, só porque se é presidente de um congresso, não combina nada com o psicodrama. Nem é minha maneira habitual de me vestir. Isso é coisa de programa de tevê em que os terapeutas que lá comparecem acabam se submetendo às exigências da mídia (nos anos 1960 tinha de ser de jeans, barba e bolsa). Embora eu não esteja pregando que o psicodramatista componha uma mesa vestido de pijama.

É como técnico de time de basquete profissional americano que está presente na quadra com o seu Armani e uma gravata Hermès. Em jogo de basquete? Esse costume, que para mim é uma inadequação, a própria antiespontaneidade, já passou até para o futebol brasileiro. Vide o Vanderley Luxemburgo vociferando para o time de terno e gravata em pleno Maracanã, fervendo aos 40 graus à sombra.

Pois bem, estava eu com a gravata no bolso, a um passo de ocupar meu lugar de presidente ao lado do José Serra, então ministro da Saúde, e do prefeito da cidade, devidamente engravatados, como bons políticos que são, embora eu tivesse explicitado aos dois, em carta-convite, que o traje seria informal.

Foi aí que o Bustos foi decisivo mais uma vez, os dois lavando as mãos no banheiro masculino: *Seja você mesmo!* E a gravata permaneceu no bolso. Confiram nas fotografias da abertura. Na verdade, ela nunca deveria ter saído de São Paulo, onde dorme o ano inteiro no meu armário à espera de um eventual casamento, quando gosto de usar gravata.

Em 2002, no México, em outra abertura de um evento psicodramático, o presidente da Comissão Organizadora veio pedir ao Fonseca, ao Mário Buchbinder, da Argentina, e a mim que usássemos gravata na *mesa das autoridades*. Ele estava tão preocupado com isso que foi impossível recusar o seu pedido. Era uma questão de afeto e respeito pelo nosso anfitrião. E lá se foi o Fonseca, acho que o Mário também, cheios de carinho pelo nosso amigo mexicano, para o shopping mais próximo descolar uma *corbata roja*. A minha ainda estava no bolso e aproveitei o tempo livre na piscina.

Vocês devem estar pensando: *Que diabos esse maluco deve estar querendo dizer com essa história de gravata?*

É que o ponto de partida do que quero dizer sobre congressos de psicodrama é a busca da coerência como base, e a preguiça que me dá para iniciar este relato se deve a ter de repisar nas feridas da incoerência. Nada me dói mais nesse longo percurso psicodramático pelo qual cismei de enveredar desde os anos 1970.

Aliás, sempre me intrigou um fenômeno comum na organização de congressos de psicodrama. É o fato de presidente e equipe organizadora de um congresso em andamento não consultarem o presidente e a equipe organizadora do congresso anterior. Parece óbvio, não é? Mas, infelizmente, tal fato é comum. Não entendo qual é a lógica. Se podemos começar sem repetir erros anteriores – começar *do meio*, como eu chamo –, por que não consultar? Juro que não entendo! Orgulho? Preconceito? Consultar o astrólogo é melhor?

Graças a Deus, a lembrança da fisionomia entusiasmada e feliz dos jovens psicodramatistas que participam pela primeira vez de um congresso de psicodrama faz curar todas as feridas, faz prevalecer o desejo de compartilhamento sobre o desânimo e a preguiça. Não está nesses jovens a força e a continuidade desse nosso amor psicodramático? É para eles que escrevo, pensando nos congressos futuros em que me esforçarei para estar presente até que eu seja uma lembrança e nem mesmo mais uma lembrança.

A ESCOLHA DA EQUIPE, SEU ENTROSAMENTO E QUESTÕES DE LIDERANÇA

A primeira providência quando se é convidado para presidir um congresso é, logicamente, escolher a equipe de trabalho. Sempre preferi escolher meus auxiliares diretos e nunca aceitar imposições políticas de qualquer nome.

A razão é simples (cristalina) e psicodramática: a aplicação pura e simples do critério de escolha sociométrico, respeitando minhas primeiras escolhas. Ou seja, quem eu escolho em primeiro lugar para trabalhar comigo na organização de um congresso na função tal ou qual. Caso o convidado não aceite o convite, me movimento em direção à minha segunda escolha, e assim por diante. Se escolho mal, eu é que vou ter de carregar um peso morto nas costas durante dois anos, comprometendo todo o trabalho realizado.

Claro que aplico critérios operacionais e afetivos nessa escolha. Não vou colocar na equipe um eficiente que eu não suporto como pessoa ou um vagal simpático que me diverte horrores e não trabalha nada.

Trabalhar em tal equipe exige um perfil específico para cada cargo e uma facilidade de comunicação humana que permeia as relações intraequipe e da equipe com os congressistas ou possíveis congressistas (pretendentes a). Isso tem de estar incluído no critério de escolha. Não esqueçam que a organização de um congresso de psicodrama dura aproximadamente dois anos. É um casamento de dois anos. Intenso.

Nunca me preocupei com o tipo de crítica que é comum haver nessas ocasiões, como: *É uma panelinha que está organizando*; *É o pessoal da cidade X, ou da instituição Y* etc. Por quê?

A razão é simples. Escolho meus auxiliares diretos. Como ministros. E dou a cada um deles a liberdade completa de escolherem a própria equipe e de resolverem livremente com quantas pessoas querem trabalhar. O resultado disso é sempre altamente satisfatório.

Um bom exemplo dessa atitude é a composição da comissão organizadora do II Congresso Ibero-americano de Psicodrama, que presidi, na qual podíamos contar dez auxiliares diretos escolhidos por mim e trinta e quatro colegas escolhidos por esses dez, integrando suas equipes membros das mais diversas instituições psicodramáticas de São Paulo.

Como o congresso foi realizado no estado de São Paulo (Águas de São Pedro), entrou nesse critério de escolha a facilidade de acesso de cada membro da equipe para a realização de reuniões periódicas de corpo presente. Ou seja, todos moravam em São Paulo e podiam participar das reuniões, com exceção de dois membros da equipe. Uma, minha primeira escolha por causa de sua experiência anterior para o cargo, morava em Araraquara e nunca faltou a uma reunião sequer, comprometida totalmente com a organização do congresso desde o convite por mim formulado. Outra, morando em Brasília, foi escolhida para a equipe de coordenação científica por um de meus auxiliares diretos – que, desse modo, chamou para si a responsabilidade do convite e não se arrependeu da escolha que fez.

Aqui, introduzo um comentário. Nos dias de hoje, com a facilidade de comunicação por e-mail, as equipes podem ser compostas por pessoas que vivem em cidades até muito distantes umas das outras, como passou a ser feito, por exemplo, a partir da organização do XII Congresso Brasileiro de Psicodrama, realizado em 2004, em Belo Horizonte, e daí para a frente. Como tudo na vida, vejo nisso vantagens e desvantagens.

Como vantagem, a inclusão de várias regiões na organização de um congresso em um país de dimensões continentais.

Como desvantagem, há providências práticas a serem tomadas o tempo todo na organização de um congresso, muitas com caráter imediato e urgente. O e-mail agiliza por um lado e desagiliza por outro, com a desvantagem de perder o contato cara a cara. A coesão da equipe depende de um carisma do presidente em relação à sua equipe e do carisma de seus auxiliares diretos em relação aos integrantes de cada equipe. Isso não se passa por internet, por mais que se tente, e compromete a necessidade de coesão permanente da equipe como que cheirando, auscultando e tocando cada problema novo que surge, com todo o conjunto de emoções que desperta. Disso depende o sucesso do congresso. Temo que a insípida e inodora comunicação por e-mail na organização de um congresso contamine irreversivelmente o seu clima, distanciando emocionalmente os membros da equipe entre si, a equipe dos congressistas e, consequentemente, os congressistas também entre eles.

Um bom exemplo disso aconteceu no ibero de Águas de São Pedro.

Psicodrama – O forro e o avesso

Disse a vocês que a comissão organizadora do II Ibero era composta de 45 membros, eu incluído. Na verdade, a esses 45, acrescentam mais 47, no total de 92. Ou seja, desses 47, 39 eram os representantes das 39 federadas da Febrap, do norte ao sul do país, na época (hoje são quase 50), e oito eram os representantes das chamadas, na ocasião, instituições coorganizadoras, sete estrangeiras e uma brasileira não filiada à Febrap.

Pois bem, a comunicação com esses 47 representantes, residentes, em sua maioria, fora de São Paulo, foi feita por e-mail, por carta e por telefone e só se tornou de fato efetiva e eficiente quando nos reunimos pessoalmente, inclusive alguns representantes estrangeiros, durante o congresso brasileiro de psicodrama que se realizou alguns meses antes, ao qual grande parte deles esteve presente.

O contato pessoal cara a cara modificou completamente o que vinha sendo feito por e-mail. Muitas coisas que já tinham sido ditas e explicadas e não resolvidas tomaram uma nova feição e um novo entendimento, além de ganho de tempo. Parece chover no molhado dizer isso, mas não é, porque, nesse exemplo, a mudança de clima e de colaboração foi decisiva para o bom êxito do congresso algum tempo depois.

Fim do comentário.

Isso tudo nos remete ainda para outras questões, como a autoridade do presidente, a demissão de integrantes da comissão organizadora e a frequência de reuniões da equipe.

Uma das dificuldades de investidura de um cargo de direção em um país como o nosso, que passou 20 anos sob um regime de ditadura, é a confusão que se estabelece entre o exercício legítimo da autoridade de um cargo de direção e o exercício autoritário dessa autoridade, que são coisas completamente diferentes.

Um presidente de congresso, como qualquer presidente de qualquer coisa, preside, ouve seus auxiliares, decide junto, usa o seu poder de veto, toma decisões às vezes desagradáveis, desempata certas deliberações, distribui trabalho etc. Tudo faz parte do cargo. Fazer tudo isso não é ser autoritário, é exercer naturalmente a sua função.

325

Ser autoritário é não ouvir seus auxiliares, representantes, os congressistas ou possíveis congressistas, decidir sozinho, não delegar funções e tarefas ou fazê-lo manipulada ou impositivamente.

Pois bem, em vários, repito, vários, congressos de psicodrma, topei com colegas que aceitaram cargos de coordenação e lá pelas tantas, no andamento da organização do congresso, vinham com a seguinte frase: *Estive pensando, me angustiei muito com isso, mas estou em outro momento da minha vida, privilegiando outras coisas e não há espaço para continuar coordenando... de modo que, amo todos vocês* (of course), *com dor no coração, vou ter que sair da equipe...* Com algumas variações, exceto o *não estou no meu momento* e *o meu espaço*, expressões presentes em todos os pedidos de demissão que presenciei em todo esse tempo.

Em cada uma dessas vezes eu ficava imaginando Moreno, como Zeus no seu Olimpo, a desferir raios e trovões na cabeça do perpetrador do atentado à filosofia moreniana: *Não tomai o seu santo momento em vão!*

Quando isso acontecia, eu procurava trocar olhares com algum colega da comissão que, como eu, tinha alguma experiência anterior em organização de congressos. Nossos olhares taquigrafavam automaticamente, em uníssono, o resto do discurso que estávamos ouvindo.

Isso me ensinou a fazer um contrato claro com cada colega que eu convidava para integrar a equipe que eu estava formando. Mais ou menos nesses termos: *O trabalho é esse, o pique é esse, pense bem antes de aceitar, quero que você aceite, mas vou exigir isso e isso, o sacrifício é esse, veja bem se você topa ir até o fim, se está no seu momento... não aceitarei desculpas depois e não diga que não avisei.*

Tal postura sempre me deixou à vontade para exigir o que precisava ser exigido da equipe e para demitir – como, a contragosto, tive de fazer, mais de uma vez (apenas meus auxiliares diretos) – quando o trabalho não correspondeu às necessidades exigidas pelo cargo ou quando a falta de aplicação se tornou intransponível.

Na base de tal tipo de coisas está, muitas vezes, a dificuldade de se colocar, quando membro de uma equipe dessa natureza, no papel de

Psicodrama – O forro e o avesso

um funcionário temporário e não remunerado da instituição ou das instituições que, em última análise, são, de fato, as organizadoras do congresso e, consequentemente, de todos os congressistas em potencial. Ou seja, é assim mesmo: compromisso profundo, muito trabalho, muito tranco, sem retorno financeiro.

Por outro lado, quem aceita trabalhar para um congresso tem de contar com o caráter anônimo da sua função. Com exceção, talvez, do presidente e, ainda assim, apenas por algum tempo. Quem se lembrará que Fulano de Tal foi tesoureiro no congresso de Xinxim do Chapecó ou segundo secretário no de Cafunés das Palmas? Se isso não estiver bem resolvido dentro de cada um, na primeira reclamação haverá uma chuva de *não estou no momento*.

Uma vez formada a equipe, é fundamental decidir como ela vai funcionar e como vai se reunir e com que frequência, para imprimir e manter um tônus de eficiência sem descambar na patologia de reuniões, em que até para decidir a marca de papel higiênico que vai ser usada no congresso se mobiliza mais de 40 pessoas, reunindo-se inútil e prolixamente por várias horas chatas seguidas, com mil discursos vazios e interpretações psicodramáticas etc. Só falta fazer o sociodrama do papel higiênico. Aliás, é função do presidente saber cortar tais discursos para recuperar a objetividade da reunião.

É preciso não esquecer que trabalhar em comissão organizadora de congresso não é atividade principal de ninguém. Todo mundo trabalha, e muito, o dia inteiro em seus consultórios, empregos, escolas e instituições as mais variadas, e ninguém gosta de perder tempo com lero-lero.

Como a maioria conhece, até muito bem, um ao outro ou passa a se conhecer ou a se conhecer melhor, é natural, nas reuniões, a alegria do encontro de pessoas queridas, com tendência a custar a se aquecerem para uma reunião de trabalho. O primeiro momento se parece com crianças de escola tagarelando.

Criar e manter uma disciplina de trabalho e de horário com o máximo de aproveitamento do tempo disponível para o cumprimento de uma pauta de tarefas e de pontos de discussão é uma obrigação do presidente, caso contrário se perderá muito tempo, dinheiro e produtividade. O que não impede o incentivo para encontros sociais fora do horário de trabalho, que fazem muito bem para a equipe (jantar juntos, tomar um chope etc.). Mas fora do ambiente de trabalho.

No primeiro ano de organização do II Ibero, por exemplo, a equipe se reunia mensalmente. A presença dos auxiliares diretos era obrigatória. Caso algum deles faltasse, tinha o compromisso selado de enviar alguém da sua equipe como substituto, de modo que todas as comissões tinham sempre um representante em cada reunião, não havendo uma solução de continuidade no desenvolvimento do trabalho.

Ficava a critério dos auxiliares diretos trazer ou não membro ou membros da sua equipe para as reuniões. A preferência acabou sendo a de trazer pelo menos um integrante a mais de cada equipe, por decisão natural de seus próprios coordenadores. Também ficava a critério dos coordenadores imprimir o funcionamento que bem quisessem às suas equipes, com reuniões próprias, com inclusão ou não de novos integrantes ou substituições, conforme o caso.

É claro que, se algo não saísse bem no trabalho de algum colega pertencente à equipe de algum coordenador, cabia ao coordenador resolver o problema e responder diretamente ao presidente se a questão comprometesse o andamento do trabalho. Funcionavam como unidades autônomas e integradas entre si. Por iniciativa dos próprios coordenadores, às vezes duas ou três comissões se reuniam entre si sem a presença dos demais, nem mesmo o presidente, quando a situação exigia procedimentos complementares. Outras vezes, tal sugestão partia da reunião geral ou do próprio presidente, quando exigia providências práticas que não cabiam ser discutidas em uma reunião geral.

No segundo ano as reuniões passaram a ser quinzenais; nos dois últimos meses que precederam o congresso, semanais. Houve até reuniões extraordinárias. Reuniões de duração de duas horas.

Durante a realização do congresso, toda a equipe se reunia no fim do dia para um balanço geral e resolução de pendências e até

Psicodrama – O forro e o avesso

extraordinariamente em caso de alguns problemas graves, como ocorreu no II Ibero, várias vezes, para a resolução de um delicado problema ético envolvendo um congressista estrangeiro e jovens universitários brasileiros. Além disso, nos revezávamos em regime de plantão nos diversos horários das atividades científicas. Dois da comissão, incluindo o presidente no rodízio, ficavam à disposição das questões a resolver e os demais iam participar do congresso. Por isso mesmo, a comissão organizadora de um congresso precisa de agilidade. Para tal é necessário que seja enxuta quanto ao número de componentes. Quanto mais gente, mais emperrado se torna o trabalho e mais lentas se tornam as decisões. Por ocasião da organização do IV Encontro Internacional de Psicodrama, em 1991, havia tanta gente na comissão, com tantas reuniões do tipo *não-desocupa-a-moita*, que a comissão foi dissolvida e criada outra com estrutura mais simples. Foi a única solução para o bom andamento do trabalho.

Essa tendência, no psicodrama brasileiro, ao assembleísmo, não passa muitas vezes de uma incapacidade administrativa. Não esquecer que em administração somos todos amadores, mas ninguém precisa ser muito esperto para perceber que cacique demais não comanda a guerra e engessa completamente a fluidez administrativa para o bom andamento do trabalho.

Adotei um procedimento-padrão para a primeira reunião com os coordenadores das diversas áreas de organização de congressos: solicitar, dentro de um prazo de 15 dias, um relatório escrito em que cada coordenador define as atribuições de sua área (Logística, Secretaria, Comissão Científica, Tesouraria etc.) e as funções detalhadas da sua equipe, começando pelas do próprio coordenador.

O relatório em si é menos importante que o processo de cada um na definição e investidura do seu papel e do seu comando. O relatório serve, em síntese, para cada um pensar e repensar seu papel.

Minha experiência de trabalho com grupos mostrou que um grupo realiza uma tarefa qualquer no tempo que a ele for dado. Assim, se um grupo tem três horas para realizar uma tarefa, ele a realiza em três horas. Se, tem dez minutos, realiza em dez minutos. Incorpora o relógio dado com mais ou menos discussão e objetividade. Todos sabemos disso e de longa data. É a mãe da gente que diz: *Fulaninho, se não vier para a mesa em cinco minutos...* Ou a pressão que faz o aluno estudar só na véspera de prova varando a madrugada.

Por mais maduros e terapeutas ou professores que sejam os integrantes de uma comissão organizadora de congressos, grupo é grupo, e quando em grupo continua prevalecendo a gravitação em torno de uma liderança que só pode ser liderança porque impõe limites. Melhor ainda se com firmeza e acolhimento ao mesmo tempo.

Não se trata da lei do chicote, mesmo porque cada um tem e tem de ter autonomia para o seu trabalho, mas cabe ao presidente do congresso fazer cumprir um cronograma de trabalho. É uma das funções do seu papel.

Em síntese, estabelecer prazos funciona, e muitíssimo bem, pelo menos na minha experiência (prática) pessoal.

TEMA-LEMA

Há um bom tempo venho defendendo a ideia de que um congresso de psicodrama não precisa ter um tema. Basta que ele se chame, por exemplo, XX Congresso Brasileiro de Psicodrma ou XVIII Congresso Ibero-americano de Psicodrama ou XXIII Congresso Internacional de Psicodrama etc.

Quais as razões desse meu ponto de vista?

1. Um congresso de psicodrama, como aliás qualquer congresso, não deve ser limitador ou dar um falsa ideia de limitação para apresentação de trabalhos científicos. É uma questão de respeito a todos aqueles que se esforçaram para apresentar trabalhos teóricos ou práticos. É bom não esquecer que muitos trabalhos levam anos para ser elabora-

Psicodrama – O forro e o avesso

dos e escritos. Sendo um congresso o lugar em que se tem a oportunidade para apresentá-los, um tema de congresso pode sugerir ou de fato limitar os trabalhos. Não é democrático nem justo. Olhem, por exemplo, para o que ocorreu no congresso ibero-americano de 2001, em Portugal. O tema era um tanto enigmático e limitador em si mesmo: *O corpo e o signo*. Imaginem se algum de nós escreveu um trabalho entitulado: *A sociometria estudada a partir de um sociodrama em uma escola pública na periferia de Porto Alegre*. Onde se encaixaria? No *corpo* ou no *signo*? Se quem fez o trabalho levou, por hipótese, três anos em um esforço de pesquisa, é justo que seja recusado?

Pois bem, por causa disso mesmo, os nossos amigos portugueses, se dando conta disso às véspera do congresso, divulgaram um novo tema desdobrado em várias subdivisões do *corpo* e do *signo* para acomodar todos os trabalhos e não recusar ninguém. Pra que o tema, então?

2. O tema de um congresso é sugerido e decidido pela comissão organizadora que se aquece em torno dele, aquecimento esse que dura pelo menos os dois anos necessários para a sua organização e montagem. O que não acontece com os demais congressistas ou candidatos a congressistas. A comissão organizadora, portanto, corre o risco de, equivocadamente, medir o aquecimento de toda a comunidade de psicodramatistas pelo próprio aquecimento. O que de fato ocorre durante o congresso é que o tema fica totalmente diluído na massa diversificada dos trabalhos apresentados.

Não seria mais lógico que a comissão organizadora, diante de um tema que a empolgue, em vez de transformá-lo no nome de batismo do congresso, dê a ele um *status* de mesa-redonda, assim criando efetivamente um espaço de discussão de tal assunto, não deixando que ele se perca? Dar-lhe concretude e continuidade sem esvaziar seu conteúdo como um título vazio de forma e de significado?

3. No congresso ibero-americano do México, durante a sua preparação, aparentemente consegui convencer os organizadores do meu ponto de vista. Talvez para não me deixar decepcionado, *concordaram*

331

com a minha sugestão e propuseram a troca do termo "tema" por "lema". O congresso não teria um tema, teria um lema, e no programa imprimiram um título que não se sabe se é tema ou lema. Ou seja, uma saída política que nada, de fato, modificou. Os equatorianos, em 2009, foram os primeiros que tiveram a coragem de abolir o tema-lema, e o congresso se chamou simplesmente VII Congresso Ibero-americano de Psicodrama. Os congressos brasileiros continuam insistindo no tema até hoje.

A ESCOLHA DO LOCAL E A INTEGRAÇÃO SOCIAL

Senti o mesmo desconforto no XV Congresso Brasileiro de Psicodrama, em São Paulo, em 2006, e em todo correr de 2009.

Em 2006 porque, no *lobby* que se fez para que o próximo congresso brasileiro se realizasse em Recife, parte da argumentação era colocada na sedução turística das praias de Pernambuco.

No correr de 2009 porque muitos brasileiros preferiram ir a Roma, para o congresso da IAGP, e dar uma esticadinha pelo circuito europeu, que ninguém é de ferro (desde que haja reservas em euros), a viajar para Quito para participar do VII Congresso Ibero-americano de Psicodrama, muito mais próximo da nossa identidade como psicodramatistas.

Ou seja, o critério de escolha de um congresso é turístico?

Vamos refrescar a memória do psicodramatista brasileiro com um pouco de história.

Em 1978, por ocasião do I Congresso Brasileiro de Psicodrama, foi decidido por consenso que nossos congressos se alternariam em cidades diferentes. A razão era muito simples. Ajudar a divulgar e propagar o psicodrama por onde o congresso passasse. E assim foi até 1990, sempre alternando cidades e sempre havendo um incremento significativo do psicodrama por onde ele acontecia. Esse era o espírito da coisa.

A partir de 1990, embora ele também alternasse cidades, muitas vezes voltou para São Paulo, ou porque outras cidades não se dispunham a organizá-lo, ou porque se alegava que em São Paulo estava sediada a maioria dos psicodramatistas – argumento este, para mim, inaceitável, primeiro, porque tal pensamento contrariava a intenção original e, segundo, se viajar para o nordeste fica caro para os paulistas, por exemplo, fica igualmente caro para os nordestinos viajar para São Paulo (não importa o número de pessoas).

Fato é que o espírito se perdeu e se deixou de dar atenção a cidades onde o psicodrama existe há muito tempo e nunca sediaram o congresso, como é o caso de Brasília, Florianópolis, Fortaleza e São José do Rio Preto. As razões são e podem ser várias. Ou porque os psicodramatistas de uma cidade sentem-se inseguros para organizar um congresso, ou porque em uma mesma cidade existe mais de uma federada e elas não se entendem. São as razões mais comuns.

Ora, a insegurança em organizar um congresso pode ser resolvida com a ajuda de outras cidades e da própria Febrap (os equatorianos, por exemplo, por se sentirem inexperientes, contaram com a ajuda dos venezuelanos para organizar o último ibero). Ou pode ser sugerido que a cidade organize primeiro um minicongresso regional que sirva como balão de ensaio para um futuro congresso nacional.

Quanto a desentendimentos regionais, o mesmo balão de ensaio de um congresso regional pode ser tentado. Também o empreendimento de um congresso nacional, apesar de desavenças, pode perfeitamente ser realizado.

É o exemplo da Argentina. Quando se decidiu em 2001, em Portugal, que o próximo congresso ibero-americano seria realizado em 2003 em Buenos Aires, isso foi possível porque nossos colegas argentinos aceitaram o desafio.

Ora, o psicodrama argentino é pulverizado entre muitas instituições que nunca conseguiram se organizar em uma federação como no Brasil (único país do mundo a conseguir tal proeza). Eram, na época, ou ainda são, muito marcadas por desentendimentos crônicos com letras de tangos.

Pois bem, a decisão de organizar o ibero juntou os argentinos e muito deles, que eram até brigados entre si, voltaram a se entender. Continuaram sem uma federação, mas o clima entre eles melhorou muito a partir de 2003, por dados informais que nos chegaram aos ouvidos. É um bom exemplo a ser seguido.

Outra questão ligada ao local do congresso é o dilema que se repete: *Fazer o congresso em cidade grande ou pequena?*

Até 1986 nossos congressos foram realizados em cidades pequenas (Serra Negra, Canela, Caiobá, Águas de Lindoia e Caldas Novas). Depois, Salvador em 1988, Rio em 1990 e São Paulo em 1992.

Os congressos de psicodrama têm como forte característica a oferta de muitos trabalhos vivenciais que, naturalmente, contribuem para uma aproximação especial entre os congressistas. Sua realização em cidades pequenas, em regime quase de confinamento, contribuiu muito para o fortalecimento dos laços entre os psicodramatistas, porque mesmo nas horas vagas todos estavam sempre se encontrando, se esbarrando. Fizemos muitos amigos assim, além de o vínculo profissional se tornar mais sólido.

O congresso em cidade grande leva a uma dispersão em grupinhos nas horas de folga. O fator de coesão se perde um pouco ou muito (depende do congresso). Uma forma eficiente de compensar tal desvantagem é organizar solidamente as atividades sociais.

Muitas vezes, a decisão por uma cidade grande obedece a questões logísticas: existência ou não de local com salas suficientes para a realização de muitas atividades simultâneas (uma característica de nossos congressos), barateamento de custos de transporte ou oferecimento de hospedagem alternativa de vários preços no local do congresso (há lugares em que essa mobilidade é inexistente ou quase inexistente, prejudicando a frequência do congresso, como lugares com hotéis caros de temporada sem pousadas mais baratas na vizinhança).

Portanto, nem sempre é fácil decidir pela melhor solução. Cada congresso é um congresso.

Uma maneira eficiente de contribuir para a integração dos psicodramatistas é organizar as atividades sociais com o mesmo cuidado que as atividades científicas. Principalmente em se tratando de congressos em cidade grande. Ao congressista deve ser oferecido um cardápio de atividades sociais que desperte nele o desejo de participar delas com os demais congressistas. Desde que não haja overdose provocando indigestão. Vale a pena destacar alguns critérios:

1. É fundamental que haja equilíbrio e acordo entre a Comissão Científica e a Comissão Sociocultural de um congresso. Por exemplo, quando se programa um ato de abertura, ele é seguido de um coquetel, em geral na primeira noite. Nesse momento é natural que o reencontro de colegas deflagre um movimento de conversas, notícias, abraços, fotos etc. Obviamente, iniciar um congresso com uma conferência antes de um coquetel, nesse clima de certa euforia (como já aconteceu em congresso nosso, uma conferência dada por um filósofo não psicodramatista), é condenar o conferencista a falar para o vento, por mais interessante que seja o assunto.

Programar uma atividade prática psicodramática como abertura é outro barco furado. Não há mulher que não se vista para o coquetel com suas melhores roupas, maquiagem e até salto alto. Quem é o diretor mágico que vai conseguir um aquecimento do tipo *tirem os sapatos* ou *corram pela sala* etc.?

É mais sensato separar atividade social de atividade científica em horários e períodos diferentes. Por exemplo, primeira noite abertura somente com programação social e na manhã seguinte abertura científica, seja com que atividade for.

2. Outras vezes, a Comissão Organizadora, querendo agradar e receber bem os congressistas, acaba programando uma sucessão excessiva de eventos sociais, alguns até encavalando o horário do *coffee break*. Já participei de congresso com um encerramento de mais de três horas

de atividades sociais encadeadas, incluindo discurso, hino nacional, encerramento psicodramático, dança folclórica e, de quebra, uma performance psicodramática não programada e inadequada se intrometendo no programa, realizada por uma delegação estrangeira (todos os congressistas com sorriso amarelo) e finalizando com um jantar (todos já com a língua de fora).

Atividades simples, como um baile (desde que com uma banda bem escolhida, senão não emplaca, como já aconteceu) ou um show de talentos em que os próprios congressistas são os artistas, costumam funcionar muito bem.

Mesmo nesse caso é preciso cuidado. É fundamental que se separe atividade social de atividade psicodramática. Nessas horas sempre aparece quem queira apresentar um teatro espontâneo de 30 minutos, por exemplo. É necessário explicar tratar-se apenas de um show depois das atividades psicodramáticas e desligar o psicodramatista proponente da tomada, embora possamos compreender o seu entusiasmo (nem todos recebem bem a recusa porque estão ligados no psicodrama 24 horas, se possível). Às vezes o que está por trás dessa atitude é a falta de oportunidade de apresentação de um trabalho no congresso por alguma razão particular que pode, se esclarecida, ser reencaminhada de alguma outra forma, sem tirar-lhe a motivação.

FORMATO: INOVAÇÃO E CONSERVA

Os congressos brasileiros de psicodrama se caracterizam pela inovação e criatividade. Eu poderia listar algumas dessas criações e algumas dificuldades nossas como exemplos dessa afirmação:

1. Vivências psicodramáticas em três dias, em dois dias (um para processamento), em um dia; cursos de três dias, de um dia, em dois períodos de um dia; mesas-redondas passando de cinco participantes para dois participantes; *conversando com*; *conversando sobre* etc.

Psicodrama – O forro e o avesso

2. Um número maior de psicodramatistas se inscrevendo para dirigir vivências obrigou a modificação do tempo para dirigir uma vivência e processá-la em duas horas, o tempo é escasso (por isso o processamento não pode ser obrigatório). Realizar a vivência em um dia e processá-la no outro dá ótimos resultados, mas, tendo em vista as demandas, não contemplava a todos que se inscrevem para tal direção.

3. A primeira vez que participei da atividade *conversando com* (uma atividade em que qualquer congressista vinha conversar sobre qualquer tema com um psicodramatista escolhido para isso) foi em Caldas Novas em 1986. Deu pouco ibope por uma questão prosaica. Foi colocada no último horário depois de um dia cheio de atividades. Uma conversa depois de vivências e de debates. Não deu outra. Mais da metade do congresso estava ao pôr do sol dentro das piscinas de água quente.

A mesma atividade quase 20 anos depois, em outro horário, teve pleno sucesso. Por isso, após o congresso, é fundamental que se analise cada atividade em suas variáveis para melhorá-la ou excluí-la do congresso seguinte.

4. O congresso da IAGP (International Association of Group Psychotherapy) ainda adota muita coisa do modelo médico conservado que já superamos há tempos: conferências magnas para todos os congressistas, temas livres apresentados em dez minutos (já transformamos isso em escritos psicodramáticos apresentados em trinta minutos por respeito ao autor e ao público), mesas-redondas com cinco apresentadores com pouco tempo para cada um e mantido assim por razões políticas (já modificamos isso há muitos anos para dois ou três apresentadores, no máximo, com tempo maior de apresentação). Portanto, nada de colonialismo. Não temos de adotar o modelo IAGP. Temos o nosso com várias criações já testadas, algumas com sucesso e outras descartadas. Não deixamos nunca de tentar e nem de nos orgulhar de nosso modelo, único e original.

DIVULGAÇÃO

Divulgação é o coração do congresso. Sem ela não há motivação nem participantes.

Não basta noticiar datas e preços de congressos. É preciso periodicamente fazer algo que motive e mantenha o aquecimento dos prováveis congressistas.

Pensando nos mais novos, um pouco da história e da importância do congresso e um convite encorajador para a apresentação de trabalhos. Para os mais velhos, o compromisso da sua participação compartilhando a maior experiência.

Uma boa medida seria publicar, nos dois anos que antecedem a sua realização, um boletim do congresso a cada trimestre, com entrevistas dos novos, dos professores, dos organizadores, pequenas notícias, atualizações etc. É função da Divulgação manter o aquecimento para o congresso o tempo todo.

Lembrar que nem todos têm familiaridade com a internet ou tempo a gastar com ela. A carta entregue pelo correio é mais pessoal, mas os sites e e-mails são muito mais baratos constituem uma forma de comunicação sem volta.

O sistema criado por Milene Féo para o congresso brasileiro de 2010, de criar salas de bate-papo sobre temas do congresso, está dando certo, mas muita gente fica de fora. As gerações mais jovens já incorporaram essa forma de comunicação, que provavelmente vai prevalecer no futuro. É bom não esquecer que estamos na sua fase de transição e todos os tipos de futuros congressistas têm de ser contemplados e alcançados. É obrigatório não deixar ninguém de fora. Nem das atividades científicas nem das sociais, que precisam ser divulgadas igualmente. Disso depende o sucesso do congresso.

ÉTICA

No II Congresso Ibero-americano de Psicodrama, em Águas de São Pedro, em 1999, deparamos com um grave problema ético que, ao

Psicodrama – O forro e o avesso

que se saiba, nunca tinha ocorrido antes e, portanto, não tinha sido previsto.

Um congressista estrangeiro, por conta própria, convidou um grupo de universitários presentes (seu primeiro contato com psicodrama), na tarde antes da abertura do congresso, para participar de uma atividade dirigida por ele com finalidade de selecionar egos-auxiliares para a vivência que dirigiria no evento. Não pediu permissão para isso à Comissão Organizadora. Simplesmente se apossou de uma sala vazia.

Selecionou um rapaz e duas moças e no *treinamento* dos três tentou abusar sexualmente de uma das universitárias com a desculpa de treiná-la para dramatizar cenas de conteúdo sexual. A moça impediu-o imediatamente de continuar o *treinamento*, acendendo a luz, e o *treinamento* parou por aí.

O fato chegou ao nosso conhecimento perto de 1 hora da manhã, quando, após as atividades de abertura, nos preparávamos para um merecido descanso. Vocês podem imaginar o pepino que nos caiu no colo naquela hora.

A cadeia de nossos procedimentos foi a seguinte: oferecemos ajuda à moça, que não quis dar queixa à polícia – porque não queria se expor e porque soubera se defender muito bem; conversamos (eu e mais duas integrantes da Comissão Organizadora) pessoalmente com o congressista em questão, que negou o fato, como era de esperar, deixando claro que não toleraríamos um novo contato seu com os universitários; organizamos, dentro do congresso, para os universitários, um minicurso teórico-prático de psicodrama, ministrado por um psicodramatista brasileiro de renome e escolhido por nós, o que de fato se efetivou com muito sucesso (hoje temos em nossos congressos uma Comissão de Recepção de Universitários, o que é muito bem-vindo); monitoramos o tal psicodramatista durante todo o congresso (é bom lembrar que, na prática, tínhamos a palavra de um contra a palavra do outro, e, como o fato ocorrera na obscuridade de uma sala, não tínhamos prova concreta nem testemunhas do acontecido); como o psicodramatista citado estava programado para dirigir o ato final do con-

339

gresso, com dois outros psicodramatistas de outros países em unidade funcional, consultamos os dois e mais a diretoria da Febrap sobre a conveniência ou não de mantê-lo nessa direção específica, o resultado sendo o de cancelar a sua participação; comunicamos a sequência de fatos aos representantes de cada país (inclusive o dele) e a decisão foi mantida por unanimidade; e, por fim, antes mesmo de informarmos a ele o que tínhamos decidido, sua iniciativa foi a de abrir mão de dirigir o ato final do congresso.

Algumas consequências: na noite da véspera do encerramento do congresso a notícia vazou (não sabemos por quem) e foi iniciado um abaixo-assinado de protesto por um grupo de mulheres de outro país. Virou fato político. Um fato político com que teríamos de lidar com diplomacia e firmeza.

Após esse vazamento, outra delegação estrangeira veio nos informar que o psicodramatista em questão estava sendo processado em seu país por abuso sexual de suas pacientes, por enquanto sem provas concretas.

Encaminhamos um relatório pormenorizado do acontecimento à Febrap, que contratou um advogado para dar um parecer sobre o caso, nomeando também alguns colegas para integrar uma comissão para analisar tal acontecimento, sem envolver nisso, diretamente, a Comissão Organizadora.

Apesar de explicarmos pormenorizadamente todo o nosso procedimento, essa comissão, embora tivesse aprovado as medidas que tomamos, fez uma ressalva, dizendo que teria faltado utilizarmos um instrumento psicodramático para lidar com tal situação. Ou seja, recomendariam a realização, durante o congresso, de um sociodrama com todos os congressistas para encaminhar uma solução.

Ora, como já disse, a moça não só soube se defender como não quis ser exposta de nenhuma forma. Iríamos vitimizá-la de novo com uma exposição desnecessária diante de 800 pessoas? Coloquem-se no lugar dela. Coloquem-se no lugar dos pais dela. Que tal expor a filha de vocês dessa forma, contra a sua vontade, e para tanta gente, mesmo

Psicodrama – O forro e o avesso

que por meio de um instrumento psicodramático? Nem tudo se resolve com psicodrama. Às vezes só com a atitude psicodramática de inversão de papéis.

Desfecho: no congresso seguinte passou a ser norma obrigatória a existência de uma Comissão de Ética dentro das comissões organizadoras tanto dos congressos brasileiros de psicodrama quanto dos ibero-americanos (já existia antes o *ombudsman*, para quem eram drenadas as reclamações). Isso diz tudo?

SAIA JUSTA

Vale a pena contar a história. Em Póvoa do Varzim, Portugal, por ocasião do III Congresso Ibero-americano de Psicodrama, 2001, eu era o representante da Febrap e, como tal, participei da reunião de representantes para discutir questões relativas aos congressos ibero-americanos e para decidir a realização do próximo. Fomos convidados para almoçar, como em geral é de praxe, pelos organizadores portugueses. É bom que se diga que nesses congressos nenhum representante recebe dinheiro, passagem ou hospedagem; exceção feita ao I Congresso, em Salamanca, em que foi paga a hospedagem de três dias (iniciativa isolada dos organizadores) com uma verba inesperada de patrocínio espanhol. E só. Mas, em todos, sempre nos foi oferecido almoço, café da manhã ou jantar. Uma simples cortesia.

Pois bem, lá fomos nós com os portugueses para o restaurante do hotel onde estava sendo realizado o evento. Estava reservada para nós uma mesa comprida rodeada por um cordão de veludo. Um cercadinho chique à vista de todo mundo. Um aquário.

Distribuíram o cardápio e cada um pediu o que quis: camarão, bacalhau, polvo, batatas ao murro etc., tudo regado aos vinhos das quintas portuguesas.

Só depois soubemos. Havia sido distribuído aos congressistas um ticket para o almoço. Uma espécie de vale-refeição. O serviço era péssimo e a fila, enorme. A comida, um sanduichinho magro tipo ração de prisioneiros e nós lá, à vista de todos nos fartando do bom e do melhor, de graça, como Maria Antonieta e o povo na véspera da queda da Bastilha.

Só mesmo depois de saber os detalhes e de ouvir mil reclamações é que fui me sentir como um burguês obeso, de Rolex no pulso, me empanturrando de lagosta e *foie gras* no *Tour D'Argent*, à vista de uma multidão de miseráveis da estirpe de Victor Hugo (*Victór Îgô, s'il vous plaît*), acachapados, salivando-quase-engasgando, amontoados nas janelas de vidro que nos separavam, praticamente soterrados pela neve natalina que caía lá fora (vejam até onde vai a minha realidade suplementar).

O que eles não sabiam é que, além de trabalhar de graça para eles durante dois anos, eu daria tudo para escapar dali o mais cedo possível para acertar o meu fuso horário antes do início das atividades, cuja inscrição eu tinha perdido por causa da tal reunião do foro ibero-americano. Uma saia justa desnecessária só por causa de um almoço.

Portanto, Comissão, cuidado com as cortesias que se transformam em flechadas.

GRADE

Montar a grade de atividades científicas de um congresso de psicodrama é encrenca pura. Ponho no mesmo horário a vivência de um colega recém-formado e a do colega mais famoso? Vai esvaziar a sua sala? Coloco uma apresentação teórica depois do almoço de sábado em que todo mundo vai dormir digerindo a feijoada? Abertura com conferência ou dramatização? Com teatro espontâneo ou com protagonista? Convido colegas para expositores de uma mesa-redonda ou deixo que eles se organizem espontaneamente para isso? E assim por diante.

Várias experiências já foram feitas. Algumas com bons resultados e outras nem tanto.

Até o ibero de 1999 as atividades obedeciam a uma organização horizontal, ou seja, em determinado horário tínhamos vivências simultâneas em várias salas, em outro apenas escritos psicodramáticos, em outro mesas-redondas (substituídas, posteriormente, por aquários e por temas em debate), em outro cursos, fora outras atividades que constituíam inovações (conversando com, conversando sobre, oficinas de criatividade etc.).

Muitas atividades simultâneas criavam a dúvida quanto ao esvaziamento das salas (às vezes um expositor ficava diante de um público de quatro ou cinco pessoas). Foi tentado colocar os mais novos somente no mesmo horário e correr o risco de esvaziamento do horário. Misturá-los com os mais velhos e criar um esvaziamento sociométrico etc., até nos darmos conta de que a Comissão Organizadora não tem a obrigação de garantir público para ninguém, que apresentar um trabalho em congresso é um caminho e em si mesmo uma conquista, com muito ou com pouco público, não importa.

No ibero de 1999 experimentamos uma organização vertical. Em todos os horários eram oferecidas atividades de todo tipo, práticas ou teóricas. De modo que, se um congressista só quisesse participar de vivências durante todo o congresso ou somente de atividades teóricas, passava a ser perfeitamente possível realizar tal desejo. E a partir daí deixou de haver uma regra fixa, cada congresso inventando uma forma própria de grade.

Outra conquista foi a modificação da obrigatoriedade de inscrição prévia em vivências, o que aconteceu por um feliz acaso.

Até 2003 as atividades práticas, vivências, dos congressos brasileiros e ibero-americanos eram atividades que exigiam inscrição prévia com limite de vagas. Isso acabava dando um nó na cabeça do pessoal da logística, preocupado em evitar a formação de longas filas na hora da inscrição. Antes do uso de computadores se tentou de tudo: senhas, cartõezinhos coloridos, salas diferentes para a inscrição de atividades.

Em 1992, em São Paulo, foram utilizados computadores pela primeira vez e foi um desastre total. Havia apenas dois computadores para a inscrição de todos, distribuídos em duas longas filas. No meio da inscrição faltou luz e neca de computadores, que acabaram não adiantando nada.

Nos congressos posteriores, chegou-se ao uso eficiente de computadores, com programas que facilitavam a impressão das escolhas em uma etiqueta que se colava no verso do crachá de identificação, e o problema foi resolvido.

Em 2003, no ibero de Buenos Aires, o mesmo sistema de inscrição prévia foi utilizado. Um detalhe de desorganização do congresso mudou a história.

Os congressistas tinham nas mãos as etiquetas marcando as suas escolhas (como entradas de teatro), mas não havia ninguém nas portas controlando a entrada somente dos inscritos. O resultado – previsível, é claro – é que cada um participou da vivência que quis, inscrito ou não; e, contra todas as expectativas, deu certo.

No ano seguinte os brasileiros, em Belo Horizonte, aboliram o sistema das inscrições prévias. Simplesmente as pessoas faziam fila na porta da vivência que escolhiam, na própria hora da vivência, a fila andava e as pessoas entravam até completar o limite de público da sala. Quem sobrava procurava outra sala e pronto. Não deu confusão nenhuma e simplificou a logística. Isso mudou também o panorama da lotação das salas.

Outro fato contribuiu para a modificação de inscrições de congressistas. O número crescente de atividades práticas de teatro espontâneo ou dele derivadas trouxe para os nossos congressos alguns não psicodramatistas. Por quê? Alguns colegas passaram a trazer atores não psicodramstistas integrando a equipe.

No ibero de 1999 criou-se com isso um dilema. Atores não inscritos no congresso faziam parte de equipes de psicodramatistas. Como fazer se não tínhamos sido consultados antes sobre tal eventualidade?

Nossa primeira resposta foi informar que a inscrição no congresso era necessária para que a participação deles nas vivências pudesse ser aceita.

Pouco depois dessa nossa decisão, topei com uma colega, das pioneiras do psicodrama, com uma lista da mão colhendo assinaturas para um protesto formal sem contar a história toda. Prontamente, antes que se tornasse um novo ato político, atravessando todo o congresso e melando o seu bom andamento, resolvemos entregar a esses atores não psicodramatistas um crachá especial, dando direito à participação de um dia de congresso, apagando, no nascedouro, o rastilho de pólvora, mesmo sabendo que não estávamos sendo totalmente justos com os demais congressistas. Foi o que nos ocorreu fazer. O que deu para fazer. Ficou para adiante pensar nessas novas questões e como resolvê-las, porque estava claro que era algo que se repetiria cada vez mais em nossos congressos futuros.

PROCESSAMENTO FINAL DOS CONGRESSOS

Os primeiros congressos brasileiros de psicodrama (de 1978 até 1986) foram fortemente marcados pela contaminação de desavenças internas. Toda a comunidade psicodramática brasileira era afetada pelo racha em São Paulo que deu origem à SOPSP (Sociedade de Psicodrama de São Paulo) e à ABPS (Associação Brasileira de Psicodrama e Sociodrama). Os profissionais da SOPSP, em sua maioria, seguiram, a princípio, a linha de trabalho de Dalmiro Bustos. Os da ABPS, também em sua maioria, continuaram fiéis a Rojas-Bermúdez, como já contamos em capítulos anteriores.

Isso era visível nos congressos, e as divergências científicas extrapolavam para a política do psicodrama brasileiro e para questões pessoais. Apesar de todas as diferenças, estavam todos juntos nos congressos e tivemos a maturidade de fechá-los à participação de colegas estrangeiros e de não psicodramatistas até que resolvêssemos nossas pendências, o que só aconteceu em 1986. Então, em Caldas Novas, abrimos as portas pela primeira vez aos psicodramatistas estrangeiros. Me orgulho muito de ter participado de todo esse processso.

Ora, por tudo isso, era inevitável que tais tensões e conflitos invadissem as vivências psicodramáticas nos congressos dessa época. Primeiro, nos intervalos e nos corredores, não resistíamos à tentação de fazer uns para os outros as nossas interpretações de bolso do que estava acontecendo.

A consequência lógica foi incluir, no encerramento do congresso, um processamento dessa sociodinâmica, como parte do esforço de nos aproximarmos uns dos outros e de nos entendermos melhor. Os diretores das vivências compartilhavam com todos tudo aquilo de relevante que tinham observado e sentido nos seus grupos.

No começo deu certo e até nos provocou certo alívio, do meu ponto de vista (tudo que digo aqui é apenas o meu ponto de vista). Depois começou a passar do ponto. Aconteceu mais ou menos o seguinte:

Por um lado, como em qualquer congresso, havendo um leque variado de atividades simultâneas, cada congresssista só pode participar de uma fração de tudo que acontece. Às vezes ele escolhe uma atividade de que não gosta e ouve falar de outra, no mesmo horário, que teria sido espetacular. É o tempo todo administrar saciedades e frustrações. Normalíssimo.

Em parte, por essa razão, o processamento final virou o lugar em que cada um iria *saber* o que aconteceu nas atividades de que não pôde participar. Uma ilusão. Vivência não se conta, se vive. É como querer descrever uma relação de amor do lado de fora. É claro que não funciona.

Por outro lado, esses processamentos chegaram ao ponto de exigir que se convidasse um psicodramatista mais experiente para coordenar ou fazer o processamento final. Começaram a aparecer, então, os *processadores profissionais*, até que um deles chegou ao cúmulo da tentativa de objetivar o subjetivo, montando uma equipe que se distribuiu nas várias atividades para não *perder nada* e resumir no fim todo o congresso. Olheiros de futebol. *Big Brothers*. Não sem razão, não sem alívio, no congresso seguinte o processamento que virou mania acabou completamente. Como nossas desavenças crônicas. Cumpriu seu papel, mesmo que meio torto.

Mais ou menos nessa época de processamento final de congressos, e ainda um pouco depois, era comum haver uma sessão plenária em que tudo se falava e todos falavam. Se me perguntarem o que ficou para mim dessas plenárias, responderei: *nada*.

Muitas vezes me parecia estar revivendo aquelas assembleias estudantis dos anos 1960, intermináveis, em que era mais importante falar não importa o quê, nas quais um show de prolixidade, de desatenção ou de falta de respeito pelo ponto de vista do outro era uma atitude não só comum, mas quase a regra.

Nossas plenárias também sempre passavam do ponto em falatório sem fim, próprio do ser humano, quando o falar muitas vezes não se afina com um conteúdo coerente e com a percepção do interesse do público. Graças a Deus foi embora (seus resquícios ainda estão presentes em outras reuniões pouco objetivas de psicodramatistas), juntamente com outras conservas repetitivas.

DINHEIRO E PATROCÍNIO

Traz a dolorosa, garçom! Pois é, grana é sempre um problema sem fim. Em congressos de psicodrama, então, nem se fala.

Primeiro, quando se começa a montar um congresso, já se precisa de dinheiro. Despesas grandes e miúdas que vão de postagem a clipes de papel. Conta-se com o dinheiro que vai entrar e com os raros abnegados que fazem a sua inscrição na primeira hora, mesmo havendo desconto para esses casos. O resto deixa para a véspera. É sempre assim e por isso é difícil estabelecer um preço justo de inscrição. Trabalhamos sempre com estimativas e reclamações. Não lembro de congresso em que os colegas não se queixassem do preço. Na primeira divulgação já tínhamos de ouvir a choradeira dos argentinos, os campeões desse doce esporte, pechinchar. Infalível.

347

No ibero, no Brasil, um colega de outro país, já bem maduro no meio, tanto pediu que parcelamos a taxa em duas vezes. A primeira foi paga à vista. A segunda em cartão, para pagar depois do congresso. Só que ele não reconheceu a própria assinatura e estamos até hoje a ver navios.

Outra colega, casada com um sindicalista, resolveu fazer *passeata* tendo como passarela as nossas costas. Tínhamos conseguido facilitar o pagamento com cartão de crédito (deu um trabalho danado conseguir isso) e a colega citada optou por essa forma de pagamento. Por uma razão de inadimplência, a companhia do seu cartão de crédito cobrou juros na sua fatura, juros esses que ela exigiu que lhe pagássemos porque estava no seu direito. Vocês já viram alguém comprar uma roupa no cartão, pagar a fatura atrasado e cobrar os juros da loja? Pois é, foi assim. Em nome das reivindicações sindicais.

Pagamos? Sim, pagamos. Ficava mais barato do que constituir advogado.

E aquele psicodramatista que foi convidado para uma mesa-redonda e que aceitou o convite, veio, participou e se fez de miguel e não pagou a inscrição?

E, assim, histórias sem fim. Grana é grana, faz cair qualquer máscara social.

Quando fechamos com o Grande Hotel de Águas de São Pedro a reserva para o ibero de 1999, assumimos uma dívida sem dinheiro em caixa. Lá pelas tantas conseguimos um patrocínio modesto do Ministério da Saúde, verba essa que só entrou na conta bancária do congresso na véspera da abertura. Era o dinheiro justo para zerar a dívida. Prestamos conta direitinho. Como manda o figurino. O trato tinha de ser entre o Ministério da Saúde e a Febrap (de instituição para instituição). Tudo bem, foi feito, tudo resolvido.

Saiu o PSDB e entrou o PT. Anos depois cobravam da Febrap a devolução do patrocínio, com juros e correção monetária. Alegavam não sei que entrave burocrático. Só não diziam que era patrulha política. A questão rola até hoje na mão de advogados. Asseguro, com toda certeza, não ter havido o menor deslize, nenhuma pitada de desonestidade da nossa parte e da parte da Febrap.

Aliás, conseguir patrocínio no Brasil para congressos de psicodrama é quase missão impossível, salvo canetinhas e pastinhas com logotipo de bancos. No ibero de Portugal, o mesmo do almoço do cercadinho de veludo, o presidente do congresso, porque era um professor de prestígio na universidade de Coimbra, foi o único que conseguiu um bom patrocínio da indústria farmacêutica. Contar mais, não se para mais.

LOGÍSTICA, TURISMO E ADMINISTRAÇÃO

O perfil do coordenador da Logística tem de incluir o diagnóstico de TOC (transtorno obsessivo-compulsivo) para dar conta de tantos detalhes com mil tentáculos de um polvo.

Certa vez, no México, a falta de uma extensão de tomada paralisou toda uma vivência psicodramática.

Enquanto as outras comissões trabalham com planejamento antes do congresso, a Logística carrega piano todo o tempo durante o próprio congresso. Falta isso, falta aquilo, providencie etc. Uma loucura.

Em um dos congressos ibero não havia água para os palestrantes. No Chile (não era congresso de psicodrama, mas vale a pena contar), em um evento de 400 participantes, havia um único banheiro feminino com duas privadas. O que aconteceu? As mulheres tomaram de assalto o banheiro masculino. Mesmo assim a fila dava volta em toda a América Latina.

No ibero de 1999, no Brasil, uma diretora de vivência criou um ritual com velas acesas. Não deu outra. Tocou fogo no carpete, tornando-se uma involuntária incendiária. O carpete ficou que nem um buraco só e os organizadores do congresso, nós, tivemos de pagar a conta.

Recebemos pedidos de diretores de vivências solicitando os mais sofisticados materiais. Parecem até exigências de bandas de rock. Por exemplo, 12 espelhos de tantos centímetros, cortinas e cabides etc.

Lembra um pouco os pedidos para o Papai Noel. Se não atendidos, beicinho murcho.

Em outra ocasião, a Logística tinha de decidir, junto com a Divulgação, a escolha do cartaz oficial do congresso. Foi escolhido um cartaz lindo, mas cujas letras só podiam ser lidas a, no máximo, 10 cm de distância, tanta era a superposição de imagens de fundo e de palavras impressas.

Parece aquela história do casal apaixonado (a história é verídica) que vai pela primeira vez a um motel. Nunca tinham transado antes. Nas preliminares ele, pela ansiedade do momento, foi acometido de uma dor de barriga incontrolável e teve de correr para o banheiro. Acontece que o tal banheiro era uma obra-prima da arquitetura. Um cilindro de vidro totalmente transparente no meio do quarto. E lá ficou a apaixonada contemplando da cama a solene do seu amado. A não ser que a intenção do arquiteto fosse mesmo criar um ambiente especialmente propício a perversões escatológicas, a arquitetura do ninho de amor era só estética e nada funcional. Cartaz lindíssimo e ilegível. Dedo atento da Logística!

Contratar uma agência de turismo profissional agiliza, e muito, as providências a serem tomadas nessa área. Na época em que nos metíamos desajeitadamente nesse papel, púnhamos os pés pelas mãos. Presenciei conversas amadorísticas nossas com gerentes de hotéis, tentando barganhar preços como se estivéssemos falando de melancias com feirantes.

Quando passamos a ter profissionais de turismo fazendo essa tarefa, a que estão mais do que acostumados, nem precisávamos estar presentes. Ou nos preocuparmos com translados e suas alternativas, só para dar alguns exemplos.

Da mesma forma a contratação de uma secretaria executiva, com profissionais especializados em congressos, desde que contratando com a clareza de que a última palavra é nossa.

Por que isso? Porque um congresso de psicodrama tem especificidades que um congresso tradicional não tem.

Por exemplo, em São Paulo, em um de nossos congressos, realizado em uma universidade, era proibido mobilizar as carteiras ou colocá-las fora da sala para abrir espaço para uma vivência psicodramática. Eu mesmo, em uma vivência que dirigi, tentando afastar as carteiras, acabei mobilizando um batalhão de seguranças da faculdade que só faltou me levar pro camburão. Tal coisa tem de ser prevista antes, e o modo de operar de uma secretaria executiva, por contrato, tem de passar primeiro pelo nosso crivo e se articular com a nossa própria secretaria e tesouraria.

ANAIS

O registro de nossas contribuições científicas ao psicodrama tem a sua enorme importância reconhecida unanimemente e fora de discussão.

Uma preocupação que sempre esteve presente em nossos congressos é o zelo com que as comissões organizadoras tratam os seus anais, desejando distribuí-los já prontos e acabados durante a própria realização do congresso. Tal providência acaba trazendo algumas consequências quanto às exigências de inscrição de trabalhos escritos e até de trabalhos práticos.

Para que os anais possam ficar prontos na data do congressso, é necessário que os trabalhos sejam entregues com antecedência para cumprir prazos de gráfica, a tempo de serem publicados.

Esses prazos exigidos aos autores muitas vezes atropelam seus prazos internos, ou seja, seu tempo de aquecimento pra escrever.

O que acontece na prática?

A comissão organizadora, preocupada com a publicação, ou começa a exigir prazos sem que os autores tenham ainda estruturado minimamente seus trabalhos, ou exige um escalonamento de entrega (hoje é o mais comum), pedindo antes o envio de um resumo no ato de inscrição do trabalho e o seu formato pronto e final mais perto do início do congresso.

Ora, qual o resultado disso? O autor, que ainda não tem o trabalho pronto (criação é criação e se modifica na hora em que se escreve), redige um vago resumo de uma intenção, e não de um trabalho pronto; a comissão aceita o resumo e fica todo mundo satisfeito. Cumpra-se a burocracia!

Não é mais lógico e verdadeiro inscrever os trabalhos pelo nome, recolhê-los prontos às vésperas do congresso e publicá-los depois? A comissão organizadora não precisa se sentir ameaçada de ser tachada de incompetente se não publicá-lo durante o congresso. Estará agindo na direção da maior qualidade. Por causa disso, em um de nossos congressos foram publicados os anais dos resumos; os trabalhos propriamente ditos jamais foram publicados.

E pedir resumo de uma atividade prática (vivência) que ainda não se realizou e em que não se sabe o que vai acontecer?

Outro exemplo desse excesso de zelo aconteceu em alguns congressos nossos, em que se pediu aos expositores de uma mesa-redonda o envio de sua comunicação pronta que, por sua vez era enviada aos outros expositores e ao moderador. Aparentemente um belo exemplo de eficiência dos organizadores.

Vamos analisar, no entanto, o mérito da questão. Em uma mesa-redonda o fator surpresa é que constitui seu molho e tempero. Para um expositor, constatar na hora que seus colegas de mesa discordam de ou concordam com o que ele está dizendo é que dá graça à coisa. O desafio lançado. Um teste de espontaneidade. Logo, enviar os textos antes para cada um esvazia justamente a surpresa, que é o ponto alto de uma mesa-redonda. O que parece eficiência acaba sendo uma falta de consciência do espítito que deve reger cada atividade específica. Prática ou teórica.

IBERO X IAGP

A IAGP (International Association of Group Psychotherapy), segundo René Marineau, em sua biografia de Moreno, nasceu da tentativa de reconciliar dois rivais, Moreno e Slavson, em torno da psicoterapia de grupo, cujo primeiro congresso foi realizado em 1954. Portanto a IAGP já nasceu política e sempre foi política, na minha opinião.

Em Londres, há uns poucos anos, durante a organização do congresso da IAGP que lá seria sediado, os latino-americanos, inclusive brasileiros, pediram tradução simultânea durante a reunião, pelo menos para o espanhol, como já mencionamos.

Nosso colega britânico (o congresso sendo de psicoterapia de grupo se compõe, em sua maioria, de não psicodramatistas) que presidia a reunião, arqueando as sobrancelhas (as sobrancelhas são por minha conta, um toque de imaginação), desferiu do alto de sua fleugma e arrogância: *Se vocês pagarem...*

Bem, já contei para vocês a história de nossos congressos ibero-americanos, em que o espaço para a gente é total e em que nos empenhamos laboriosamente para construir um congresso sem burocracias ou com um mínimo de burocracia. Os psicodramatistas ibero-americanos falam a mesma linguagem, o que não acontece nos congressos da IAGP (a maioria não é nossa turma), e tecnicamente os instrumentos psicodramáticos estão muito à frente de qualquer outro tipo de manejo de grupo.

No ibero-americano do México, por exemplo, uma brasileira levou uma *novidade introduzida* por um australiano em um congresso da IAGP, que era montar uma cena estática com bonequinhos, analisada de fora. Trinta anos antes, os nossos Arthur Kaufman e Luiz Altenfelder não só já trabalhavam com brinquedos e desenhos como o faziam de forma dinâmica, dramatizando com eles (seus trabalhos estão publicados em números da época da *Revista da Febrap* e *Psicodrama*, revista editada pela SOPSP). Pois é. Assim é a IAGP.

Em todos esses anos a política da IAGP andou contra a realização de um verdadeiro congresso iternacional de psicodrama. Sempre fez corpo mole.

Em 1991, realizamos em São Paulo o IV Encontro Internacional de Psicodrama, que foi um sucesso. Esse evento tinha o apoio (note-se, APOIO) da IAGP e não se chamava congresso, mas sim *encontro*.

Muitos psicodramatistas estrangeiros, inclusive latino-americanos, não vieram a São Paulo porque outro encontro de psicodrama estava sendo realizado simultaneamente na Austrália. Se a IAGP apoiava o *encontro* de São Paulo e sabia da Austrália, por que nada fez para ajudar a evitar o encavalamento dos dois congressos? E que fim levou esse encontro internacional de psicodrama de que nunca mais se ouviu falar?

A experiência dos congressos ibero-americanos nos leva a desejar a realização regular de congressos internacionais de psicodrama sem engessamentos e sem a ingerência da IAGP. Congresso só de psicodrama. Não temos de nos curvar a ninguém.

O argumento de que a IAGP era um sonho de Moreno não se sustenta pela própria história política da sua criação, quanto mais pela maçaroca conservada em que a IAGP se tornou.

Os congressos ibero-americanos estão abertos, e sempre estiveram, a qualquer participante, psicodramatista ou não, de qualquer país. Repito e nunca é demais repetir. No entanto, a apresentação de trabalhos só pode ser feita por psicodramatistas ibero-americanos ou por psicodramatistas de outras origens que residam na Iberoamerica (como é o caso da Ursula Hauser, suíça sediada na Costa Rica). Reserva de mercado? Sim, reserva de mercado. Não seria justo, por exemplo, recusar a inscrição de um trabalho de um ibero-americano por falta de sala porque um búlgaro estaria apresentando um trabalho no seu lugar. Se o congresso é ibero-americano é para que os ibero-americanos tenham todo o espaço possível para as suas apresentações.

Sou contra as contribuições das outras correntes de pensamento ou de outros manejos de grupos? Claro que não.

Sou totalmente favorável à presença de qualquer profissional, de qualquer linha e de qualquer origem, inclusive estudantes, mas sou radicalmente contra que em nossos congressos eles apresentem trabalhos práticos ou teóricos, mesmo com o argumento de que existem salas para todos.

Primeiro, também reserva de mercado. Em um congresso brasileiro de psicodrama nenhum psicodramatista brasileiro pode correr o risco de ficar de fora. Segundo, porque no futuro a tendência é aumentar esse tipo de participação e correremos maiores riscos de sacrificar os psicodramatistas brasileiros.

Outra preocupação que tenho é com a descaracterização progressiva do psicodrama brasileiro, riquíssimo em suas contribuições originais.

O brasileiro, tendendo ainda a se colocar em uma posição colonizada, logo, logo vai substituir os conceitos psicodramáticos pelos conceitos não psicodramáticos que já existem no psicodrama e ele tem preguiça de pesquisar. Como o exemplo de nossa técnica de concretização em imagens que a sistêmica rebatizou de escultura e que muitos psicodramatistas adotaram colonizadamente como vaquinhas de presépio. Ou dizer que Moreno era sistêmico e não que os sistêmicos são morenianos (a questão é quem nasceu primeiro) – e assim por diante, em mil exemplos.

Eu seria pouco inteligente se não acreditasse em trocas e não as estimulasse, mas sem perder a identidade. Por isso, deliberadamente, levanto esse patamar de reflexão e volto a dizer que devemos lutar por um congresso internacional de psicodrama sem tutelas seja de quem for. Colocá-lo em discussão.

Outra questão que já levantei neste capítulo é a formatação conservada dos congressos da IAGP (conferência magna, temas-livres de dez minutos etc.). A experimentação brasileira na organização da grade de atividades práticas e teóricas, por sua ousadia e originalidade, é muito mais avançada e um ótimo exemplo a ser seguido.

O costume nos congressos da IAGP de montar um pré-congresso cria, por um lado, uma cultura de que algo especial acontece antes do congresso, de certa forma colocando o próprio congresso, às vezes, em segundo plano. Tal percepção é reforçada pela escolha minuciosa de temas e de profissionais renomados dirigindo cursos ou *workshops* no pré-congresso. Já ouvi muitas vezes a frase: *O que valeu mesmo foi o pré-congresso*. Como pode uma atividade extra prevalecer sobre a atividade que deveria ser a principal? Dificuldade de inclusão? Segregação dos popstars?

Além disso, além do preço da inscrição (e ainda a inscrição extra no pré-congresso), transporte e hospedagem, se acrescenta o que se deixa de ganhar (boa parte de nós, senão a maioria, trabalha por conta própria) durante quase uma semana.

A atividade *Comunidade em cena*, apesar da excelência dos trabalhos (psicodrama realizado na própria comunidade da cidade em que se realiza o congresso, em escolas, instituições várias e até nas ruas), ficou beirando uma espécie de pré-congresso. No meu modo de ver, necessita ser repensada para que se transforme em uma atividade alternativa ordinária sem prejuízo de seus participantes. Em Recife, em 2008, por exemplo, os psicodramatistas que participaram da *Comunidade em cena* ficaram um tanto amarrados a reuniões durante o congresso, limitando sua participação nas atividades gerais ordinárias.

Enfim, congresso é um mundo. Inesgotável. Impossível descrever uma mínima parcela de tudo que acontece ou pode acontecer. Não há nem nunca haverá um congresso perfeito. Mesmo porque não haveria evolução e criação.

Aqui, apenas, um conjunto de ideias, memórias, convites a reflexões e até um pouco do anedotário de bastidores que, para mim, faltava compartilhar e tornar público com a intenção de contribuir para melhor organizar futuros congressos. *Salute!*

21. P DE POLÍTICA E DE PROXIMIDADE

Há alguns anos, ponha mais de 20 nisso, estava eu na sala do cafezinho no meu consultório quando irrompeu pela porta um colega, meu vizinho de sala e, diga-se de passagem, para certa tranquilidade nossa, não psicodramatista.

Só para usar uma imagem inspirada no Nelson Rodrigues, quem sabe estou esperando um tempão por essa oportunidade de metáfora, sua expressão era a de um touro de rodeio com o olho rútilo de um misto de ódio e satisfação, com a baba viscosa quase a lhe escorrer queixo abaixo. Parecia que acabara de derrubar o peão que atrevidamente lhe montara no lombo e, dono da situação, estivesse escolhendo a melhor via de acesso para a chifrada de misericórdia.

Veio em minha direção (eu até recuei um pouco), dando um soco na palma da outra mão, e disse: *Acabei de pegar de jeito esse meu paciente que acabou de sair. Dei-lhe uma daquelas e mandei-o embora. Foi uma porrada e tanto. Ele vai ficar pensando nisso nos próximos dois meses.*

Confesso que fiquei paralisado com a concepção de terapia desse meu colega que exultava e me incluía na história de uma forma que não lhe ocorria que eu pudesse ter uma visão diferente da sua.

Parece que a proximidade humana não fazia parte do seu decálogo de terapeuta. Tudo era overdose de princípio de realidade. O próprio Freud rasparia a barba para não ser reconhecido.

Diga-se a favor do touro, seja de rodeio ou de tourada, que a sua ferocidade se justifica como defesa contra a crueldade humana que o provoca, quer pela montada incompreensível do peão, do ponto de vista do touro, quer pelo sangue que lhe escorre drenado pelos espetos floridos dos picadores ou pela capa vermelha que lhe agita o toureiro a milímetros do seu focinho.

Em resumo, só pode ser, de verdade, terapeuta, aquele que é capaz de amar o seu paciente. Que é capaz, na mais elementar lição moreniana, de se identificar com ele, com o seu sofrimento. De se colocar no lugar dele, criando uma condição permanente de compartilhamento, mesmo que muda, mas visivelmente presente. Isso é, sem dúvida alguma, uma forma, e não pouca, de amor.

Se o terapeuta, de maneira geral, deve se comportar coerentemente dessa maneira, que dirá o psicodramatista, que nasce e cresce tendo tal princípio como base de sua teoria, de sua filosofia e de sua prática?

Se isso é verdade – e acreditamos que seja, senão não estaríamos até hoje inseridos no movimento psicodramático –, a única preocupação que devemos ter é buscar permanentemente a coerência de nossas atitudes e posturas na vida, em todos os nossos papéis, harmonizadas dentro do mesmo princípio. Ou seja, não adianta ser desse jeito com o paciente ou ensinar tais princípios aos alunos se não aplicamos a mesma coisa no nosso dia a dia com nossos filhos, marido, mulher, amigos, colegas, o caixa do banco, o balconista, o feirante etcétera e tal.

Se assim não for, nossa doutrina soará falsa, um simples amontoado de palavras para inglês ver. Totalmente vazia. Assim sendo, aquilo que achamos que vivemos com o nosso paciente ou que ensinamos aos nossos alunos não passará de uma grossa mentira.

De forma curiosa, ou talvez compreensível, essa contradição é gritantemente presente na cultura política do psicodrama brasileiro. Não o domina por completo, felizmente, e no correr de todos esses anos tem se tornado menor, embora ainda consideravelmente atuante.

Psicodrama – O forro e o avesso

Em todos esses anos, por volta de 37, em que sou psicodramatista, tenho participado inúmeras vezes de coordenações várias, diretorias, tanto da SOPSP como da Febrap, da organização de muitos eventos, inclusive de congressos nacionais e internacionais, presidindo, inclusive, um de nossos congressos ibero-americanos etc. Com isso quero apenas atestar a minha participação político-administrativa que aprendi a duras penas, que conheço e tenho colocado em prática nesse tempo. Não se trata aqui de desfiar itens de currículo. Trata-se de um atestado que sirva ao compartilhamento.

O que quero dizer é que, nessas atividades que mencionei, trabalhei com uma quantidade incalculável de colegas das mais diversas federadas espalhadas por esse Brasil e nunca deparei, em nenhum momento, com algum psicodramatista que não levasse o seu trabalho organizacional a sério e honestamente. Em todos presenciei interesse genuíno em trabalhar pela nossa comunidade psicodramática, sacrificando lazer, família, vida social etc. sem qualquer remuneração financeira. Até aqueles que não cumpriam as exigências do cargo (poucos) sempre tiveram a decência de desistir dele, demitindo-se em virtude de não poder levar adiante as suas exigências. Essa sempre foi a tônica no psicodrama brasileiro. Para quem não sabe, é bom que saiba.

Em todo esse tempo, soube apenas de dois casos de colegas em duas instituições, em cidades diferentes, que teriam se apropriado de algum dinheiro a eles confiado. Soube por terem vindo me contar posteriormente. Não presenciei tais fatos nem eles aconteceram sob o meu testemunho ou em organizações das quais eu estivesse participando no momento e, que eu saiba, as instituições em que isso aconteceu deram conta perfeitamente dos casos ocorridos, por sinal, há alguns bons anos.

Uma única vez deparei, surpreendentemente, com um colega, o Bustos, no nosso congresso brasileiro de Campos do Jordão, realizando um trabalho psicodramático comovente: ajudando um grupo, na sua vivência psicodramática, a se colocar no papel dos organizadores do congresso, o de pessoas que estavam trabalhando de graça para eles

359

com grande sacrifício pessoal, o que resultou numa grande expressão de agradecimento, como já contei.

É preciso derrubar alguns mitos. Por exemplo, participar da diretoria de alguma coisa no psicodrama brasileiro não enche consultório de ninguém. Pelo contrário, esvazia. São muitas as vezes que as exigências dos cargos, como reuniões, levam a desmarcar clientes, que ficam muitas vezes em segundo plano, o que nem sempre é recuperável.

São muitos os colegas que dão apoio e proximidade a quem trabalha nesses cargos, que pelo volume de trabalho ou pela complexidade das funções exercidas exigiriam uma dedicação em tempo integral, mas que só podem ser executados quando o trabalho regular que exercemos nos deixa livres. É trabalho duro e não remunerado. Nem sempre reconhecido.

Muitas vezes alguns colegas tratam quem exerce tais cargos com grosseria, sem um mínimo agradecimento, como um empregado subalterno, como um grande reacionário, como burro ou potencial ladrão.

É aqui que falta a capacidade humana e psicodramática de se colocar no lugar do outro e fazer política de maneira diferente. Não copiando os lamentáveis modelos da política partidária do nosso congresso.

Transplantar tais maus exemplos é permanecer na conserva e atuar como um arremedo das assembleias estudantis dos anos 1960, abarrotadas de táticas e estratégias de esconde-esconde, sem a incorporação da mínima sabedoria que se espera decorrer do amadurecimento de terapeutas e de educadores que nós somos e que imagino não terem vivido em vão essas décadas de transformação brasileira e, particularmente, psicodramática.

Uma política verdadeiramente psicodramática terá de ressuscitar velhas e esquecidas palavras como respeito, afeto, consideração, confiança, verdade com proximidade, sem o que nada de positivo será possível entre nós.

Não acredito que a doença atual do mundo seja a miséria, a fome, os choques étnicos ou religiosos, a falta de saúde ou de prevenção ou a violência. Para mim, tudo isso é a consequência de uma doença maior, a doença da sensibilidade humana. Se a sensibilidade humana puder ser restaurada, nenhum homem estará sozinho e, portanto, sempre haverá olhos voltados para a miséria física, para a miséria moral, para a miséria econômica, para a miséria afetiva e para a miséria psíquica.

Nós, terapeutas e educadores, e, mais particularmente, psicodramatistas, junto com os artistas e os filósofos, somos os afinadores da sensibilidade humana por tarefa e por profissão. Não nos desapontemos tratando a nós mesmos com a falta de sensibilidade de um touro de rodeio com o olho rútilo e a baba escorrendo pelo queixo. Merecemos mais, e por isso aproveito para agradecer de coração a todos aqueles que de um jeito ou de outro trabalharam e trabalham por mim, por nós, anonimamente, no decorrer de todos esses anos, seja em diretorias várias, congressos, seja o que for, coisa aparentemente grande ou pequena, não importa. Devo e deverei sempre isso a cada um de vocês. Política se escreve com o mesmo P de proximidade.

22. SOBRE O VIVER

Morreram no mesmo dia Fernando Torres e Waldick Soriano. O grande ator e diretor de teatro e o *Rei do Brega*.

Fernando Torres marcou o teatro e o cinema brasileiros com suas atuações notáveis como ator e com sua direção de peças teatrais com a mão competente que arrancava das profundidades da alma o tom e o colorido dos personagens. Atuou em algumas novelas, o ganha-pão inevitável de muitos atores de teatro, que ficam mais visíveis quando vão para a telinha. Fernando muitas vezes era mais conhecido por ser marido da Fernanda Montenegro e pai da Fernanda Torres.

Waldick Soriano, baiano de nascimento, que passou pelo calvário de tantos brasileiros pobres de fazer de tudo um pouco, como o ex-camelô Silvio Santos, acabou encontrando sua vocação como cantor de músicas de gosto duvidoso – estou falando do meu gosto, brega é pouco –, ele mesmo um personagem sempre vestido de preto com um chapéu de abas estreitas também preto e óculos escuros. Waldick assumiu inteiramente o papel de *Rei do Brega* em tempo integral e, como tal, ia direto ao centro do coração popular novelesco do brasileiro comum.

Não deu outra, podem conferir. Waldick com sua morte ganhou, no mínimo, duas vezes mais espaço na mídia que o Fernando Torres (jornais, *Veja*, TV etc.).

Que pensar de tudo isso? Que o Fernando, indo ao encontro de uma estética mais refinada de uma minoria mais culta, merecia mais destaque? Que esse é o panorama esperado da população brasileira cronicamente roubada de suas possibilidades educacionais nunca alcançadas, alvo constante de demagogos políticos, bregas sofisticados em seus propósitos corruptos? Que *Eu não sou cachorro não*, o grande sucesso do Waldick, só porque brega, do ponto de vista de uma elite intelectual, não merece o destaque, apesar da grande aceitação popular, que um monólogo de Shakespeare ou uma cena de Nelson Rodrigues, o brega tornado culto, jamais conseguiriam? Que a mídia fatura um bom dinheiro com esse papo de democratização da cultura construída artificialmente na pauta dos jornais, no fundo das redações? Quem sou eu para resolver esse insondável mistério? Mesmo porque, tanto eu como você, leitor, estamos igualmente inseridos nos desdobramentos da História, nesse corte transversal que é o hoje e, por isso mesmo, sem distanciamento crítico suficiente para uma análise abrangente e isenta de tais fenômenos de nossa contemporaneidade.

Só nos resta o viver e, se sobrar espaço, uma pequena reflexão sobre esse viver. Se somos bregas ou refinados, se encarnamos personagens na nossa vida e que personagens encarnamos. Se de terninho e chapéu somos flagrados em nossa breguice e se isso nos garante dividendos sociométricos e espaço na mídia. Se o mergulho de cabeça em valores sólidos e consequentes nos garante uma posição privilegiada bem no meio de nosso átomo social. Se o nosso psicodrama anda ou desanda na direção da breguice ou da sofisticação e profundidade cênica, da democracia ou do democratismo do trabalho com grupos, da espontaneidade ou do espontaneísmo, da criatividade ou do criativismo. Enfim, do fernandismo ou do waldeckismo. Pena que morreram os dois, não ao acaso no mesmo dia. É possível juntar as duas tendências e ainda dizer que tudo é farinha do mesmo saco sobre o viver e sobre quem sobreviverá? Afinal de contas, *eu não sou cachorro não*. Au! Au!

23. PEQUENOS ASSASSINATOS[21]

Na época da Guerra do Vietnã, chegou ao Brasil o filme *Pequenos assassinatos*, com roteiro de Jules Pfeiffer, um cartunista que se caracterizava pelo humor ácido, traços econômicos e textos longos no próprio cartum.

Nesse filme, Elliott Gould fazia o papel de um fotógrafo de moda famoso, da *Harper's Bazaar*, que se entediava com o mundo de futilidades que o cercava e que deixava que o cercasse, e inaugurava uma exposição fotográfica cujo tema era a merda.

Isso mesmo, merda! Cocô de tudo que era tipo, fotografado caprichosamente pela sua câmera.

Na abertura da exposição, ele mal disfarçava um risinho de satisfação pelo deboche que jogava na cara daquelas pessoas chiques que desfilavam diante de suas fotos elegantemente, ostentando cálices de martinis e taças de champanhe no coração de Manhattan.

Seu riso vai se transformando em desespero à medida que percebia que, em vez de se chocar com as fotografias, as pessoas se comportavam como se estivessem diante de flores, nus artísticos ou pássaros. Com o mesmo deslumbramento de uma sensível apreciação estética. Todos vindo cumprimentá-lo com exclamações de *Genial! Genial!*

---

21. Publicado originalmente como reportagem na *Revista Brasileira de Psicodrama*, v. 15, n. 1, p. 241-46, 2007.

No encerramento da exposição, ele se encontra totalmente entediado e aniquilado. Mais do que antes. E cercado de merda por todos os lados. A merda em que todos vivem mergulhados já nem incomoda mais. Pelo contrário, vira fonte de prazer.

O filme termina dentro de um apartamento na 5ª Avenida ou na Park Avenue, com todas as trancas possíveis, em que, sitiados e a salvo da violência urbana incontrolável, ele, o sogro e o cunhado se divertem às gargalhadas, abrindo uma fresta na janela gradeada da sala e atirando com rifles balas de verdade nos pedestres, na rua lá embaixo, escolhidos como alvos aleatórios, comemorando cada vez que acertam algum deles.

No encerramento do IV Congresso Ibero-americano de Psicodrama, em Buenos Aires, em 2003, foi pedido que os congressistas de cada país apresentassem para o público uma música que representasse um pouco da cultura da sua terra, como um compartilhamento com um molho personalizado. Um toque de folclore e de alma nacional.

Como se vivia no Brasil, naquele momento, um clima de lulismo, comentei com minha colega do lado, a Mara: *Quer apostar que vai aparecer algum brasileiro propondo que cantemos o "Caminhando" do Vandré?*

Não deu outra. Em menos de um minuto se aproximou de nós outra colega, a Ceres, exatamente com essa proposta como sugestão de um grupo.

Reagi rispidamente, recusando a ideia de maneira enfática. Devo à Ceres uma desculpa pública; afinal de contas, além de seu convite ter sido muito simpático, bem-intencionado e cheio de cumplicidade, ela não deve ter entendido nada da minha reação. E com toda a razão.

Outro dia recebi um e-mail da Marina Vasconcellos, que está organizando um livro de psicodrama de vários autores em que tenho o privilégio de contribuir com um capítulo – que escrevi e entreguei pronto, em março, com o sentimento de missão cumprida. Agora, quase seis meses depois, ela me pede, por determinação da editora, que envie o mesmo capítulo gravado em um CD. Perguntei de volta se a gravação podia ser feita em disquete, comentando irritado que *essas exigências informáticas são para quem não tem nada o que fazer.*

Embora eu não estivesse me referindo à Marina, mas sim a quem inventou essa exigência, e, de novo, peço também desculpas a ela, a sua resposta, como não podia deixar de ser, foi um revide à altura da minha reação impaciente: *Não que isso seja para pessoas que "não tenham o que fazer", mas hoje em dia temos que acompanhar a evolução da informática...*

Somente preenchendo os hiatos de comunicação desses dois fatos é que é possível tornar inteligível este texto.

O que motivou a minha reação ao convite da Ceres? Isso é uma longa história.

Eu me formei em dezembro de 1968, três dias depois de o AI-5 ser decretado. Para os mais novos, a consagração oficial da ditadura. Nos bastidores do Teatro Municipal, no Rio, antes de abrirem as cortinas para a colação de grau, agentes do DOPS (a polícia política) proibiram o orador da minha turma de fazer o seu discurso. Naquele mesmo ano, a minha faculdade tinha sido invadida brutalmente pelas forças da repressão policial e política. Durante todo o quinto e sexto anos eu dava plantão em um dos mais movimentados hospitais de pronto-socorro da cidade e, naquela época, fazíamos o que o *resgate* faz hoje, saindo de ambulância para atender qualquer ocorrência de rua. Como meu plantão abrangia a tarde de quarta-feira, quando, em geral, eram marcadas as passeatas estudantis, não era raro socorrer os feridos, vítimas da violência policial.

Como estudante que eu era, não podia resistir ao impulso de facilitar a fuga de quem corria dos cassetetes, dos jatos de água fria e do gás lacrimogêneo. Abria as portas traseiras e lotava a ambulância de manifestantes políticos para soltá-los algumas quadras adiante. Guiávamos os feridos, depois de medicados, pela saída do necrotério, nos fundos do hospital, dando para a outra rua, porque havia sala de imprensa e posto policial dentro do próprio pronto-socorro, o que deixava a porta da frente sempre visada.

Em contrapartida, não conseguia aceitar o outro lado de violência ideológica que impregnava também os movimentos ditos de esquerda.

Nelson Rodrigues, apesar de convictamente vestir a camisa de reacionário, título de uma de suas crônicas que batizou um dos seus livros, até negando as torturas praticadas no governo Médici, como cronista da época, era uma voz que lutava pela independência do livre pensar, recusando-se a entrar na formatação *progressista* conservada que se exigia dos intelectuais daquele período.

Contava em suas crônicas, por exemplo, que, nos ensaios do Teatro de Arena, os diretores submetiam o texto das peças à aprovação e crítica de militantes do Partido Comunista, o Partidão, antes de sua encenação, em uma perspectiva rígida, estalinista, em que o partido dita as regras não só sem questionamentos, mas, o que é pior, com a ilusão de que os questionamentos eram feitos e aprovados por consenso. Na verdade, dependia do que e de quem.

Uma piada da época, retratando essas contradições, definia a diferença entre drama, tragédia e realismo socialista: no drama se tem a cama e não se tem a mulher; na tragédia se tem a mulher e não se tem a cama; no realismo socialista se tem a cama e a mulher, mas a reunião do partido é na mesma noite.

Recordo nitidamente o sofrimento de uma paciente, militante de um movimento político clandestino, que foi obrigada pelos seus dirigentes a mudar de cidade, em outro estado, para se passar por operária de uma fábrica, deixando para trás aquele que considerava o grande e aguardado amor de sua vida. Devia uma obediência cega ao partido, como na piada.

Nesses mesmos anos 1960, o *Poder jovem*, de inspiração maoísta, era outra linha de frente dos movimentos de contestação. Novamente Nelson Rodrigues, criticando a complacência e a falta de limites com que os intelectuais de esquerda e de direita tratavam e endeusavam a juventude, disparava: "O jovem tem os mesmos defeitos do adulto mais a inexperiência". Os executivos desempregados de hoje que o digam.

Por que escolho citar Nelson Rodrigues, assumidamente rotulado de reacionário? Justamente por encarnar a independência do livre pensar, recusando-se a se enquadrar em qualquer tipo de conserva, seja de um lado ou do outro, e por ter a coragem de proclamá-la alto e bom som, não importa se contrariando a gregos e troianos, sua rebeldia rejeitando qualquer tipo de violência ideológica. Moreniano?

Sempre é bom lembrar que tanto Hitler como Stalin e Mao Tsé-Tung foram os responsáveis pelos maiores massacres e extermínio de opositores na história da humanidade. Os três, contemporâneos no século XX. O mais trágico resultado dessa violência ideológica.

Tudo isso para voltar ao Geraldo Vandré. Antes de *Caminhando* ou *Para não dizer que não falei das flores*, Vandré compôs músicas lindas, chegando a ganhar o primeiro prêmio no I ou II Festival da Canção com *Porta-estandarte*. Para mim, fala aqui o meu gosto pessoal, *Caminhando* é a pior música do Vandré. Tanto letra como música. Nesse fim dos anos 1960, sua produção caiu de qualidade e quase mais nada foi criado depois, em uma trajetória descendente na qual entraram exílio e drogas. Sem julgamentos.

Logo depois do início da bossa nova, com sua incrível renovação rítmica, harmônica e poética, se seguiu um período da música popular brasileira com profusão de letras com conteúdo social e político, que viviam sendo censuradas pela ditadura, muitas e muitas delas infinitamente superiores ao famigerado *Caminhando*.

No entanto, *Caminhando*, por seu apelo fácil, foi a escolhida, não duvido que tenha aí o dedo do Partidão e congêneres (só falta vocês me dizerem que estou com delírio persecutório ou que sou daquele time caquético que jura que comunistas devoram criancinhas), como hino de passeatas. Para mim ficou como hino da imposição e da violência ideológica. Assim como não se faz mais samba-enredo em tom menor porque pode provocar um quê de nostalgia. Tudo tem de ser em tom maior, puxando pra cima e com um refrão acelerado que deixa de ser samba para virar marcha. Aliás, sambar pra quê, se o que importa mesmo é o visual da fantasia? Nem precisa mesmo ter molejo na cintura.

Acaba sendo tudo a mesma coisa. A violência da manipulação de um poder. Impondo o *Caminhando* ou o samba-marcha como alavancas massificadoras.

Pouco antes do congresso de Buenos Aires, eu era o segundo sax alto de uma banda de jazz de músicos amadores, e certa vez fomos convidados para tocar o nosso repertório em um encontro de professores e diretores de escola da rede pública, em uma cidade do litoral de São Paulo. Ensaiamos arduamente o mês inteiro arranjos complexos de clássicos do Duke Ellington e do Tom Jobim. Desmarquei consultório e pegamos um ônibus fretado, que veio nos buscar em uma tarde de terça-feira. Quando estávamos no palco afinando os instrumentos, os docentes entraram no grande salão de mãos dadas, como em passeata, cantando. O quê? Adivinharam. *Caminhando*. Sentimos na hora que não ia dar. Como não deu. Depois do nosso segundo número, a plateia se reduziu a meia dúzia de gatos pingados. E olha que a gente não tocava tão mal assim!

Como é que eu podia explicar tudo isso à Ceres em poucos segundos, naquele congresso em Buenos Aires? Que, para mim, eu já via o lulismo como uma reedição da violência ideológica sob a batuta de um mesmo hino medíocre conservado, como se viu claramente depois? Que eu lutava para conservar intacto o meu livre pensar e o meu livre sentir sem me deixar rotular pelas mesmas conservas que atravessam e permanecem em todas essas décadas? Sem me massificar? Feridas ainda abertas da minha geração?

O que deflagrou em mim a impaciência com o CD da Marina? Justamente a incorporação do pedido do CD com a naturalidade diante de algo assimilado e parte do dia a dia. Não foi a Marina, é claro, uma colega adorável que partilha comigo uma admiração mútua e que, amavelmente, me convidou para o livro, mas o que tudo isso simboliza para mim.

Abro o computador diariamente e deleto uns 55 dos 60 e-mails que recebo por dia. Não tenho celular até hoje porque adoro a sensação de estar inalcançável quando estou na rua e mesmo porque tenho telefones fixos no consultório e em casa, onde passo a maior parte do tempo. Quando quero ler, ouvir ou tocar música ou ver um filme, desligo o telefone fixo. Afinal, para que serve a secretária eletrônica? Recuso-me a ser escravo da máquina dentro do possível, estou confessando que, às vezes, não consigo escapar disso, como todo mundo. Odeio as incursões de assédio do telemarketing, de que sou vítima e que invade a minha sala. É como se um vendedor de enciclopédia arrombasse a porta do meu apartamento. Invasão de domicílio. Sabiam que o morador paulistano passa, em média, durante a vida, quatro anos no trânsito? E que dizer dos mil formulários de cadastramento e recadastramento de qualquer coisa que entulham a sua caixa de correio como contas que escorrem por baixo da porta da área de serviço?

A velocidade cada vez maior dos meios de comunicação exige a pronta resposta que a cabeça e o coração da gente não podem e não querem dar. *Como você não respondeu à minha solicitação de parecer do nosso programa de ensino do ano que vem?*, diz o segundo e insistente e-mail. *Pelo correio convencional, Como? Não acredito que você não aceite receber a minha monografia, que você está orientando, por arquivo de computador! Você só tem que imprimir 50 páginas deste meu trabalho entre os dez que você está orientando neste momento. São só 500 páginas!*

Fico imaginando quantas obras-primas deixariam de ser escritas, compostas, esculpidas ou pintadas se essa frenética exigência de respostas para coisas inúteis existisse no tempo de Camões, Shakespeare, Mozart, Michelangelo ou Van Gogh. Quantas obras de arte deixarão de ser criadas por nossos contemporâneos e descendentes. Afinal de contas, preciso aprender a substituir o disquete pelo CD.

Que foi, efetivamente, o que eu fiz. Fui comprar uma caixa de CDs virgens e, como o meu computador não grava CDs, minha filha é que disse, enviei um e-mail para o computador dela com o texto do mês de março, esperei que ela esgotasse todos os seus programas de adolescente e que abrisse um espaço na sua agenda e o gravasse para mim, para que, junto com uma cópia impressa, eu o enviasse pelo correio convencional depois de enfrentar uma fila de proporções natalinas. Naturalmente, foi um dia em que não tive tempo de cantar. Nos dias de hoje, até mesmo os concursos de poesia limitam o número de estrofes e exigem mil detalhes de formatação gráfica. Ai de Dante, ai de Pessoa, ai de Drummond, ai de nós! Todos desclassificados de cara!

Assim como o CD, diversas coisas se intrometem em nossa vida de uma maneira tal que a sensação é de que o dia precisa ter 72 horas para que se dê conta de tudo e ainda sobre espaço para o prazer. Formas subterrâneas de violência. Narizes tentando respirar o ar que está rarefeito de uma melhor qualidade de vida. Tanta análise se faz das causas psicológicas individuais que matam aos poucos o amor, a paixão, a amizade, o tesão... que tal olhar um pouco para toda essa merda que nos cerca e que invade todos os nossos papéis, rótulos e conservas, e à qual nos acostumamos, placidamente, com um cálice de martini ou uma taça de champanhe na mão, antes de começar a disparar a metralhadora das nossas frustrações, indiscriminadamente, pela fresta da janela gradeada no povo andando apressado lá embaixo? Janela da nossa revolta surda.

Pequenos assassinatos.

24. A ÉTICA NO ENSINO DE PSICODRAMA (roteiro redondo de uma mesa quadrada)[22]

Muito está sendo falado nesta mesa da aplicação comunitária do psicodrama, em tom político, como se fosse algo novo entre nós.

Essa aplicação comunitária do psicodrama é muito antiga, é fato mais do que consumado e vem sendo discutida e rediscutida pelos psicodramatistas exaustivamente há muitos e muitos anos; já virou um estandarte meio surrado e moeda de troca de vantagens políticas. Por isso, vou mudar o foco de discussão propondo uma pauta de reflexão nesse pouquíssimo tempo dado a tantos integrantes de uma mesma mesa.

Minha preocupação é com a coerência e a qualidade do ensino de psicodrama e com a manutenção dessa coerência e qualidade. Falamos, e muito, da ética dos psicodramatistas e, por isso, pergunto, do ponto de vista de uma ética do ensino de psicodrama:

1. E a ética dos professores de psicodrama?
2. Os professores de psicodrama dramatizam em seus locais de trabalho (consultórios, instituições etc.), fornecendo um modelo psicodramático vivo e vivencial aos seus alunos?

---

22. Pauta de um trabalho apresentado na mesa-redonda *A ética e o ensino de psicodrama*, no IV Congresso Ibero-americano de Psicodrama, Buenos Aires, 2003, mesa essa com oito relatores e, naturalmente, tempo de apresentação beirando o zero.

3. É ético não fornecer esse modelo?

4. Os professores utilizam a teoria do psicodrama na leitura de sua prática?

5. Os professores utilizam as atualizações teóricas dos psicodramatistas pós-morenianos desde o começo da formação de psicodrama?

6. Os professores produzem teoria de psicodrama?

7. Os professores, quando precisam de terapia para si próprios ou reciclagem de supervisão, procuram psicodramatistas para tais finalidades?

8. Os professores estimulam a construção e a apresentação de trabalhos de conclusão de curso de formação de psicodrama com profundidade suficiente para promover o crescimento do aluno, e não como cumprimento de uma norma burocrática?

9. O professor de psicodrama atende grupos, acredita em atendimento de grupos e estimula o aluno a atender grupos?

10. Os professores são coerentes, na vida com os princípios do psicodrama que ensinam aos alunos?

11. Nas instituições psicodramáticas em que se prega o encontro, a política se faz com proximidade, os psicodramatistas colocando-se sempre no lugar dos colegas, ou repetem as mesmas brigas, truculências e rivalidades de sempre?

12. O professor estimula o aluno a realizar trabalhos comunitários quando ele mesmo só trabalha no seu consultório?

Essas são algumas questões que gostaria de ver discutidas aqui com toda a franqueza e sem qualquer demagogia.

A ética, portanto, começa em nós, começa em quem tem a responsabilidade de ensinar. Sem ela dentro de nós para passá-la como atitude incorporada na prática de nosso ensino, não poderemos manejá-la nos grupos com os quais trabalhamos dia após dia.

25. DE RASPÃO: TELE E SEXUALIDADE (rabiscos de beira-página)

A definição atualizada que adoto hoje para o conceito psicodramático tele, um conceito complexo e fundamental da teoria do psicodrama, é a seguinte: *tele é um fenômeno da interação, viabilizado entre seres humanos, abrangendo mutualidade, coesão, globalidade vivencial e polimorfismo de desempenho de papéis, incluindo a percepção mas não se limitando a ela, guardando correlações com posições sociométricas nos átomos sociais, também dependente dos processos intrapsíquicos que envolvem qualquer relação, caracterizada principalmente por um movimento de cocriação que constrói, viabiliza e reformula um projeto ou projetos dramáticos por meio de uma complementaridade de papéis dentro de um campo sociométrico* (Capítulo 4).

É claro que, diante desse bordado de sutilezas com linhas de tantas tonalidades, resumir em meia dúzia de parágrafos a sua correlação com sexualidade é o mesmo que recitar *Os Lusíadas* em cinco minutos. Em extrema síntese:

A sexualidade humana é, igualmente, interação, com a possibilidade sempre presente de uma comunicação profunda que se realiza ou não se realiza ou que se estabelece de imediato ou que exige uma construção progressiva, harmônica ou desarmônica, por vezes laboriosa. Naturalmente, tudo isso envolve uma mutualidade de escolhas ou a reversão de uma incongruência de escolhas para poder acontecer com o peso do fenômeno subjetivo do encontro. Para isso ela terá de ser compreendida como essencialmente dinâmica e permeada pela edificação de um projeto dramático (dada ação existencial conjunta intermediada pelo jogo de papéis sociais complementares) que exigirá sempre reformulações e ajustes reafirmando ou não as escolhas em questão, permitindo ampliar a percepção de si mesmo e do outro. Esse movimento não se interrompe nunca e, por essa razão, tanto a tele quanto a sexualidade só podem ser entendidas entre cada dois, nessa particularidade relacional e sempre em cada momento, único para cada dois, essencialmente desafiador e, por definição, eternamente mutante.

Olhar-se nos olhos ainda é um doce mistério sem começo e sem fim e, ao mesmo tempo, presente está a sensação de eternidade de uma intimidade que sempre esteve ali e não foi notada. Instalou-se simplesmente. De repente, uma timidez deslocada, quase envergonhada, no instante mesmo em que o corpo se despe e é despido porque despe a alma e em que o corpo penetra e é penetrado porque penetra essa mesma alma. Fusões de corpos. Fusões de almas. Interpenetrações... tudo cheio de etcéteras emoldurados de sonhos de paz absoluta (de *Guia de bolso de uma paixão*, Sergio Perazzo).

26. PROVA DE ALFAIATE: A VIDA RESGATADA POR MEIO DO LUTO

Tinha quase dois metros de altura. E, naquela altura da vida que excede os dois metros, resolveu comprar um jazigo de família em um cemitério-jardim, dos muitos que existem em São Paulo. Um jazigo perpétuo.

Com o corretor, à beira do túmulo aberto, três andares para baixo, três nichos de cada lado, duvidou, num golpe de vista:

— *Não dá para o meu tamanho.*

Dá, não dá, dá, não dá, até que o corretor se impacientou:

— *Por que não experimenta, então?*

Ele não teve dúvidas. De paletó e gravata, desceu e não se fez de rogado. Deitou-se muito à vontade dentro de uma das sepulturas, como quem prova um terno no alfaiate:

— *Não é que você tem razão? Cabe direitinho.*

E ali mesmo fechou negócio.

Fora o colorido que tento dar a este relato, a cena descrita aconteceu de fato e revela um lado prático de lidar com a morte – mais especificamente com a própria morte.

Aliás, sempre me surpreendo com um arrepio de horror ao imaginar o que sente um ator quando é obrigado a se deitar em um caixão, fingindo-se de morto, por imposição hiper-realista da peça, filme, novela de tevê ou personagem.

Um paciente de 60 anos me contava que nos últimos dois anos foi submetido a uma cirurgia de próstata para retirar um tumor maligno, mais duas de catarata, bilateral, outra de câncer de pele, três biópsias e, de quebra, ainda teve duas crises de gota, outra decorrente de um cálculo renal, dermatite, gastrite e extrassistolia periódica. Fora o resmungo diário da segunda lombar e certo excesso de peso. Dizia-me: *Cada vez que vou ao médico volto sem um pedaço. Nós dois estamos entrando na idade da fadiga dos materiais, só para usar um velho termo da engenharia.*

Em dois belíssimos filmes relativamente recentes podemos comparar duas maneiras muito distintas de lidar com a morte: *Sob a areia* (*Sous le sable*), de François Ozon, e *O quarto do filho* (*La stanza del figlio*), de Nanni Moretti. A negação insistente e recalcitrante da morte, contra todas as evidências, e a elaboração diária minuciosa e dolorosa do luto é o que se opõe no confronto de conteúdo dessas duas películas.

Bergman cria, em *Fany e Alexandre*, um clima de morte impressionante na cena com câmera fixa em que apenas a movimentação dos personagens é capaz de nos transmitir a dor, a solenidade do momento de morrer e a desorientação que, em diferentes graus, toma conta de todos. A enfermeira que sai para esvaziar a bacia, o padre que chega com o vidrinho de água-benta, o tio que passa oferecendo o lenço, a mãe que se encurva em prenúncio de choro, uma sucessão de gestos e expressões que constrói indelevelmente um conceito, como que o salvando no disco rígido de nossa memória. Ele consegue nos colocar no papel do menino que se aproxima do pai moribundo e estrutura dentro de si uma compreensão da morte a partir apenas dessa movimentação das pessoas, gerando um clima específico inesquecível, configurando um conjunto de percepções sobre o que define a morte e o morrer.

Sendo assim, com esses exemplos, a naturalidade ou a aparente naturalidade no lidar com a morte, cujo entendimento é configurado na história da construção de nossas percepções diante dela e dos sentimentos que nos provocam e envolvem, é que vai permitir a sua elaboração no período de luto, com maior ou menor ajuda, para superar a nossa tendência natural de negá-la e ocultá-la.

Somos todos personagens do mesmo drama. Somos todos protagonistas do mesmo luto.

A mulher de *Sob a areia*, diante do desaparecimento do marido, nega todas as evidências de sua morte, inclusive o indiscutível exame de DNA de um corpo que é encontrado no mar. Refere-se a ele sempre no presente e se recusa a conjugar o verbo no passado sempre que ele é o sujeito. O escritório vazio do marido é a sua corporificação ausente.

O casal que perde o filho, também afogado, em *O quarto do filho*, vive em chaga aberta tentando sobreviver no meio de um mar diário de culpas. O quarto do filho é a sua ausentificação presente.

São bem conhecidos os estudos de Philippe Ariès sobre o compotamento do homem ocidental diante da morte através da história.

Se ao homem antigo era dada a oportunidade de esperar a morte no leito, cercada de rituais que a transmutavam numa cerimônia pública e organizada, as transformações que essa atitude sofreu no século XX até hoje têm seu peso maior pela velocidade com que ocorreram do que por seu próprio conteúdo .

É como um homem de 80 anos tentar absorver em três dias toda a massa de informações, para o bem ou para o mal, vinculada pela internet e suas implicações na vida humana deste planeta.

Dessa forma, os 50 milhões de civis e os 15 milhões de militares mortos na II Guerra Mundial se esfumaçam em mero detalhe estatístico cujo horror personalizado é impossível avaliar e digerir. E, assim, os da Guerra dos Bôeres, da Russo-Japonesa, da Nipo-Coreana, da Revolução Chinesa, da Revolução Russa, da I Guerra Mundial, da Sino-Japonesa, da Guerra Civil Espanhola, da Coreia, do Vietnã, de Biafra, da Bósnia, do Expurgo Soviético de Stalin, do Expurgo da Revolução Cultural de Mao Tsé-tung, dos massacres repetidos de vários países famintos africanos, do Laos, do Camboja, das Malvinas, do Iraque, do

Afeganistão, da invasão da Hungria e da Checoslováquia, da guerra não declarada no Oriente Médio, da explosão do terrorismo internacional em suas múltiplas formas, dos homens-bombas às torres gêmeas, da caricata invasão de Granada pelos Estados Unidos, das baixas urbanas do narcotráfico etc., tudo ocorrido no espaço de um século. Enfim, um mundo em guerra permanente. Não mais a I, II ou III Mundial com finalizações hiroshimianas ou nagazakianas. Kafkianas ou brechtianas, talvez?

Não é pois de estranhar que nesse cenário violento de filme classe C não tenhamos tempo sequer de enterrar os nossos mortos.

O apelo da mídia ao consumo desenfreado a que todos estamos sujeitos, as relações de trabalho cada vez mais perversas e escravizadoras do homem, robotizando-o, contribuem para lançar o amor (que é isso?) em uma categoria relacional (?) sem troca e sem consistência, condenando cada um de nós a uma morte em vida, à solidão sem retorno, ao embrutecimento de nossa sensibilidade.

É nesse panorama que, modestamente, somos chamados a intervir no plano individual, mesmo que grupal, nos restando quase a tarefa de recolher os cacos de tal estilhaçamento da vida.

Que fazer? É possível resgatar a vida por meio de um luto que nem mesmo se reconhece?

Temos a tarefa hercúlea de auxiliar o nosso próximo-paciente-semelhante a lentificar este processo vertiginoso de mundo. Nosso trabalho é o de ajustador de velocímetro. É o de cocriar um ouvido em que a dor possa ser gritada. Uma almofada em que a raiva possa ser espancada. Uma fonte em que a lágrima possa ser lavada e escoada. Um ninho em que o afeto possa ser de novo trocado e reconstituído, um band-aid da alma arrancado e uma cicatriz regenerada a ponto de poder ser exibida sem constrangimento.

A morte é o fim de um tempo e por isso mesmo exige um tempo de muitas horas para poder encará-la, encarar-se e examiná-la em todos os seus detalhes.

A desorganização que ela traz para o nosso processo de vida, revolucionando o nosso átomo social, nos obriga a uma reconstituição gradativa dos diversos vínculos em que estamos inseridos.

Não é outra a razão por que tudo isso demanda muito tempo. Nunca se sabe com o que vamos topar pela frente quando revolvemos o túmulo de nossos mortos.

Em vez de começar a discorrer sobre uma lista de procedimentos infalíveis que todos nós esperamos que exista em algum lugar para cuidar bem dos nossos pacientes enlutados, prefiro abrir um diálogo compartilhado, tendo como princípio essas poucas ideias gerais.

Será que um dia nossa morte poderá ser tratada apenas como mera prova de alfaiate?

27. O POWERPOINT DO PSICODRAMATISTA

Entrei na faculdade de medicina em 1963 e me formei em 1968, três dias depois do AI-5 (Ato Institucional n. 5º), que sacramentou a ditadura militar no Brasil, iniciada com o golpe que me pegou no segundo ano.

Nos bastidores do Teatro Municipal do Rio de Janeiro (história que comecei a contar em capítulo anterior e que completo agora), com o palco ainda fechado pelas cortinas que nos separavam do público, todos de beca, o nosso orador de turma nos consultou: *O DOPS* (a polícia política da época) *está aqui e me disse que se eu fizer o discurso serei preso. Faço ou não faço?* Optamos que não fizesse.

Quando chegou a sua vez de falar, ele se encaminhou para a frente do palco e iniciou a saudação: *Magnífico Senhor Reitor Prof. Dr. Fulano de Tal, Prof. Dr. Beltrano, nosso paraninfo etcétera e tal, homenageados, um por um, larará, queridos familiares e amigos, caros colegas, BOA NOITE!*

Essa saudação completa, encerrada com o boa noite, foi todo o seu discurso. Com muito mais impacto que o próprio discurso se tivesse sido feito, que falava mais da Guerra do Vietnã do que da política brasileira vigente. O Municipal veio abaixo com todos de pé aplaudindo entusiasticamente e gritando *Bravô!* Até hoje inesquecível na minha memória, a emoção daquele momento.

Como cantaria Ivan Lins *Aos nossos filhos* pela voz da Elis: *Os dias eram assim.*

Sim, os dias eram assim. Passei os seis anos do curso médico assistindo a aulas de todos os tipos e de todas as matérias ilustradas com projeção de *slides*. Era esperado e quase obrigatório que fosse desse jeito. Qualquer apresentação de trabalhos em congressos tinha o mesmo caminho. Um modelo médico forte. Com os inconvenientes de sempre: *slides* de cabeça pra baixo, alguns já muito desbotados, volta o anterior em vez de seguir adiante e os desajeitados carrocéis (estruturas circulares e facilmente encaixáveis no projetor contendo uma coleção desses *slides*), que o apresentador carregava pra lá e pra cá. Alguns professores mais ricos e mais perfeccionistas chegavam a ter um estoque de carrocéis diferentes em casa, cada um montado especificamente para cada aula. Um repertório de aulas semiprontas, nem sempre atualizadas, o que demandaria novos *slides*, excedendo a capacidade de armazenamento dos carrocéis.

No primeiro ano, minha turma tinha uma aula ocupada inteiramente com projeção de *slides* imediatamente depois do almoço no bandejão ao lado da faculdade. Dá para adivinhar que era o lugar e momento da nossa sesta coletiva naquele prédio lindo, inspirado nos edifícios da Sorbonne e que alguns anos depois, em vez de ser tombado pelo Patrimônio Histórico Nacional, foi demolido para a construção de um estacionamento da Marinha?

A faculdade, aliás, ficava encravada na Praia Vermelha, bem ao lado da estação do bondinho do Pão de Açúcar. Volta e meia matávamos alguma aula de Biofísica para subir o morro-cartão-postal-carioca e ficar contemplando lá de cima o céu e o mar da Baía da Guanabara.

Melhor que uma indigestão de cálculos estatísticos, de painéis de leitura de colorímetros, de gráficos de cintilografia, de verificação de fitas fotocromáticas e de correção de medidas de espectrofotômetros.

Vieram os anos 1970 e com eles meu curso de formação em psicodrama. Não tinha professor que não ilustrasse conceitos teóricos psicodramáticos com algum tipo de dramatização. Com as mesmas exibições exageradas dos carrocéis de *slides*. Chegávamos a fazer a piada de que ninguém sabia dizer o que era tele. Quando se perguntava a sua

Psicodrama – O forro e o avesso

definição, bastava duas pessoas levantarem as mãos e as entrelaçarem em um encontro harmônico. Dizer o que era, ninguém dizia.

Excessos à parte, descobri então a força da ilustração psicodramática e sempre busquei nessa força da ação e da imagem, própria do psicodrama, o complemento harmônico para um discurso bem articulado.

O fato é que a construção dessa ilustração didática do psicodrama, sua ação e sua imagem, nunca me levou a cochilar em aula e só me transportou no bondinho do Pão de Açúcar nas asas da imaginação e da fantasia, veículo indispensável para surfar em qualquer mar de qualquer baía.

O século XXI entrou de sola pela porta da tecnologia incontrolável e inatualizável.

iPods, tevês de plasma, teclas mil, *chips* microscópicos etc. E a moda do *PowerPoint*. A oferta é tanta que é impossível operar uma mínima parcela das funções dos aparelhos ou ler uma fração sequer dos manuais de instruções. Temos de aprender com os nossos filhos pequenos, que mal alcançam o *mouse* dos computadores com seus dedinhos de João e Maria. *Os dias são assim.*

Com ar de novidade, não se vai a um congresso sem que a maioria dos apresentadores teóricos não esteja empunhando os seus *notebooks* como os professores dos anos 1960 empunhavam seus carrocéis de *slides*.

Não vale mais a força das palavras e a estrutura coerente e profunda do conteúdo do discurso, mas a força da imagem bem produzida no *website* da moda. Um cromo bucólico colado no alto da página do caderno de redação do nosso curso primário.

Não nos damos conta de que já na época do carrocel de *slides* era assim. Projetar imagens, selecioná-las, apontá-las, destacar frases projetadas e falar ao mesmo tempo é um simulacro dos filmes engajados do Goddard dos anos 1960, como *La chinoise*, em que a narrativa se faz alucinadamente com um acavalamento de recursos visuais e sonoros que, embora representem um exercício intelectual, martelam ideias maoístas de conscientização política à força na cabeça do *alienado* es-

383

pectador, muito ao gosto das palavras de ordem das revoltas estudantis internacionais de 1968, tendo como resultado um conjunto comunicacional, não tenho outra palavra, chatérrimo. Um porre!

Não é porque é *PowerPoint* que a ilustração, de fato a mesma conserva, é agradável de digerir em sua aparente, só aparente, criatividade. Já se tornou uma conserva cibernética.

No V Congresso Ibero-americano de Psicodrama, em 2005, no México, fui participar de uma vivência dirigida por um colega sul-americano que dependia do *PowerPoint* para o aquecimento. Por razões logísticas, para dar espaço para dramatizações, o computador estava preso a uma mesa, por sua vez presa ao chão com seus fios atados com fita adesiva em um ponto estratégico da sala.

O ato psicodramático atrasou 45 minutos, prejudicando o diretor da vivência, pela razão prosaica de faltar uma extensão para ligar o computador na única tomada da sala. E lá se foi o *PowerPoint* para o ralo, obrigando o diretor a uma improvisação de sua estratégia de aquecimento que acabou dando certo. Ou mais certo.

E assim vão se multiplicando os *PowerPoints* da vida entre os psicodramatistas, convencidos que passam a ficar da pós-modernidade do método de apresentação de trabalhos teóricos e de aquecimento para trabalhos práticos.

Trata-se, no entanto, da velha projeção de *slides* aperfeiçoada, com todas as suas vantagens e os seus defeitos.

A questão da pulverização da atenção do público entre discurso e imagem (principalmente textos projetados em uma tela, que exigem leitura ao mesmo tempo que o expositor fala, obrigando a um esforço de coordenação visual e sonora) não foi resolvida pelo *PowerPoint*. Continua a mesma. Ou seja, a projeção de imagens bem cuidadas não guarda relação direta com excelência didática.

O que tenho observado a cada congresso ou a cada evento qualquer de psicodrama, em que o *PowerPoint* é cada vez mais utilizado, não é a utilização em si, mas a forma de utilização que se impõe quase como que esperada e obrigatória. Como se a tendência fosse torcer o nariz para quem não usa o recurso. Virou conserva o ter de usar.

O exemplo mais espantoso, para mim, dessa postura pseudovanguardista é o da inclusão do ensino de utilização do *PowerPoint* em alguns cursos avançados de psicodrama (para titulação de professores e supervisores). Como assim? Aulas de *PowerPoint* ocupando espaço de aulas e estudos da produção psicodramática pós-moreniana desse último meio século? O psicodramatista se formará professor exímio no manejo do *PowerPoint* e insuficientemente atualizado diante da produção psicodramática dos dias de hoje? Por que me bato nisso? Implicância minha? Porque pertenço à dinossáurica geração do livro?

Nem uma coisa nem outra. Para mim o *PowerPoint* do psicodramatista é a dramatização ou a ilustração psicodramática sem a insuficiência de discussão verbal dos anos 1970. Esse instrumento é próprio dos psicodramatistas. Ninguém mais tem um treinamento longo e específico para utilizá-lo e sua força didática, quando bem utilizada, é incomparável, integrando percepção, reflexão, sentimentos, discurso e interações relacionais sem pulverizar a atenção do público com estímulos dispersos.

Mais uma vez o psicodramatista está dando as costas ao seu principal instrumento e método, curvando-se a um artifício tecnológico que já nasceu conservado em sua forma de apresentar ideias (a mesma dos velhos carrocéis de *slides* do modelo médico de mais de meio século).

A questão principal está no desafio criativo do psicodramatista que poderá sempre, mesmo em uma mesa-redonda (como já fiz muitas vezes), ilustrar a sua fala com exemplos ou imagens psicodramáticas, saindo do seu lugar e vindo ao público para convidá-lo a construir junto qualquer ação ou imagem psicodramática que auxilie todos a discutir qualquer conceito que esteja em foco naquele momento. O impacto dessa forma de apresentação é maior, pois ela é única e intensamente integradora e participativa.

Cassiana Lea do Espírito Santo, da novíssima geração de psicodramatistas e, portanto, da geração cibernética, encontrou um meio originalíssimo de utilização de imagens de computador e ação psicodramática. Criou um personagem virtual, Dona Maria, e, nas vivências psicodramáticas que dirigiu, com brilho criativo, utilizou tal personagem virtual na interação psicodramática com o grupo e particularmente com o protagonista. Encontrou um caminho novo de juntar as duas coisas, em que as imagens de computador não ficaram dissociadas da prática psicodramática. Um complemento que funcionava como parte da função ego-auxiliar.

Que fique claro que não sou contra a utilização de qualquer instrumento em psicodrama, desde que ele não se torne uma conserva, repetitiva por definição, paralisadora e, o que é mais grave, desqualificando os instrumentos e métodos do psicodrama, que podem e devem sempre ser aperfeiçoados. Mais ainda, repensados com base na sua origem histórica para a recuperação da sua verdadeira dimensão que integra ação e palavra, reflexão, sentimento, emoção e interação, situando o bom aprendizado como a assimilação harmônica e vivencial de tais possibilidades humanas. Em ação constante, buscando sempre a cocriatividade. E isso o psicodrama faz com um pé nas costas, como ninguém.

Não é preciso ligar na tomada.

28. INCONCLUSÕES

A culpa é do Monteiro Lobato. Quando aprendi a ler, como todo mundo da minha geração, ganhei a coleção completa de seus livros infantis. Devorei todos, a ponto de repetir a leitura do começo ao fim, cinco vezes, de *Reinações de Narizinho*, *O Minotauro* e *Os doze trabalhos de Hércules*. Passeava com a Emília, aquela contestadora que abria a todo momento a sua torneirinha de asneiras, torneirinha da sua espontaneidade, entendi muito depois, pelo terreiro do Sítio do Picapau Amarelo, pelos anéis de Saturno, pelas ruínas gregas ou pelo País da Gramática. Só ela mesmo para apelidar Hércules de Lelé e de fazê-lo chorar na hora da despedida. Aquele brutamontes de coração de batata frita, que a tia Anastácia cozinhou para ele.

Tudo isso sob as vistas circunspectas do Visconde de Sabugosa, a erudição conservada naquele corpo rígido e duro de sabugo de milho, encimado por uma cartola formal e fora de época.

Não era à toa que aos 2 anos de idade, sentado em uma cadeira de de vime (também de vime era a cadeira do meu primeiro consultório), eu apoiava a cabeça na mão esquerda e minha tia perguntava: *O que você está fazendo, Serginho?* E eu: *Estou pensando na vida.* A vida pra mim, desde cedo, já era uma questão. Ou repetição. Nascia ali o que existe em mim de pensador.

Não só de Monteiro Lobato eu me alimentava. Nem só de histórias vive o homem. Todo dia era dia de bicicleta e de futebol no meio da rua (quase não passava carro, quando passava a gente parava segurando a bola com o pé).

No final da tarde chegava o pai de todo mundo: *Meninos pra dentro*. Depois da sobremesa, de novo na rua. Dessa vez com as meninas, pra brincar de estátua, de pera, uva ou maçã, de batatinha-frita-um--dois-três, com as cigarras cantando o verão.

Foi nessa que senti bater no peito minhas primeiras paixões platônicas. Primeiro a Regina, não sei que fim levou, depois a Silvinha, hoje avó e arquiteta.

O Mário seguiu carreira de açougueiro e até hoje vive cercado de contra-filés e alcatras, enquanto eu fui fazer medicina e me cerquei de pedaços formolizados de gente nas aulas de anatomia. Outra espécie de açougue.

O Marcinho, que ganhava todas no botão, se perdeu no mundo. O Beto virou repórter, o irmão do Valtinho saiu por aí roubando tudo que podia, afanando mesmo, acabou preso e alcoólatra, morrendo literalmente na sarjeta. O Tião, o craque do nosso time, que me ensinou a colocar a bola no ângulo, bem a salvo do goleiro, foi o mais coerente. Migrou pras Gerais e acabou ponta esquerda do Atlético Mineiro. Vi um dia na tevê o Tião fazer um gol de placa com camisa listrada preta e branca por cima do coração carioca.

E como era mesmo o nome daquele menino rico e entediado? Aquele que, por falta do que fazer, vivia estilhaçando os tomates-cerejas da horta da sua mãe, no fundo do quintal daquela casa enorme e supermoderna, cheia de tapetes, a mais nova da rua, com a sua espingarda de ar comprimido que nos fazia babar de inveja?

O Naldinho, irmão da Silvinha, menino estranho e calado, suicidou-se no fim da adolescência. Graças a Deus eu não morava mais lá, senão teria de encarar aquela casa em que eles moravam, no outro lado da rua, bem em frente à casa da minha avó, aquela casa de pedra em estilo normando (por sinal, esperei a vida inteira para encaixar *estilo normando* no meio de uma frase e a oportunidade chegou aqui; na verdade, não sei qual é o estilo normando nem se esse estilo combina

Psicodrama – O forro e o avesso

com uma casa de pedra ou de madeira, nem sei se uma casa é colonial, neoclássica ou pós-moderna, quero mesmo é que vocês acreditem que sou um especialista em estilos arquitetônicos, faz parte da minha realidade suplementar escancarando minha verdade psicodramática e poética).

E assim vivíamos na mesma rua, entre a Lagoa e o Corcovado, entre pipas, bolas de gude e piões, e eu transitava inteiramente à vontade entre as casinhas de fundos, assim como era aquela em que eu morava, mas com jardim e alguma flor, a casa de pedra e a do menino rico, e a casa de cômodos das famílias do Mário e do Valtinho, as mães eram lavadeiras, que fazia parede com a minha casa. Meu trânsito sociométrico dessa minha infância democrática, criança às vezes é democrática e às vezes ditadora, todo mundo de pé descalço no chão. Casa de avó com galinheiro e porão. Aliás, Seu Joca era o rei desse porão. Tinha nele a sua oficina de sapateiro. Não tinha dia em que não carimbássemos uma visitinha ao sapateiro. Batíamos o ponto religiosamente. Não vão pensar que era pelas barbas do Seu Joca ou por alguma perversão, fetiche por salto alto ou chulé. Não. Era pelo calendário da Marilyn Monroe peladona, pendurado atrás do velho safado com a boca cheia de tachinhas e as mãos cheias de calos. O ano do calendário devia ser de dez anos antes. Quem teria coragem de tirar a Marilyn dali? Botar no lixo? Nem pensar.

Como contraponto desse compromisso com o descompromisso da vida que nos cercava, os dois loucos daquele pedaço de rua. Um, o Carlinhos, epilético com convulsão e tudo, já demenciado, sempre de cabeça raspada como os egressos do manicômio do Engenho de Dentro, uma estação distante e suburbana da Central do Brasil.

Provocávamos e caíamos na risada só pra vê-lo disparar atrás da gente, com todo tipo de palavrão. Uma crueldade inofensiva que já fazia parte da paisagem diária. Tanto que ele demonstrava gostar da gente apesar das risadas, afinal éramos o seu contato com o mundo, como a gente corria dele de mentirinha sem sentir medo de verdade.

389

A outra louca, seis casas depois, era a mãe do Pedrinho, coitado. Um menino triste que só podia ser triste. Um desastre no futebol que sempre sobrava pra goleiro. Vivia humilhado pelos surtos delirantes e alucinatórios da mãe. Ninguém queria estar na pele dele. O pai, um homem resignado. Era tudo. Tínhamos um certo medo, pra não dizer um medo danado, de passar pela porta dela. Ninguém entrava na casa do Pedrinho. De repente, ela saía de lá berrando, doida varrida, como a *mãe* do Anthony Perkins em *Psicose* do Hitchcock. Só faltava a faca e o sangue.

Era assim. A loucura também fazia parte da rua. Como todo o resto.

Foi nesse caldo de cultura que nasci e cresci. Gravitando entre pobres e ricos, entre a irreverência da Emília e a formalidade do Visconde. Sim, o que eu queria dizer é que tive mesmo uma infância muito, muito feliz, apesar dos inevitáveis acidentes de percurso.

A música entrava pelas frestas, meu pai e minha tia cantavam tangos pela sala. Gardel reverberava nas paredes. Não havia aniversário em que não se dançasse ao som das *big bands* dos anos 1940. Glenn Miller. Tommy Dorsey. Duke Ellington. E a Rádio Nacional o dia inteiro na cozinha da minha avó.

Um pouco mais tarde, no colégio de elite onde passei a estudar (meu pai se matava em horas extras para pagar a mensalidade), tive como colegas o Edu Lobo, o Marcos e o Paulo Sergio Valle, o Cacá Diegues, o Nelsinho Motta, o Sidney Miller, o Francis Hime, o Arnaldo Jabor e o Pedro Malan. Antes de se revelarem as vocações artísticas, literárias e políticas, a gente queria mesmo era jogar futebol ou basquete. A fama veio depois.

Verdade é que o artista que sempre viveu em mim, só deixei que viesse à tona depois dos meus papéis de obrigações.

Afinal de contas, eu era o depositário das expectativas de duas famílias de imigrantes em que se misturavam argentinos, uruguaios, italianos, portugueses, franceses e negros, de modo que acabei sendo o primeiro de todo esse bando a entrar em uma faculdade. Abri a porteira e segui em frente, e uma fila de irmãos e primos me seguiu.

Muito depois de formado e já em São Paulo, fui aos poucos me permitindo ser poeta, cronista, contista, músico e cantor. De vez em quando me perguntava o que seria se tivesse seguido alguma carreira artística, mas olhava para trás e sempre via tanta gente que ajudei nessa minha profissão (tempos de pronto-socorro e tempos de maternidade em que ajudei a botar no mundo uns duzentos bebês) e me orgulhava de me sentir útil. Acabei achando espaço para as duas coisas. O psicodrama foi decisivo para que eu fizesse a síntese e abarcasse a minha própria dimensão humana. Daí esses retalhos de memórias que compartilho com vocês.

E se o Mário tivesse saído da casa de cômodos direto para os bancos da universidade? Seria mais feliz? E se o Naldinho tivesse encontrado uma Regina que gostasse dele, teria puxado o gatilho? E se ao irmão do Valtinho fosse dada a oportunidade de sair da quase miséria social, teria roubado? Seria preso? Encheria o caneco? Morreria na sarjeta?

Tudo depende de escolhas, é verdade, mas as escolhas transcendem a simples vontade, predeterminadas, em parte, pelas imposições socioculturais. Um jogo de cartas marcadas nesse mundo repleto de desigualdades que não se acertam nunca.

Reconheço hoje que a minha verdade histórica, naquele pedaço de átomo social que representava a minha rua, me permitiu treinar papéis sociais sem saber que estava treinando.

Fui deixando fluir uma força vital que Moreno chamaria espontaneidade, como diriam os Beatles, *with a litlle help of my friends*. O psicodrama foi decisivo para soltar minha criatividade em todas as direções. Para ser Deus sem quebrar o braço (qualquer psicodramatista entende isso).[23] Para incorporar conscientemente esse Deus, esse brilho, essa força, essa chama, essa centelha ou o que mais quisermos chamar.

---

23. O autor se refere a um episódio da vida de Moreno em que, ainda criança, brincando de ser Deus, despencou de uma pilha de cadeiras e quebrou um braço.

Por tudo isso, que quero dizer? Que a ciência não alcança e jamais alcançará a criatividade. Esse é o mais profundo legado de Moreno. A criatividade é sempre um vir-a-ser. É um resultado. É sempre aberta. É sempre para. É intraduzível. Não é sistematizável. Nem metodologicamente enquadrável. Por isso a inconclusão.

Inconclusos nossos projetos dramáticos são.

Inconclusos nossos projetos dramáticos estão.

Escravos da nossa verdade histórica determinadora das conservas ou libertos pela criação livre de uma realidade suplementar que restaure a nossa mais genuína verdade psicodramática e poética. Apoderar-se dela é o desafio a que nos lançamos.

Nós que somos produtos inconclusos de nós mesmos.

São Paulo, 25 de outubro de 2009
(um domingo de primavera)

BIBLIOGRAFIA

AGUIAR, M. *O teatro terapêutico: escritos psicodramáticos*. Campinas: Papirus, 1990.

_____. *Teatro espontâneo e psicodrama*. São Paulo: Ágora, 1998.

_____. "Teatro espontâneo e psicoterapia psicodramática". *Leituras*, n. 30, 1999.

ALMEIDA, W. C. de. *Formas de encontro: psicoterapia aberta*. São Paulo: Ágora, 1988.

_____. (org.). *Grupos: a proposta do psicodrama*. São Paulo: Ágora, 1999.

_____. *Psicoterapia aberta: o método do psicodrama*. São Paulo: Ágora, 1982.

_____. "Técnicas dos iniciadores". In: MONTEIRO, R. F. (org.). *Técnicas fundamentais do psicodrama*. São Paulo: Ágora, 1998 [1993].

ALVES, L. F. R. "O protagonista: conceito e articulações na teoria e na prática". *Anais do VII Congresso Brasileiro de Psicodrama*, Rio de Janeiro, 1990, p. 557-9.

_____. "O protagonista e o tema protagônico". In: ALMEIDA, W. C. de (org.). *Grupos, a proposta do psicodrama*. São Paulo: Ágora, 1999, p. 89-100.

ARIÈS, P. *O homem diante da morte*. Rio de Janeiro: Francisco Alves, 1981-1982. 2 v.

_____. *História da morte no Ocidente*. Rio de Janeiro: Francisco Alves, 1997.

BAIOCCHI, A. *O poder simbólico e as relações coinconscientes e coconscientes dos vínculos familiares: história de vida de uma jovem mulher na construção de um sucesso escolar*. Trabalho apresentado no IV Congresso Ibero-americano de Psicodrama, Buenos Aires, maio 2003.

BAPTISTA, T. T. "Psicodrama com grandes grupos". *Revista Brasileira de Psicodrama*, São Paulo, v. 11, n. 2, 2003, p. 159-64.

BATISTA, M. A. *Valorizando os avós na matriz de identidade*. 1995. Dissertação (mestrado em) Pontifícia Universidade Católica de São Paulo.

BOCCARDO, M. P. D. *O papel do diretor na psicoterapia psicodramática de grupo*. Monografia de credenciamento para didata nível 2. Sociedade de Psicodrama de São Paulo, 2004.

Bouquet, C. M. *Fundamentos para una teoría del psicodrama*. México: Siglo Veintiuno, 1977.

Bourdieu, P. *O poder simbólico*. Rio de Janeiro: Bertrand Brasil, 1989.

Brito, D. J. *Astros e ostras*. São Paulo: Ágora, 1998.

Buchbinder, M. J. *Poetica del desenmascaramiento: camiños de la cura*. Buenos Aires: Planeta-Nueva Conciencia, 1993 [edição brasileira: *A poética do desmascaramento: os caminhos da cura*. São Paulo: Ágora, 1996].

Bustos, D. M. *Psicoterapia psicodramática*. Buenos Aires: Editorial Paidós, 1975. Bustos, 1985.

_____. *O teste sociométrico: fundamentos, técnica e aplicações*. São Paulo: Brasiliense, 1979.

_____. *Novos rumos em psicodrama*. São Paulo: Ática,1992.

_____. "Asas e raízes: lócus, matriz, *status nascendi* e o conceito de clusters". *Leituras*, v. 2, p.1-9, 1994.

_____. *Novas cenas para o psicodrama*. São Paulo: Ágora, 1998.

Calvente, C. *O personagem na psicoterapia*. São Paulo: Ágora, 2002.

Cardim, S. F. C. *Um encontro oportuno: Moreno e Bachelard – Em direção ao cosmodrama*. 2004. Monografia apresentada para obtenção do título de psicodramatista – Departamento de Psicodrama, Instituto Sedes Sapientiae, São Paulo.

Cesarino, A. C. "Brasil 70 – Psicodrama antes e depois". In: Almeida, W. C. de (org.). *Grupos, a proposta do psicodrama*. São Paulo: Ágora, 1999. p. 35-48.

Cukier, R. *Sobrevivência emocional*. São Paulo: Ágora, 1998.

_____. *Palavras de Jacob Levy Moreno*. São Paulo: Ágora, 2002.

Dias,V. R. C. S. *Psicodrama: teoria e prática*. São Paulo: Ágora, 1987.

Espírito Santo, C. L. *Uma experiência psicodramática com um personagem virtual: suas ressonâncias em um grupo durante um ato terapêutico*. Monografia de credenciamento para o título de psicodramatista, foco terapêutico, nível 1, Sociedade de Psicodrama de São Paulo, 2006.

Eva, "Grupos terapêuticos psicodramáticos: uma tentativa de sistematização". *Psicodrama*, ano II, 2:27-38, 1976, 1977, 1978.

Fernandes, E. "Atalho e vinheta – Uma proposta de entendimento". *Revista Brasileira de Psicodrama*, São Paulo, v. 17, n. 1, 2009, p. 117-36.

Ferreira, A. B. H. *Novo Aurélio*. Rio de Janeiro: Nova Fronteira, 1999.

Fleury, H. J. "A dinâmica do grupo e suas leis". In: Almeida, W. C. de. (org.). *Grupos, a proposta do psicodrama*. São Paulo: Ágora, 1999, p. 49-57.

Fonseca Filho, J. S. *Psicodrama da loucura*. São Paulo: Ágora, 1980. [2008]

_____. "Ainda sobre a matriz de identidade". *Revista Brasileira de Psicodrama*, São Paulo, v. 4, fascículo II, 1996, p. 21-34.

Psicodrama – O forro e o avesso

_____. *Psicoterapia da relação*. São Paulo: Ágora, 1999. [2010]

GARRIDO MARTÍN, E. *Psicologia do encontro: J.L. Moreno*. São Paulo: Ágora, 1996.

GONÇALVES, C. S. "Pequeno comentário sobre metodologia psicodramática: o lugar da fantasia." *Anais do VI Congresso Brasileiro de Psicodrama*, Salvador, v. 2, 1998, p. 90-3.

GONÇALVES, C. S.; WOLFF, J. R.; ALMEIDA, W. C. *Lições de psicodrama: introdução ao pensamento de J.L. Moreno*. São Paulo: Ágora, 1988.

HOUAISS, A. *Dicionário Houaiss de língua portuguesa*. Rio de Janeiro: Objetiva, 2001.

KAUFMAN, A. "O jogo em psicoterapia individual". *Revista da Febrap*, n. 2, 1978, p. 82-6.

KELLERMANN, P. F. *O psicodrama em foco*. São Paulo: Ágora, 1998.

KESSELMAN, H.; PAVLOVSKY, E. *A multiplicação dramática*. São Paulo, Hucitec, 1991. [La *multiplicación dramatica*. Buenos Aires: Búsqueda, 1989.]

KESSELMAN, H; PAVLOVSKY, E.; FRYDLEWSKY, L. *Las escenas temidas del coordinador de grupos*. Madri: Editorial Fundamentos, 1978.

KNAPPE, P. P.; BARBERÁ, E. L. *A escultura na psicoterapia*. São Paulo: Ágora, 1997.

KNOBEL, A. M. *O teste sociométrico centrado no indivíduo*. Monografia apresentada à Sociedade de Psicodrama de São Paulo, 1981.

_____. "Estratégias de direção grupal". *Revista Brasileira de Psicodrama*, São Paulo, v. 4, fascículo I, 1996, p. 49-62.

_____. "Estratégias de direção grupal". In: FONSECA, J. *Psicoterapia da relação*. São Paulo: Ágora, 1999, p. 338-51. [2010]

LEVY, L. *Integrando diferenças: possíveis caminhos da vivência terapêutica*. São Paulo: Ágora, 2000.

MARINEAU, R. F. J. L. *Moreno: sa vie, son oeuvre*. Montreal: Editions Saint-Martin, 1990 [edição brasileira: *Jacob Levy Moreno 1889-1974: pai do psicodrama, da sociometria e da psicoterapia de grupo*. São Paulo: Ágora, 1992].

MARINO, M. J. "Resenha do livro Palavras de Jacob Levy Moreno: vocabulário de citações do psicodrama, da psicoterapia de grupo, do sociodrama e da sociometria". *Revista Brasileira de Psicodrama*, São Paulo, v. 11, n. 2, 2003, p. 147-52.

MARRA, M. M. "A sociometria na prática interventiva socioeducativa: a teoria espontânea do aprendizado". In: MARRA, M. M.; FLEURY, H. J. (orgs.). *Grupos: intervenção socioeducativa e método sociopsicodramático*. São Paulo: Ágora, 2008, p. 157-77.

MASCARENHAS, P. H. A. *Multiplicação dramática, uma poética do psicodrama*. 1995. Monografia apresentada à Sociedade de Psicodrama de São Paulo, não publicada.

_____. "Multiplicação dramática". *Revista Brasileira de Psicodrama*, São Paulo, v. 4, fascículo I, 1996, p. 13-21.

MASSARO, G. *Esboço para uma teoria da cena*. São Paulo: Ágora, 1996.

MENEGAZZO, C. M.; TOMASINI, M. A.; ZURETTI, M. M. *Dicionário de psicodrama e sociodrama*. São Paulo: Ágora, 1995.

MERENGUÉ, D. "Corpos tatuados, relações voláteis: sentidos contemporâneos para o conceito de conserva cultural". *Revista Brasileira de Psicodrama*, São Paulo, v. 17, n. 1, 2009, p. 105-16.

MEZHER, A. *Esboço de uma teoria de cenas*. Trabalho apresentado no Encontro de professores e supervisores de psicodrama, Salvador, 1996.

_____. "Um questionamento acerca da validade do conceito de papel psicossomático." *Revista da Febrap*, v. 1, 1980, p. 221-3.

MORAES NETO, A. V. "Unidade funcional". In: ALMEIDA, W. C. de (org.). *Grupos, a proposta do psicodrama*. São Paulo: Ágora, 1999, p. 59-67.

MORENO, J. L. *Las bases de la psicoterapia*. Buenos Aires: Hormé, 1967.

_____. *Fundamentos de la sociometria*. 2. ed. Buenos Aires: Paidós, 1972.

_____. *Psicoterapia de grupo e psicodrama*. São Paulo: Mestre Jou, 1974.

_____. *El teatro de la espontaneidad*. Buenos Aires: Editorial Vancu, 1977a.

_____. *Psicomúsica y sociodrama*. 2. ed. Buenos Aires: Hormé, 1977b.

_____. *Psicodrama*. 2. ed. São Paulo: Cultrix, 1978.

_____. *Fundamentos do psicodrama*. São Paulo: Summus, 1983.

NAFFAH NETO, A. *Psicodrama: descolonizando o imaginário*. São Paulo: Brasiliense, 1979.

_____. *Psicodramatizar*. São Paulo: Ágora, 1980.

NERY, M. P. *Vínculo e afetividade*. São Paulo: Ágora, 2003.

PAIVA, L. A. "Tele, empatia e transferência". *Revista da Febrap*, v. 3, 1980, p. 52-3.

PERAZZO, S. "Moreno, D. Quixote e a matriz de identidade: uma análise crítica". In: AGUIAR, M. (coord.). *J. L. Moreno: o psicodramaturgo*. São Paulo: Casa do Psicólogo, 1989. cap. 13.

_____. *Ainda e sempre psicodrama*. São Paulo: Ágora, 1994a.

_____. *Realidade suplementar*. Temas em debate, IX Congresso Brasileiro de Psicodrama, Águas de São Pedro, 1994b, não publicado.

_____. *Descansem em paz os nossos mortos dentro de mim*. 4. ed. São Paulo: Ágora, 1995.

_____. *Fragmentos de um olhar psicodramático*. São Paulo: Ágora, 1999.

_____. "Sobre o tema tele". *Revista Brasileira de Psicodrama*, São Paulo, v. 8, n. 1, p. 125-30, 2000.

_____. "As mortes e a construção simbólica dos lutos". In: OLIVEIRA, I. M. C.; PAVEZ, G. A.; SCHILLING, F. (orgs.). *Reflexões sobre justiça e violência*. São Paulo: Educ, 2002, p. 159-207.

_____. Que teoria, de que psicodrama? In: HERRANZ, T. (ed.). *Psicodrama clínico, teoría y técnica*. Madri: Ediciones Ciencias Sociales, 2004a.

_____. *Transferência e personagem*. Trabalho apresentado no XIV Congresso Brasileiro de Psicodrama, Belo Horizonte, 2004b.

RAMALHO, C. M. R. "O sociodrama e o *role-playing* na prática sociopsicodramática". In: MARRA, M. M.; FLEURY, H. J. (orgs.). *Grupos: intervenção socioeducativa e método sociopsicodramático*. São Paulo: Ágora, 2008, p. 125-39.

REIS, M. D. *Tele-substrato das relações interpessoais: uma contribuição*. 1986. Monografia, Goiânia, não publicada.

REÑONES, A. V. "Catarse de integração: uma pequena viagem etmológica-conceitual". *Revista Brasileira de Psicodrama*, São Paulo, v. 4, fascículo II, 1996, p. 36-48.

_____. *O imaginário grupal*. São Paulo: Ágora, 2004.

ROCHEBLAVE-SPENLÉ, A. M. *La notion de rôle en psychologie sociale*. 2. ed. Paris: Presses Universitaires de France, 1969.

RODRIGUES, R. "Intervenções sociopsicodramáticas: atualização e sistematização de recursos, métodos e técnicas". In: MARRA, M. M.; FLEURY, H. J. (orgs.). *Grupos: intervenção socioeducativa e método sociopsicodramático*. São Paulo: Ágora, 2008, p. 101-23.

ROJAS-BERMÚDEZ, J. G. *Introdução ao psicodrama*. São Paulo: Mestre Jou, 1970.

RUSSO, L. "Breve história dos grupos terapêuticos". In: ALMEIDA, W. C. de (org.). *Grupos, a proposta do psicodrama*. São Paulo: Ágora, 1999, p. 15-34.

SANTOS, G. S. "Ação dramática: seu sentido ético e suas roupagens ideológicas". In: AGUIAR, M. (coord.). *J. L. Moreno, o psicodramaturgo*. São Paulo, Casa do Psicólogo, 1989, p. 135-8.

SCHÜTZENBERGER, A. A. XIV Congresso Brasileiro de Psicodrama, Belo Horizonte, 1985. Entrevista em vídeo.

SILVA FILHO, L. M. A. "Psicograma: o uso do desenho na psicoterapia psicodramática". *Psicodrama*, n. 4, ago. 1992, p. 56-77.

SOLIANI, M. L. C. "Realização simbólica e realidade suplementar". In: MONTEIRO. R. F. (org.). *Técnicas fundamentais do psicodrama*. São Paulo: Ágora, 1998, p. 56-68.

VASCONCELLOS, Marina C. M. (org.). *Quando a terapia trava*. São Paulo: Ágora, 2007.

VOLPE, A. J. *Édipo: psicodrama do destino*. São Paulo: Ágora, 1990.

WOLFF, J. R. S. Comunicação pessoal.

ZAMPIERI, A. M. F. "Violência sexual intrafamiliar: tratamento com psicodrama e EMDR". *Revista Brasileira de Psicodrama*, São Paulo, v. 15, n. 1, 2007, p. 101-26.

IMPRESSO NA
sumago gráfica editorial ltda
rua itauna, 789 vila maria
02111-031 são paulo sp
telefax 11 **2955 5636**
sumago@**sumago**.com.br